ピケティ『21世紀の資本』を日本は突破する

増田悦佐

r>g

ビジネス社

はじめに

フランスの経済学者トマ・ピケティが書いた『21世紀の資本』（山形浩生・守岡桜・森本正史訳、みすず書房）は、さまざまな意味で従来の経済学書の枠には収まりきらない本だ。経済史における数量的なデータの重要性を説いた経済学者は多いが、ピケティの場合、少なくとも数量的なデータと同じくらい19世紀英仏文学の遺産を重視している。

ややもすれば数理モデルを扱う小手先の技術だけは達者だが、歴史認識があまりにもお粗末な日本の経済学者に、とくにこの本を読むことをわたしとしてはお勧めしたい。欧米の一流大学で教鞭をとっている人たちが蓄積してきた教養の幅広さ、奥の深さに直接触れることは、とても貴重な読書体験となるだろう。

なぜか日本ではピケティが貧富の格差を解消することを提唱する弱者の味方、貧者の味方として取り上げられることが多い。しかし非常に残念なことに、それは**ピケティがこの大著で主張していることとはまったく違っている**。

ピケティはたしかに本書の冒頭部分では所得を話題にし、貧富の格差を「つかみ」として使っている。だが彼がもっとも情熱をこめ、まさに精魂を傾けて論じているのは、ほんとうに大きな格差は所得ではなく、資産にあるということだ。そして資産格差を論ずる場合、「人類の下から半分はいつの時代のどこの国でも取るに足りない資産しか持っていなかった」という一言であっさり切り捨ててしまう。

ピケティが解消しなければならないと力説する資産格差は貧富の格差ではなく、富・富格差なのだ。具体的には高い能力を持った人が懸命に努力しても、せいぜい平均所得の5～10倍の勤労所得しか得られないのに、遺産でのうのうと食っているような連中が平均所得の30～50倍、あるいは何百倍というような不労所得を得ている。これこそが格差問題の核心だと主張しているのだ。

「これだけピケティのおかげで貧富の格差に対する関心が高まったのだから、そんな細かいことはどうでもいいいじゃないか」と言う人もいるだろう。だが、わたしはこの問題にこだわるべきだと思う。

まずピケティの提唱する格差解消策である世界統一累進資本税では、富・富格差はかなり是正されるだろうが、**貧富の格差にはほとんど何の影響もない**はずだということだ。並みの金持ちからは徴収せず、大富豪の持っている資産には1％、超富豪の資産には2％、異次元の超富豪の資産には3％の税を課したら、たしかに金持ち間の資産格差には平準化の動きがあるだろう。だが、それはまさに貧乏人にとってははるか頭上の空中で起きていることであって、何ひとつ直接の恩恵はない。

そして全体として「無能な遺産相続人」の運用する資産が減って、有能な稼ぎ手の運用する資産が増えることは、ますます資本の取り分が増え、労働の取り分が減る社会をもたらすにちがいない。本文の中でくわしく検討するが、ピケティによる「経済成長が鈍化している上に、資本の取り分まで増えてしまう」という表現は、現代先進国経済の陥っている苦境を正確にとらえていない。むしろ資本の取り分が増えているからこそ、経済成長も鈍化しているのだ。

ピケティは、平均所得の3〜5倍程度の所得では惨めな生活しかできなかった19世紀の英仏の文豪たちの生活感覚に心から同意している。そしてこれは、**欧米の知的エリートたちに共通した本音**でもある。そういう本音にめったに接することのない日本人にとって、『21世紀の資本』は、やはりぜひ読んでおくべき本だろう。

純粋培養された知的エリートによる金持ち間格差の勧め、それがこの本のエッセンスだ。なぜそうなのかを順次説明していこう。

著者

第1章 資本主義社会での格差拡大は不可避なのだろうか

第2章

20世紀末からのアメリカの企業利益率急上昇の秘密

第3章

怒るピケティ、でもその憤激はだれのため？

第4章

オイルダラーの終焉は資源羨望症患者につける特効薬だが……

第6章

世界統一累進資本税は、格差解消の妙薬か

付章 21世紀の日本はどうなる?

第1章

資本主義社会での格差拡大は不可避なのだろうか

邦訳版で700ページを超える経済学書トマ・ピケティ著『21世紀の資本』（2014年12月刊行）が異例の売れ行きとなっている。タイミングも抜群だ。この邦訳版が出てから約30日後のこと。集計を開始してから初めて、ついに世界でもっとも豊かな80人の資産総額が総人口の下から半分の人たちの保有する総資産額を超えた（2014年末現在）と、発表された。

世界中でどんどん貧富の格差が拡大している

世界人口が72億人を突破したところなので、ほぼ正確に全人口の上から9000万分の1が持っている資産は、下から半分の持っている資産より大きくなっていたわけだ。

たった80人の持つ資産が合計1兆9000億ドル（約230兆円、1ドル＝120円）強となっている。1人当たりで240億ドル（約2兆9000億円）だ。一方、下から半分の36億人の持つ資産総額は、それより若干低くなっている。1人当たりにすると500ドル程度（約6万円）にしかならない。この事実は、改めて経済格差に対する関心を高めたはずだ。

一時は「先進国の中でこそ貧富の格差が拡大しているが、広く世界を見わたせば違う。韓国のような中進国が先進国化し、中国・インド・ロシア・ブラジルといった新興国は中進国に追い付き、発展途上国も底上げしている。だから全体としては貧富の格差は縮小しているのだ」

図表1-1　世界でもっとも豊かな80人の資産、下から半分の人々の持つ資産合計額を突破

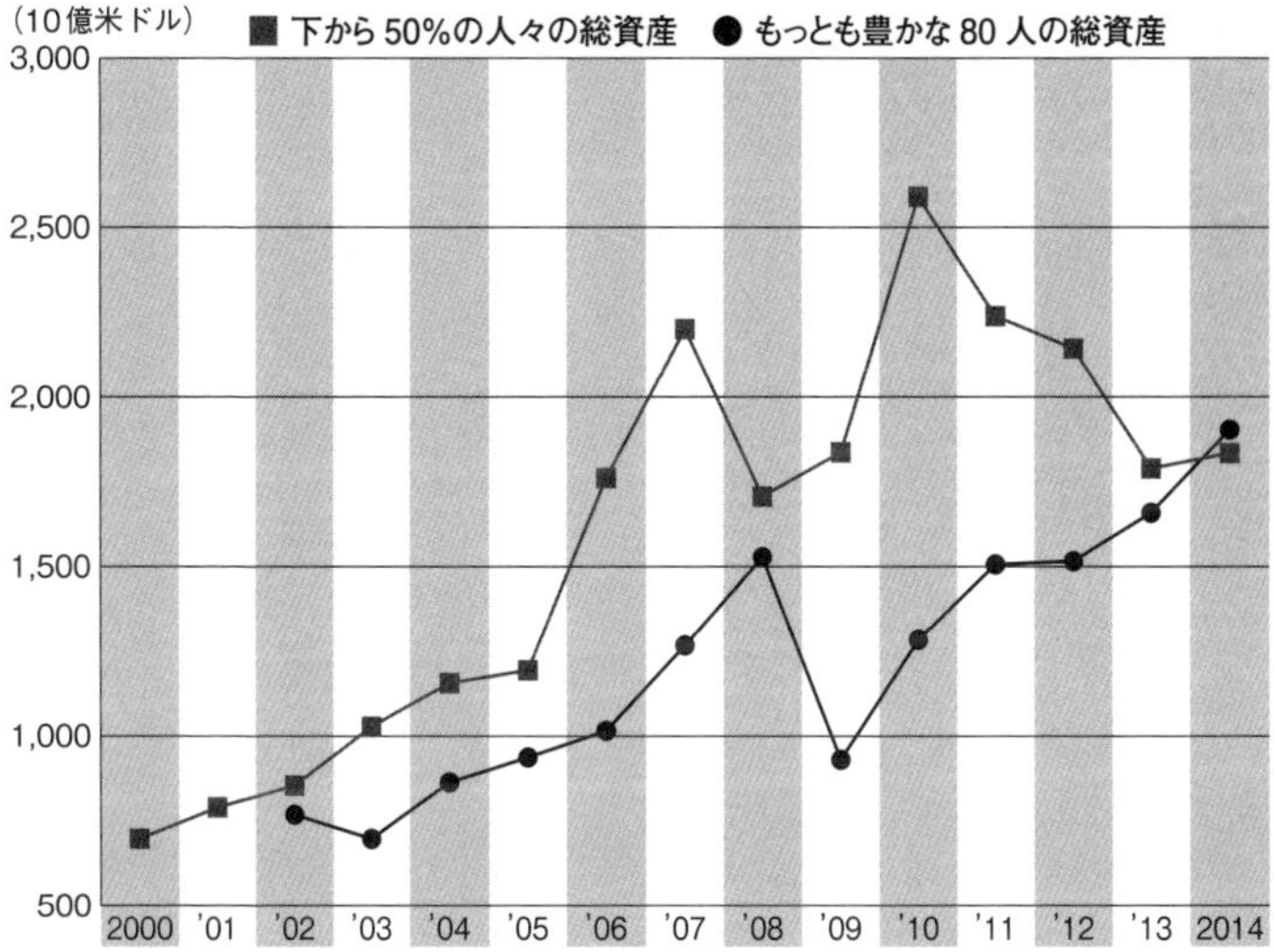

出所：ウェブサイト『Statista』、2015年1月20日のエントリーより引用

という楽観論が語られた。

だが、図表1‐1をご覧いただきたい。世界の下から半分の人たちの持つ資産は、2008～09年の国債金融危機では一時的にへこんだものの、2010年までは順調に上昇基調を保っていた。しかし翌年以降は明らかに下降基調に転換してしまっている。新興国や発展途上国の先進国に対するキャッチアップが自動的に格差縮小につながることを期待できる世界ではなくなっているのだ。

そういう環境で出版された『21世紀の資本』が分厚い経済学書としては空前の売れ行きとなっているのも、ちっとも不思議ではないのかもしれない。読者の中には「買ってはみたものの、この重厚な学術書のボリュームに圧倒されて、なかなか読み進めずにいる」とおっしゃる方もいるだろう。そこで、ピケティはこの本でいったいどんな議論を展開し、経済格差の解消や是正のためにどんな政策を主張しているのかをご紹介しよう。

ここから先に読み進まれる過程で、徐々に違和感を抱かれる方が出てくるのではないかという気がする。きっと「おい、おい。あんな世界的に有名な学者の書いた、経済学書としては久しぶりのベストセラーとなった良書に、そんな変てこりんなことが書いてあるはずがない。それはきっとお前が曲解した読み方をして、あることないこと並べ立てているだけだろう」と思われる方がそうとうな人数いらっしゃるはずだ。

そういう疑いを抱いた方は、この大著を読むためにまたとないきっかけを得たことになる。どうぞ邦訳でも、英訳版でも、またわたしにはできないがフランス語を読みこなすことのできる方は原著でも、直接ぶつかっていただきたい。絶対に読んだ時間がムダだったと思う本ではない。経済学の分野でも、歴史的な知識でも、あるいは19世紀英仏文学をどう読むかについてでも、きっと何らかの発見があるはずだ。

だが何よりも大きな収穫は、22歳ですでにグランゼコールと呼ばれるフランス随一のエリート教育機関を優秀な成績で卒業したばかりか、もう博士号も取得していたという**超エリートの発想がいかに我々日本人の発想とかけ離れているか**を実感できることだろう。

ここでグランゼコールとは、いったいどんな教育機関なのか説明しておこう。フランスではだいたい10～11歳のころ、日本で言えば小学校高学年あたりで「この子は大学に入るだけの知的能力があるか、それとも大学に行ってもしかたのない程度の能力しかないか」という、あまりにもきびしい選別をしてしまう。そこで大学に行く必要のない子どもに分類されてしまったら、最高学歴は高卒どまり。一生工員、店員、事務員として人に指図され、使われる仕事に甘んずるか、あまり学歴を必要としない農林漁業や自営業でやっていくしかない。遅咲きの知的能力を持って生まれた子どもには、じつに酷な仕組みだ。

ここで同学年の児童の約5人にひとりの大学入学資格のあるコースに乗ったとしても、油断はできない。フランスでふつうの大学のあまり就職に有利ではない学士号を得ただけだと、高卒資格しかない人より若年時の失業率は高いからだ。へたをすると、なまじ身に付けた教養が邪魔をして、手に職を付けることもできず、その後の人生には体裁よく言えば高等遊民としての貧乏暮らしが待っている。だから大学進学コースに乗った子どもたちのあいだで、超エリート教育を受けられるかどうかのふるい分けが熾烈《しれつ》になる。

意欲的な子どもなら、グランゼコールへの入学試験を受けるための準備学級というところで猛勉強をする。そこでめでたく入試に合格すれば、国が学費ばかりか、生活費まで支給してくれて、ほんものの少数英才教育を受けられる。そして社会に出た瞬間から高級官僚、企業幹部、

図表1-2　アメリカの所得格差(1910〜2010年)

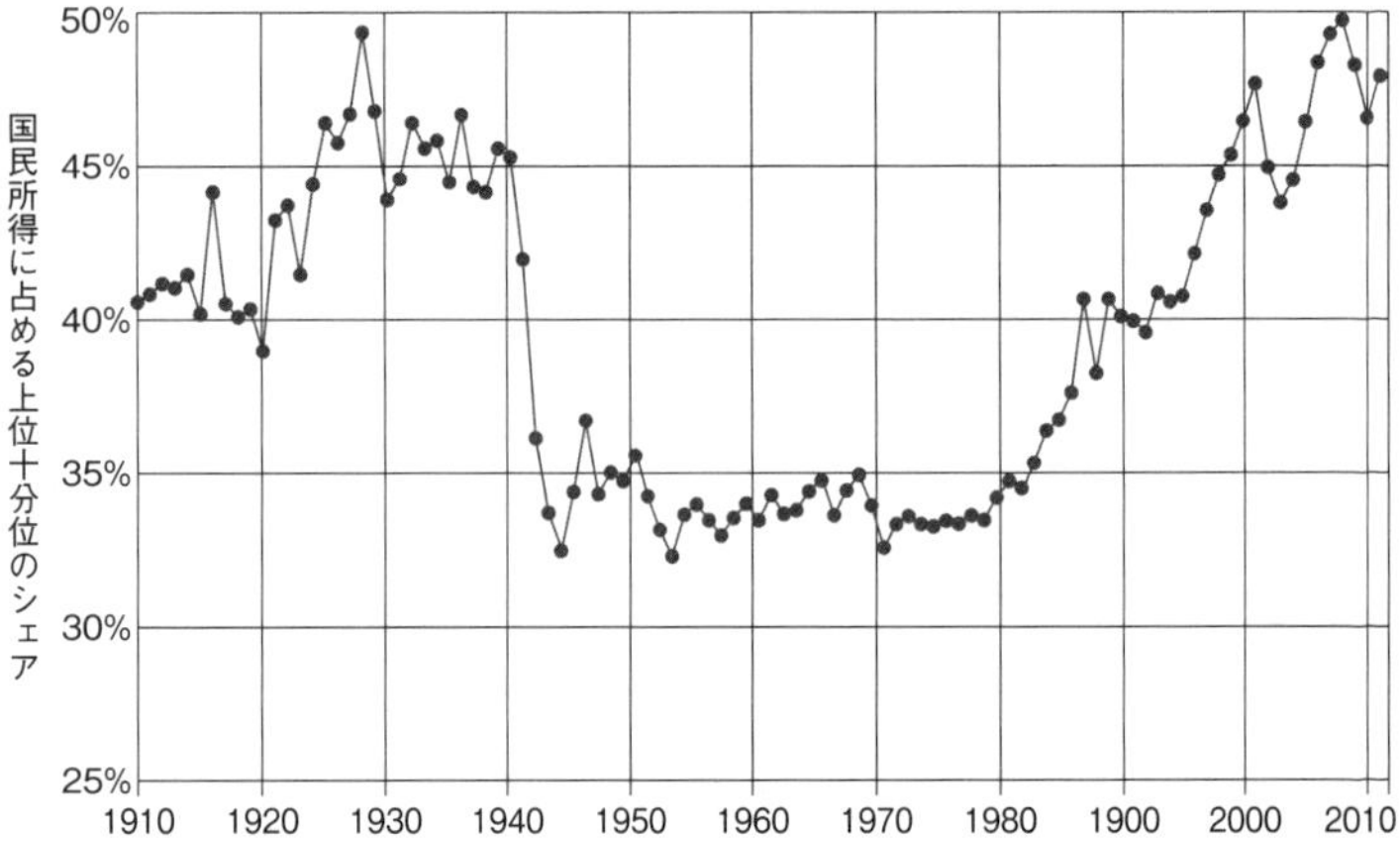

アメリカで所得が上から10%の人たちが占める所得シェアは、1910〜20年代には45〜50%だったが、1950年には35%以下となっていた。(これが、クズネッツの観察した所得平等化の動きだった。)しかし、1970年代にもまだ35%以下だったシェアは、その後上昇し、2000〜2010年代には45〜50%に上がっていた。

出所：トマ・ピケティ著、『21世紀の資本』(2014年、みすず書房)、26ページより引用

あるいは大学教授レベルの職に就き、一生他人を教え導き、指図をする側の人間になる。その国家丸抱えの少数英才教育機関のことを、グランゼコールというわけだ。

もちろん死ぬまでエリートコースに乗りっぱなしでいられる人生が、当人にとって幸せかどうかはまったく別の問題だ。まさに水を得た魚という感じで22歳にして博士号をとってしまうピケティのような俊秀もいれば、自分がエリートであることを当然と感じる周囲の人間になじめなかった社会学者ピエール・ブルデューのような苦悩に満ちた一生を送る人もいる。

この大著、書き出しはごく穏当に、第一次世界大戦直前から21世紀も最初の10年を

過ぎたところまでのアメリカにおける所得格差の推移から出発している。図表1－2に引用するグラフは、現代世界経済に興味を持っている人なら、きっとどこかで一度は見たことのある図像ではないだろうか。

1910年代の後半はほぼ全面的に第一次世界大戦とその戦後処理で占められるのだが、その割にこの10年間はアメリカ国内の所得分布で言えば安定していた時期だった。アメリカが参戦する直前の一過性の急騰期以外は、所得水準でトップ10％の人々の国民所得に占めるシェアが40～42％で推移していた時代なのだ。上から10％の人たちの平均所得が総平均所得の約4倍というのは、取り立てて格差が小さなほうではない。ただそのシェアがとくに上がりも下がりもしないのは社会全体の安定や、治安の維持といった点で問題の少ない社会だったと言える。

ところが「狂乱の20年代」とも「咆哮する20年代」とも呼ばれ、F・スコット・フィッツジェラルドが詩人の直感で早くも1922年には「ジャズ・エイジ」と命名していた1920年代には、上位10％の所得シェアが様変わりの急上昇を示す。29年の株式大暴落直前には50％寸前まで上がっていた。大暴落のあとは30年代を通じた大不況期に45％前後へ、さらに第二次世界大戦の勃発した40年代には35％へと下落し、そのまま約40年間にわたって低迷することになる。

しかし80年代にはこのシェアが急上昇に転じ、2000年のハイテク・バブル絶頂期、

２００７～08年のサブプライムローン・バブル満開期には45％を超え、50％に近づく勢いを示した。ついに２００８年には１９２９年のシェアをも上回る高水準に達していた。

その後リーマン・ショックをきっかけとする国際金融危機の中で２００９～10年にかけて下がったときには、１９３０年代不況のような長期にわたる景気低迷と、それにともなう所得の低水準での平準化の再現を予測する人も多かった。

２００８～09年の危機はなぜ１９２９年の再現とならなかったのか

だが、結果的にそうはならなかった。アメリカの金融業界は、驚異的な二枚腰を発揮してしぶとく高収益産業の地位を守り抜いた。２０１０年以降の回復過程では、危機以前よりもっと顕著に金持ちはますます富み栄え、貧乏人はますます窮迫するという構図が鮮明化している。

１９２９年に向けたトップ10％の所得シェアの急上昇と同じような、いやそれよりさらにスケールの大きな上昇が２００８年に向けてありながら、なぜその後の展開は１９３０年代大不況とまったく違う様相を呈したのだろうか。そして何よりも株や債券を扱う金融市場が大盛況を謳歌し、金融資産価格は上昇を続けているのだろうか。

あれやこれやの個別状況について云々する経済学者は多い。だが30年代大不況を招いた

1929年の株価大暴落と、2010年代にも金融ブームを持続させた2008～09年国際金融危機との差を、構造的に説明した人はいなかったような気がする。その中でピケティの議論には、非常にしっかりした骨格がある。

それは「30年代大不況から1940～70年代の先進諸国の経済構造には、国民所得に占める資本の取り分を異常に低下させる要因が介在していた。だが現代経済にはそうした要因は存在しない。だから、現在の資本の取り分は1929年当時より高いし、放置しておけば今後もどんどん高くなるだろう」という議論だ。しかも、このあっと驚くような明快な議論の種明かしは、経済学を学んだ人ならだれでも知っているはずの資本産出係数あるいは資本所得係数と呼ばれる、**ごく初歩的な概念**なのだ。

資本所得係数とは何か。ある国で一定の所得を生み出す経済活動をするためには、直接生産設備に使われる機械装置だけではなく、交通機関、港湾設備などさまざまなモノが資本として備わっていなければならない。この資本の総額を国民総所得とか国民総生産とかで割った数値を、資本所得係数と呼ぶ。

アメリカでも似たような現象がとくに30年代以降顕在化したのだが、第一次世界大戦の主戦場となったヨーロッパ諸国では、この資本所得係数が1910年代から激減に転ずる。

図表1-3で一目瞭然という感じがするが、第一次世界大戦前には国民所得の6～7倍の総

図表1-3　ヨーロッパ諸国の資本・所得比率（1870〜2010年）

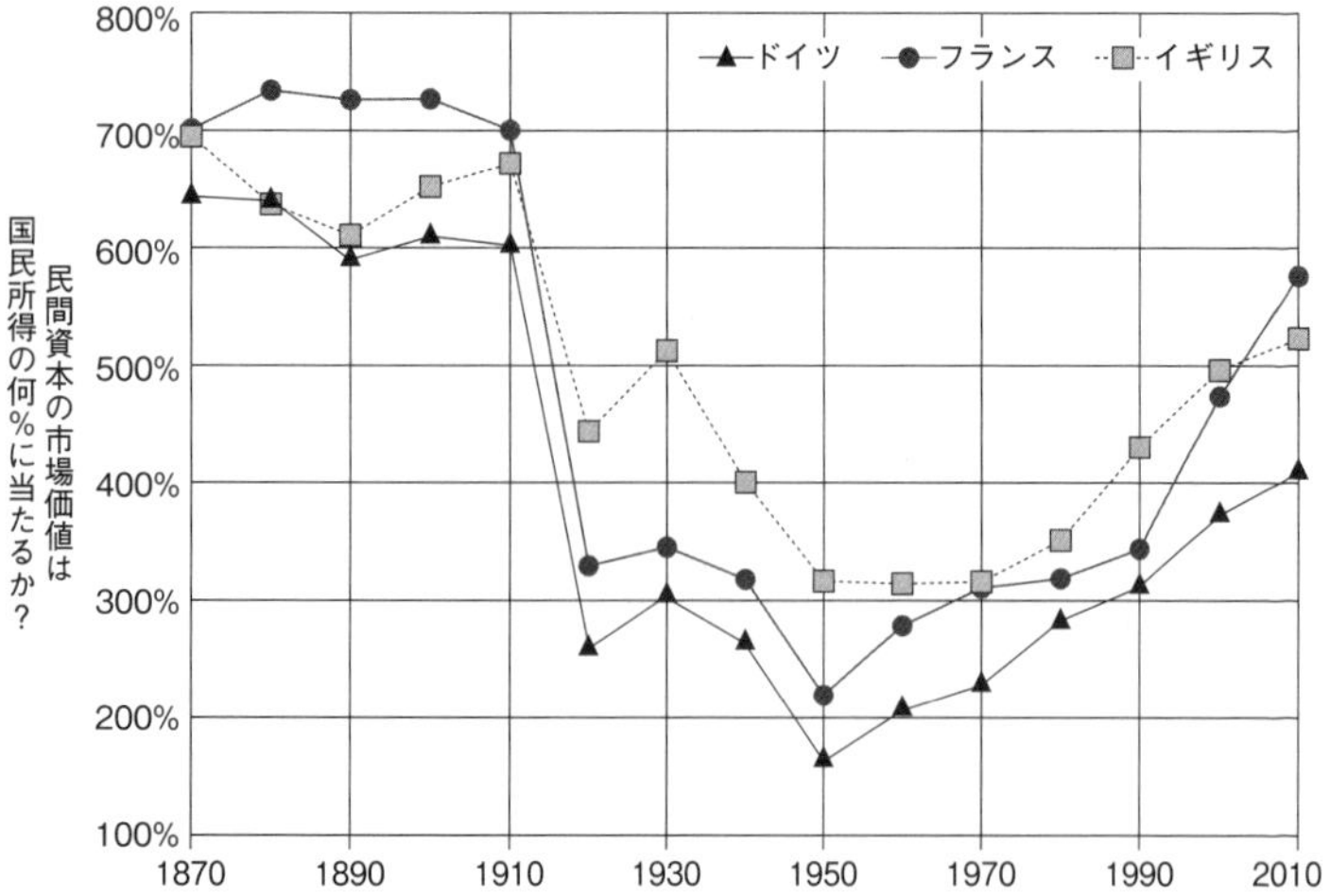

1910年のヨーロッパでは、民間の富の総額は国民所得の約6〜7年分だったが、1950年には2〜3年分に下落した。しかし、2010年には4〜6年分に再上昇している。

出所：ピケティ『21世紀の資本』、28ページより引用

額に達していた英仏独３ヵ国の民間資本は、１９２０年には２〜４倍台に激減する。ピケティはこの原因について、額面価値のある金融資産である貯蓄や国債の実質的価値が戦中から戦後にかけてのインフレ政策で、すさまじく目減りしたことを強調する。だがこの資本価値の激減については、参戦国がそれぞれ敵国の生産施設を破壊した物理的な消尽による目減りも大きかったはずだ。

とにかくヨーロッパでは２度にわたる世界大戦によって、資本価値が激減した。またアメリカでは第一次世界大戦の被害は軽微だったが、第二次世界大戦で大きく民間資本の市場価値が損なわれることによって、１９４０年代後半から50年代にかけて資本所得係数が下がり、先進諸国全体としてそ

れぞれの国の国民所得に対する民間資本の倍率が極端に低下した。しかもこの低水準が基本的には60年代末まで持ち越された。1970年以降はようやく資本の対国民所得比率が徐々に上昇に転ずるが、70年代いっぱいはまだ水準としては低かった。

国民所得を資本と労働のあいだでどう分けるかと言えば、それぞれの生産要素の投入量に対する分け前を取ることになる。投入される資本の量が劇的に低下していたなら、当然生産物の中から資本が取り分として要求できる量も低下する。だから第二次世界大戦後の復興期には、ふつうの勤労者の賃金給与所得が目覚ましい伸びを示したわけだ。そこで図表1-2に引用したグラフの注記にもあるように、数量経済史家の先駆けのひとりだったサイモン・クズネッツは戦後世界経済では資本の希少性が傾向的に低下し、どんどん勤労者の取り分が増える「勤労者のユートピア」的な時代が来るという夢を描いたわけだ。

残念ながら、その夢は実現しなかった。その事実はだれでも日々の生活で思い知らされているが、なぜ実現しなかったのかについて、ピケティほど明晰な論理で解明してくれた経済学者はいなかったような気がする。つまり1950～70年代には、大戦争とその後のインフレによって資本所得係数が異常に低下していたからこそ、労働の取り分が劇的に増えたに過ぎない。1980年代以降の資本所得係数が回復してきた時期にまたぞろ資本の取り分が上がり、所得や資産での格差が拡大するのは当然だというわけだ。

資本所得係数の上昇は不可避の過程か

ただ図表1-3の英独仏3ヵ国の資本所得係数の長期推移を、もう一度ご覧いただきたい。全体としての下落から再上昇へという3ヵ国共通の動きの中にも、ある傾向を読み取れないだろうか。それは同じ時期の資本所得係数が低い国ほど、経済全体がうまくいっているという事実だ。

この期間を通じて、いちばん目覚ましい経済発展を遂げたのはドイツで、ほぼ一貫して最も低い資本所得係数を維持していた。また産業革命の母国だったイギリスは第一次世界大戦後、かなりくたびれた老大国として経済効率の悪化が目立ったが、1920～2000年代までずっと資本所得係数が3ヵ国で最高だった。直近ではイギリス以上に経済状態が悪化しているフランスは2000～10年の期間でイギリスを抜き、資本所得係数が最高になっている。

「いや、それは経済圏としてはすでに二流になってしまったヨーロッパ諸国間での比較だからそう言えるだけで、もっと広い範囲、とくにまだ成長性の高い諸国までふくめて観察すれば、きっと成長性の高い国民経済では資本所得係数も高くなっているのではないか」と思われる方もいるだろう。だが図表1-4を見ると、経済効率のよい国民経済ほど資本所得係数は低いと

図表1-4　富裕国の民間資本・所得比率（1970〜2010年）

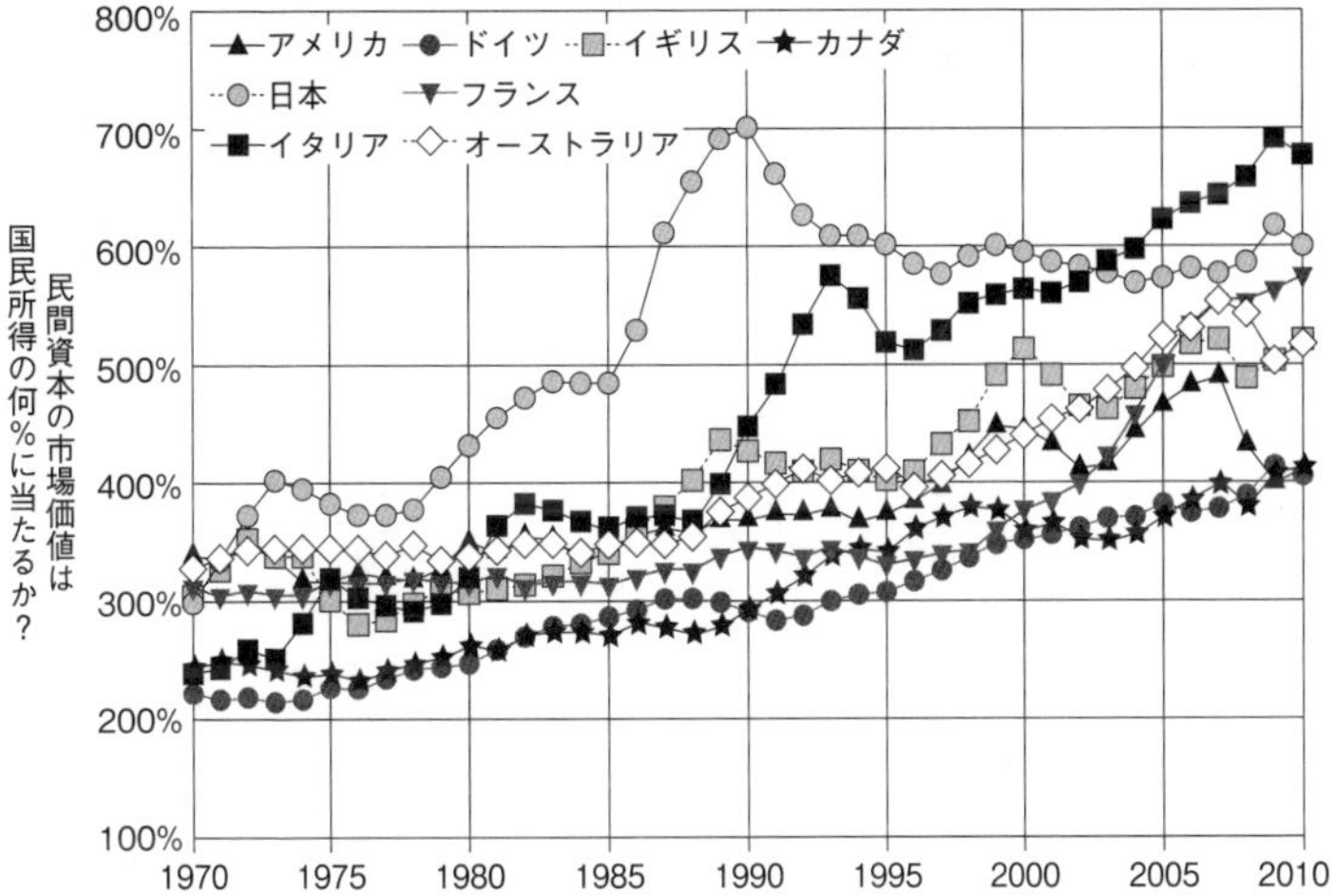

2000年代末にはイタリアの民間資本総額は国民所得の8年分、つまり日本のバブルピーク期より1年分多い評価となっていた。

出所：ピケティ『21世紀の資本』、192ページより引用

いう相関性がもっとはっきり表れている。

こちらは世界の富裕8ヵ国について、おそらくデータ上の制約もあって1970年以降に限定した資本所得係数を比較したグラフだ。特筆すべきは、70年に上位5ヵ国の中で最低の300%弱から出発した日本が高度成長から安定成長へ、そしてバブル経済へと転換していく中で、異常なほど係数を高め、ピークの90年に700%という高水準に達していたことだろう。

また70年にはドイツ、カナダとともに係数が低いグループ3ヵ国の一翼を担っていたイタリアは、直近の2010年でバブル期頂点の日本とほぼ同一の約700%という高みに到達してしまっている。今後のイタリアは、日本のように非常に長い期間に

わたる景気低迷の中で徐々に資本所得係数を低下させる道をたどるのだろうか。それとも派手な危機、そして破綻というかたちでの資本評価の激減という、期間としては短いが国民全体の被害が深刻な道をたどるのだろうか。どうも**国民性から考えると後者になりそうな気がする**。

一方、ドイツとカナダは、その後も一貫して富裕8ヵ国の中で資本所得係数の最下位争いを演じてきた。これは同じ生産高を確保するために投入しなければならない資本の量が少なくて済むという意味で、非常に効率の高い経済運営ができていたのだ。

またアメリカの推移にもご注目いただきたい。何となくこの1970〜2010年の期間を通じて、アメリカではものすごい資本蓄積が進んでいたのではないかという印象がある。だが、じつは資本所得係数が低いほうにとどまっていた。ハイテク・バブルの起きた90年代末や、サブプライムローン・バブルの起きた2005〜08年には急上昇したが、その後の資本価値の評価が急落することによって、ちゃんと低めの水準を保ちつづけているのだ。

つまり資本所得係数が上昇するのは、決して国民全体の富が拡大している証拠として手放しで歓迎できる話ではないのだ。もし拡大した資本が効率よく必要な場所に投下されていれば、所得のほうも伸びることによって、この係数自体は横ばいとか、むしろ低下するという状態になるはずだ。

同じ生産高を確保するのに必要な資本の投下量は、少なければ少ないほど経済全体が効率よく運営されているのだから、国民経済として目指すべきは資本所得係数の低下だし、最低でも横ばいを維持する努力をすべきだ。70年代以降の富裕国のようにこの係数が顕著に上がりつづけている状態は、どこかで非効率な資源の配分が起きていると考えるのがすなおなものの見方だろう。

ところがピケティはそう考えず、資本主義にはふたつの基本法則があって、経済がこのふたつの法則どおりに展開すれば、必然的に資本所得係数は高止まりし、国民所得に占める資本の取り分は上昇すると主張する。つまり「放っておけば、資本主義社会では金持ちはますます豊かになり、貧乏人はますます貧しくなる傾向を止めることはできない。だから、大きな政府を樹立し、理想としては世界統一政府が一律に累進資本課税を課すことが必要だ」という議論に発展していくわけだ。

ピケティのこの立場が「資本主義社会で貧富の格差が広がるのは避けられないから、国家の介入が不可欠だ」という現実認識から確立されたものなのか。それともまさにピケティのような頭脳明晰な官僚を育ててしっかり市場を管理することが正しい社会のあり方とされるフランスの文化的伝統からもたらされたものなのかは、議論の分かれるところだろう。わたしはまずフランス流知的エリート重視の社会的な枠組みがあって、その**枠組みを生かすための議論**として「資本主義社会における貧富の格差拡大不可避論」が出てきたと見ているが、それについては次章以降で論じていこう。

資本主義「2つの基本法則」を検証する

この節では、ピケティは「資本主義が存続するかぎり満たされるはずだ」と主張しているふたつの基本法則なるものを検討する。ごちゃごちゃ数式をこねくり回す趣味はないとおっしゃる方は読み飛ばしていただいて、けっこうだ。読み飛ばす場合、頭に入れておいていただきたいことがある。それは、まったく性質の違うふたつの数式を同じように重要な基本法則だと主張することによって、本来しなければならない証明が済んでしまったかのような議論をしていることだ。

具体的に、第一基本法則は「犬が西向きゃ、尾は東」というような当たり前のことを数式にしただけのことだ。一方、第二基本法則のほうは必ずしもそうなるという保証はないが、そうなればピケティの議論にとっては好都合だという数式でしかない。

ピケティの定義する資本主義の第一基本法則とは、以下の数式を指している。

$$\alpha = r \times \beta$$

この「α」とは国民所得に占める資本の取り分の比率、つまり労働分配率の逆数だ。だいたい先進諸国では30％くらいになっている。

「r」は資本利益率、かんたんに言えば企業利益率だったり、不動産の評価額に対する賃貸料収入の比率だったり、国債や社債の市場価格に対する利回りだったり、貯蓄の元本に対する利子収入の比率だったりする。これは池田信夫も『日本人のためのピケティ入門』（２０１４年、東洋経済新報社）で指摘していることだが、ピケティの場合には法則として定式化する場合には資本の意味を極限まで広く解釈する。しかもその資本の収益率を読者に具体的にイメージさせるときには、企業利益率や不動産収益率にかなり偏った説明をしている。つまり、そうとう高くて当然と思わせるような事例を使いつづけている。

そして資本の利益率「r」を企業利益率や不動産収益率のイメージで考えれば、第二基本法則で登場する国民経済の成長率「g」より高く出てくるのは、当然なのだ。だが、この詐術すれすれの議論によって、ピケティは「r＞gであるかぎり資本の取り分がどんどん増えていくことを防ぐ道はないし、実際にどんな時代にも資本利益率は国民経済の成長率より高い」と言い切るわけだ。

最後の項「β」は最前から論じてきた資本所得係数、つまりある国の資本の合計額が国民所得の何倍に当たるかを示している。第二次世界大戦直後から70年ごろまでは2～3倍だったのに、最近では4～7倍と資本の肥大化が目立っている。同じ所得を稼ぎ出すのに投下しなければならない資本の総額がどんどん大きくなっているのだ。

ここで最初の$\alpha = r \times \beta$という表現に戻ろう。すごくむずかしいことを言っているように見えるけど、日本語で書き直してみると、当たり前すぎるほど当たり前のことを言っているだけなのだ。ようするに、以下のとおりだ。

資本収益÷国民所得＝（資本収益÷資本総額）×（資本総額÷国民所得）

右辺の最初のカッコの中の資本総額（分母）と2番目のカッコの中の資本総額（分子）は同じものなので打ち消し合うと、左右両辺ともまったく同じ資本収益÷国民所得だと分かる。これは同じものを違うかたちで表現しているだけなので、どんな状況でもつねに成立する恒等式だ。

それでは第二基本法則とは何か。以下の数式だ。

$$\beta = s \div g$$

この「β」は、もちろん第一法則と同じ資本所得係数だ。

そして「s」はその期のうちで消費されず翌期に持ち越されるモノやサービスの金銭評価額を国民所得で割った比率である貯蓄率を示している。投資という、その期のうちに消費しなかったモノやサービスを翌期以降の国民所得を拡大するために使う経済行動は、この貯蓄の中からしか行われない。国民経済の定義式の中では貯蓄＝投資ということになる。

だがもちろん、貯蓄をする主体と投資をする主体は同じではないから、そのときどきで貯蓄と投資が自動的に一致するようなメカニズムは存在しない。だから全体として貯蓄が自発的な投資額に対して大きすぎれば、増やしたくない在庫の増加という意図せざる投資が発生することや、買いたいモノが買えないことによる意図せざる貯蓄が発生することで帳尻を合わせたりする。

ようするに貯蓄率という変数が登場するや否や、数式はいつでも自動的に守られる恒等式ではなくなる。その方向に動けば、均衡状態や定常状態と呼ばれる収まりのいい状態に落ち着くはずだという方向性を示唆する数式に変わるのだ。だが経済が必ずその方向に動くとは限らない。短期的には逆方向に動くこともありうる。またそっちに向かって動いたとしても、その状態に至るまでには時間がかかる。そして時間が経てば、最初は収まりのいい均衡だったはずの状態が何か新しいことが起きた影響でもう以前の均衡状態ではなくなる。新しい均衡状態に向かって、もう一度動いていかなければならない。

現実の経済は一度として全般的な均衡状態を達成したことはない。つねに赤ん坊が生まれ、年老いた人が亡くなり、新しいモノやサービスが登場し、古いものがすたれていく。経済は、つねに次の均衡状態を目指して動いていき、そこに到達しないうちに均衡状態自体が変わることのくり返しなのだ。そしてこの数式最後の変数「g」は、さきほど説明したとおり国民経済全体の成長率だ。

この成長率を日本語のままで数式化すれば、以下のとおりとなる。

成長率＝（その期の国民所得ー前の期の国民所得）÷前の期の国民所得

このやや回りくどい成長率を代入して、第二基本法則の数式全体を日本語に書き換えると、以下のとおりだ。簡単化のために全項目を前の期中心に表現して、区別しやすいように本来「前の期の」と書くべきところには＊印を付けた。だが、その期を中心に表現しても結論は同じだ。

資本総額＊÷国民所得＊＝

（貯蓄総額＊÷国民所得＊）÷｛（その期の国民所得－国民所得＊）÷国民所得＊｝

右辺は小カッコの中も中カッコ内も、同じ前の期の国民所得が分母になっているのでこれを消去して、

資本総額＊÷国民所得＊＝貯蓄総額＊÷（その期の国民所得－国民所得＊）

と簡略化できる。そうしてから、左辺の分子を右辺の分母に、そして右辺の分母を左辺の分子に移項すると、以下のとおりになる。

（その期の国民所得－国民所得＊）÷国民所得＊＝貯蓄総額＊÷資本総額＊

左辺は国民所得の成長率の定義そのものだ。一方、右辺の分子である貯蓄総額＊は前の期の資本総額にどれだけ前の期のうちに貯蓄というかたちで追加があったかを示しているので、結局は前の期からその期にいたる資本の増加額と同じことだ。そして、右辺全体は前の期からその期にかけての資本の増加率を示している。つまり資本の増加率、すなわち貯蓄率「ｓ」が国

民所得の成長率「g」と一致するというわけだ。この数式が満たされているということは、分母である成長率「g」も、分子である貯蓄率「s」も同じ率で増加している。そして資本所得係数「β」で表す資本総額÷国民所得もまた一定だということを意味している。

ここでもうお分かりいただけたと思うが、第二基本法則は第一基本法則と同じようなどんな場合にも当てはまる恒等式ではない。この法則が守られれば、資本所得係数はコンスタントに保たれるという条件を規定している数式に過ぎないのだ。

ところで、資本所得係数が一定という経済は望ましい状態なのだろうか。

何が経済成長率を決めるのだろうか

もちろん資本所得係数が低い国民経済では、これを低いままに保つことが望ましいだろう。資本効率の高い経済を維持できるからだ。だがもともと資本所得係数が高い国民経済、ようするに同じ生産量を生み出すのに大量の資本が必要な国では、これを一定に保つのは望ましいこととは言えない。

そういう経済圏、たとえばバブル絶頂期の日本や今のイタリアでも、どんどん同じ生産高を上げるのに必要な資本投入量が増えてしまう経済、「β」が拡大しつづける経済よりは、資本所得係数が一定のほうがマシだろう。だが**もっと望ましいのは、同じ生産高を上げるのに必要な資本投下量がどんどん少なくなる**、つまり「β」が縮小しつづける経済ではないだろうか。

しかしピケティはまったくそう考えない。彼が根本のところでは資本家＝資産家の立場に立っていることは、次のような文章で分かる。

結局のところ、1913～1950年の資本／所得比率の減少はヨーロッパの自殺の歴史であり、特にヨーロッパの資本家たちの安楽死の歴史だった。

しかし第二次世界大戦後の資本／所得比率の低さにはいい面もあったと断言しておかなければ、この政治的、軍事的、予算的な歴史は嘆かわしいほど不完全になってしまう。というのも、これはある程度まで意図的な政治的選択として、資産の市場価値と、その所有者の経済力を――おおむね意識的かつ効果的に――削ぐのが狙いだったからだ。

『21世紀の資本』、156ページ

ピケティにとって資本所得係数が少なくとも横ばいで推移し、むしろ上がっていくことは、資産で食べていける人が増えることであって豊かな社会を象徴する良い現象なのだ。「資本／所得比率の低さにはいい面もある」という言い方に、それがよく表れている。第3章でくわしく検討するが、その増えたほうがいい資産とは遺産で相続したものではなく、本人が自分の能力で稼いだものでなければならないという限定こそついているが。

だが資本所得係数が高い社会は、明らかに同じ生産量を生み出すのに、多くの資本を投入しなければならない、非効率な経済になっている社会なのだ。むしろ資本所得係数を下げる方法はないのかを積極的に検討すべきだろう。

この数式を眺めているだけだと、貯蓄率を下げればだんだん資本所得係数も低下し、国民所得に占める資本の取り分も下がり、勤労者の取り分が上がっていきそうに見える。

具体例を挙げれば、成長率が2％で貯蓄率が12％の経済なら資本所得係数が600％、国民所得を生み出すのに必要な資本の総額は国民所得の6倍もかかっていることになる。だがもし成長率は同じ2％なのに貯蓄率が10％に下がったら、いずれは同一の国民所得を生み出すのに必要な資本総額は5倍に減っていくことになる。それだけ**効率的な経済が運営できるはず**だという気がする。

この発想には、ケインズ派経済学者という強力な支持グループが存在している。「近代以降の経済が不況に陥る元凶は、貯蓄過剰だ。もし個人世帯や企業がどうしても過剰貯蓄体質を脱却できないなら、国がカネを借りて、そのカネを遣いまくって経済全体としての貯蓄率を下げてやれば、消費不振も解消されて経済は回復する」というわけだ。

だが、「貯蓄を使ってしかできない投資のダイナミズムが経済成長率自体を左右する」という視点がケインズ派には完全に欠落している。貯蓄が多くて投資のための原資が潤沢なこと自体が悪いわけではない。むしろ貯蓄が多ければ多いほどあって、その貯蓄を生かした投資が的確かつ迅速に行われさえすれば、経済成長率は高まるはずなのだ。

社会を構成している人もモノやサービスもめまぐるしく変わる世の中である。その変化に対応して的確に高く評価されるモノやサービスを増産し、人気薄になったモノやサービスを減産する決断は、中央集権ではできない。大勢の人が思い思いに自分が有望だと思った分野で生産活動をし、うまく社会全体の需要に適合すれば成功するし、うまくいかなければ脱落する。このような過程でしか企業全体としての成長率を高めることはできない。

1％台の経済成長率では、こだわっても意味のない微妙な差しかつかないのか

そのとき決定的に重要なのは、政府が正しい方針にもとづく経済政策を実施しているかではなく、どれだけ競争の激しい市場で事業を運営しているかなのだ。図表1-5がそのへんの事情を端的に示している。

1970〜2010年の日本経済は、落ちぶれていくばっかりだったという印象がある。

図表1-5　富裕国の経済成長率と貯蓄率(1970〜2010年)

国名	年率平均国民所得成長率	人口成長率	1人当たり国民所得成長率	民間貯蓄の対国民所得比率(減価償却後)	地元市場の競争性順位(評点)
アメリカ	2.8%	1.0%	1.8% 3位	7.7%	10位(5.9)
日本	**2.5%**	**0.5%**	**2.0% 1位**	**14.6%**	**1位(6.4)**
ドイツ	2.0%	0.2%	1.8% 3位	12.2%	12位(5.9)
フランス	2.2%	0.5%	1.7% 5位	11.1%	31位(5.5)
イギリス	2.2%	0.3%	1.9% 2位	7.3%	5位(6.1)
イタリア	1.9%	0.3%	1.6% 8位	15.0%	58位(5.2)
カナダ	2.8%	1.1%	1.7% 5位	12.1%	33位(5.5)
豪州	3.2%	1.4%	1.7% 5位	9.9%	8位(6.0)

富裕国の中でも、貯蓄率と人口増減率はかなり国ごとに差がある。だが、1人当たり国民所得成長率の差は比較的小さい。

出所：ピケティ『21世紀の資本』、182ページより引用した表にWorld Economic Forum『The Global Competitiveness Report　2014〜2015』所収のデータを追加して作成

しかし図表1-5から確認できるように、この間の日本の1人当たり国民所得の成長率は年率2・0%で、意外にも富裕8ヵ国中の首位だったのだ。ただ最下位のイタリアでも成長率は1・6%だったので、表の下につけた原文の注でピケティが説明するように「貯蓄率と人口増減率には大きな差があるが、1人当たり所得増加率は似たようなものだった」と結論することもできる。

今後の先進国経済では、順調に成長している国でもせいぜい2%台の前半、だいたい1%台で、少しでも高い成長を目指すことになるだろう。とすれば、**あまり成長率にこだわっても仕方のない経済になるということだろうか。**トマ・ピケティは「どうせたかだか1%台の成長なのだから、成長

率を競ってもあまり意味はない」と主張する。
具体的には「多くの人々は、成長というのは最低でも年3～4パーセントであるべきだと思っている（が……）歴史的にも論理的にも、これは幻想にすぎない」（『21世紀の資本』、99ページ）と言っている。今後の世界経済の成長率は、ほぼ1％台後半に収れんしていくと見ているわけだ。
本人のことばを引用しておこう。

長期間の平均を見ると、富裕国すべてがほぼ同じ比率で成長しつつあるのが事実だ。1970～2010年、先進国8カ国の1人当たり国民所得の平均成長率は1・6～2・0パーセントで、1・7～1・9パーセントの間にとどまっている国がほとんどだ。入手可能な統計手法の不完全さ（特に物価指数）を考慮すると、このような小さな差が統計的に有意かどうかは、決して明白ではない。

『21世紀の資本』、182ページ

同じ1％台の成長であれば、その中での微妙な差はあまり意に介さなくていいという議論を展開している。

だからといって、たかが1％台の成長ならば、国民経済のあいだの小さな成長率の差に無関心でいいということではない。具体的に30年後の国民経済の規模は1・0％成長なら1・36倍にとどまるのに対して、1・9％成長では1・76倍に育っているのだ。

ところがピケティは「この程度の差なら、たとえば19世紀のイギリスに対するドイツ、アメリカや、20世紀半ばまでの欧米諸国に対する日本のような後発国のキャッチアップ過程での高成長や、戦争や戦中・戦後のインフレで資本価値が極端に毀損した状態からの高成長に比べれば、ものの数ではない」というまとめ方で片づけてしまう。

あとからキャッチアップして高成長を達成するために、現在はわざと経済活動を緩慢にする。戦争で資本価値が大幅に毀損した状態のほうが勤労者の実質所得を伸ばしやすいから、戦争を歓迎すべきだ。このような議論は成り立たないだろう。

だとすれば結局、ピケティが主張していることの核心は、「少なくとも現代の富裕国のあいだでは、他国より画期的に高い成長率を達成する方法はない。だとすれば、ほとんど横ばい程度にしか見えない低い成長率でも、もっと国民全体が暮らしやすくするためには経済格差、その中でも所得格差より深刻な資産格差を制度的に緩和し、解消する方向に政府が動かなければならない」ということになる。

だが、**それはおかしい**。先進国の経済成長率が3～5％だったころには、5％台の成長率を達成している国々のあいだに大きな差はなかった。5・9％成長でも5・0％成長より2割成長率が高いわけではない。しかし各国が3％台で成長率を争うとなると、3・9％成長は3・0％成長より3割も成長率が高いのだから、大いに意味のある差ということになる。

各国が経済成長の成果を1％台で争う世の中をご想像いただきたい。いや、国民1人当たりベースで見れば、もう先進諸国はそういう成長率の時代に入っている。

図表1-5でご覧のとおり、1970～2010年の富裕8ヵ国の1人当たり国民所得（NI）成長率を年率にすると、日本の2・0％からイタリアの1・6％のあいだにひしめき合っていた。微妙な差のように見えるが、日本はイタリアより成長率が25％も高かったのだ。

断じて、あだやおろそかにできる差ではない。しかも、この差は決して統計的な誤差の範囲内の現象ではない。日本経済は一見したところあまりにも小さな差しかつかない世界で、**安定して他国を寄せ付けない成長を維持できる体質を持っている**のだ。

日本経済は僅差の時代、微差の時代を勝ち抜くことができる

では日本特有の体質とは何か。日本は伝統的に資本の大量投入にも労働の量的拡大や質的改善にも頼らず、**社会全体の進歩がストレートに経済発展に結び付く社会を育ててきた。**この特

徴を明らかにするのが、過去一貫して全要素生産性（ＴＦＰ）の伸び率の高さという事実なのだ。

全要素生産性とは何かをご説明しておこう。モノでもサービスでもつくるときに資本（カネ）と労力を使う。資本は事業所の土地を買ったり借りたりし、しかるべき建物を建て、機械装置をそろえ、原材料や部品やエネルギーを買うために使う。そしてもちろん労働力は機械を動かしたり、モノやサービスを売るために使うわけだ。もし特定のモノやサービスを生産するための工程にも社会全体にも何の変化もなければ、同じ量の資本と同じ量の労働を使えば、必ず同じ量の生産高が得られるはずだ。

ところが実際にはモノやサービスをつくるための技術も少しずつ進歩しているし、特定の事業所を取り巻く社会環境も変化している。一般論として、技術が進歩すれば同じ量の資本と労働の組み合わせから、今までより大きな生産高が得られる。また社会全体が今までより平和になり、豊かになり、清潔になり、交通の便が良くなるといった変化があれば、これもまた同じ投入量からの生産高を増加させる。逆に技術が退歩したり、社会全体が殺伐としたりすれば、同じ投入量からの生産高は縮小してしまう。

一定の資本と労働の投入量の組み合わせから、どれだけの生産高が得られるかという数式を生産関数と呼ぶ。この生産関数は資本の量と労働の量というきちんと計測できる変数と、先に説明した技術や社会全体のあり方といった、生産高を変化させるのは確かだけれど具体的に量を計測できないものすべての影響を拾い上げる「残余」を示す変数によって組み立てられている。かんたんに言えば、資本も労働も投入量をまったく変えなかったとしても生産量がどれだけ変わるかをこの残余項で計測する。

実際に起きた経済成長のうち、労働の投入量拡大でも資本の投入量拡大でも説明できなかった残余項の変化分を、技術革新や社会全体の進歩、あるいは効率性の改善としてとらえるわけだ。

ちょっと回りくどい説明になったが、具体的に日本を例にとって考えてみよう。１９８０～95年という期間の日本の付加価値成長率は年率で３・８％だったが、これは先進諸国間では断トツの実績だった。ただし当時発展途上国から「中進国」へと変わりつつあった韓国は年率９・５％という猛スピードの成長をしていたので、これにははるかに及ばない成長率だった。

この成長率を労働投入量、資本投入量、その他のすべての要因、つまりＴＦＰに割り振ると、日本は３・８％成長のうち０・４％分は労働量の増加で説明できた。そして１・９％分は資本量の増加で説明できるが、１・５％分が労働や資本の量の変化では説明できずに残ってしまう。この残る１・５％が、技術進歩や社会全体の効率改善の効果だったはずだということになる。

これに対して韓国の９・５％成長は、ほぼ全面的に労働と資本の投入量の増減で説明が付く。

つまり2・2％が労働量増加で、7・1％が資本量増加で説明が付き、成長率9・5％中の9・3％は生産要素の投入量拡大に頼っていたことが分かる。TFPは年率で0・2％しか伸びていない。これはすでに成熟化が進んでいて、徐々にTFPの伸び率も鈍化すると考えられることの多い日英米仏独伊の先進6ヵ国よりも低かった。

ようするに80～95年の韓国の急成長は、労働も資本もこんなに高い率で伸ばしつづけることはできないので、このままではかんたんに成長の限界にぶち当たってしまうという危ういかたちの高度成長だった。ところが95～2007年の成長は、労働の投入量は0・6％成長に、そして資本の投入量は3・1％にと、それぞれ急激に下がったのにもかかわらず、全要素生産性が年率1・1％成長に上がった。全体としては4・8％の高い成長率を確保できていた。あとで論ずるが、この全要素生産性の上昇は中国が大量に韓国の工業製品を買ってくれたための上昇ではないかという疑問が残る。

一方、日本の成長率は80～95年の3・8％から95～2007年の1・2％へと大減速となってしまった。ただ労働の投入量が0・4％増から0・3％減へと縮小に転じ、資本の投入量も1・9％増という先進諸国間では最高の伸び率から0・5％増という最低の伸び率に変わったことの影響が大きかった半面、全要素生産性の上昇率は1・5％から1・0％への鈍化にとどまっていた。投入する労働と資本の量と質をまったく変えなくても、年率1％で生産高が拡大するのは、技術進歩や社会インフラの整備といった点でかなり着実に改善が続いていることを意味する。

日英米仏独伊韓の7ヵ国のうち80〜95年から95〜2007年で全要素生産性の上昇率が加速したのは、0・8%から1・2%に上がったアメリカだけだった。いろいろ問題は山積していても、現在のところ世界経済はアメリカのひとり勝ち状態になっている。これは全要素生産性の伸び率の差がストレートに出ているということもできるだろう。

成長率1%台の微妙な差の中にひしめく先進諸国の競争に話を戻そう。そもそも勝つときはぶっちぎりの圧勝もするが、負けるときはボロ負けもするのは、ほんものの強豪ではない。ほんものの強豪はどんなにしぶとく手ごわい相手にも僅差で勝つし、相手がどんなに弱くてもこてんぱんに叩くためにムダな労力を使わない。きちんと僅差で勝てるだけの力を出すものだ。そして日本経済は、そういうほんものの強豪になるための最短距離に立っている。

年率2・0%の成長は1・6%成長より25%も高いのだ。いったいどんな要因がこの「微妙」な差をもたらしているのかを、きちんと検討すべきではないだろうか。ただピケティの表を眺めているだけでは、ほとんど何の法則性も浮かび上がってこない。貯蓄率の高さが成長率を高めるのかと思うと、そうでもない。貯蓄率が日本の14・6%より高い15・0%のイタリアは、1人当たり成長率では最下位だ。また成長率で2位に入ったイギリスは、貯蓄率は7・7%と最下位だった。

この一見何の法則性もなさそうに見える表に「地元市場の競争性」という補助線を引くと、とてもすっきり見えてくる。地元市場での競争が激しい国が１人当たり国民所得の成長率でも高い順位を占め、地元市場での競争が緩慢な国は低い順位に甘んじているのだ。結局、富裕国のあいだでは貯蓄率はあまり成長率を大きく左右する要因ではないが、地元市場の競争性はかなり大きく成長率を左右する要因となっていることが分かった。

たとえば技術進歩に関する画期的なブレークスルーの話題などは、重要性の高い話ほど迅速に世界中に伝わるようになってきた。そういう環境でどこの国でそのブレークスルーの実用化が進みやすいかと言えば、同じ分野での競合企業が多い国ほど試してみる企業の数も多いし、いろいろな角度からの実用化が進むはずだ。

株価上昇は経済好調のしるしか

ピケティはまた企業の時価総額と簿価との差、いわゆる「トービンのｑ」も非常に重要な指標と見て、データを収集している。時価総額というのは、株式を上場している企業の株価に発行済み株数をかけて算出した金額のことだ。当然、株価が上がったり下がったりするたびに時価総額は目まぐるしく変動する。

そしてピケティはこの数値が趨勢的に上がっていることも、「国民経済の中で資本の取り分が拡大し、勤労者の取り分が縮小するという傾向は、市場の中からは是正できないから、国家の強権に頼った格差是正策を取るべきだ」と提唱する根拠としている。たしかに図表1-6のグラフを見ると、これは逆らえない趨勢のように見受けられる。

だがよく見ると、70~80年代と90~2000年代では、まったく違う傾向を示していることが分かる。前半では上昇傾向はまったくなく、むしろ横ばいからゆるやかな下落を示している。この時期に経済成長率が高かったのは、トービンのqでは最下位争いをしていた日本とドイツだった。

しかし後半は様変わりとなる。全体として急激にこの数値が上がっただけではなく、国民経済として比較的いいパフォーマンスをしたのも、トップ争いを演じていたアメリカとイギリスだった。とくにイギリスでは1980年代半ばから、アメリカでは80年代末から、ともに2007年まで続いたトービンのqの上昇ぶりはすさまじいものだった。

これは、本来うまく説明できるはずのない不思議な現象だ。もし簿価が高まっていたとしたら、正しい方向に大きな投資をした結果として企業収益率も高まり、経済成長率も高かったと言えるだろう。だが同じ簿価の企業資産の評価が高まるということは、同じ金額の収益を上げ

図表1-6　企業の時価総額の簿価に対する比率推移(1970〜2010年)

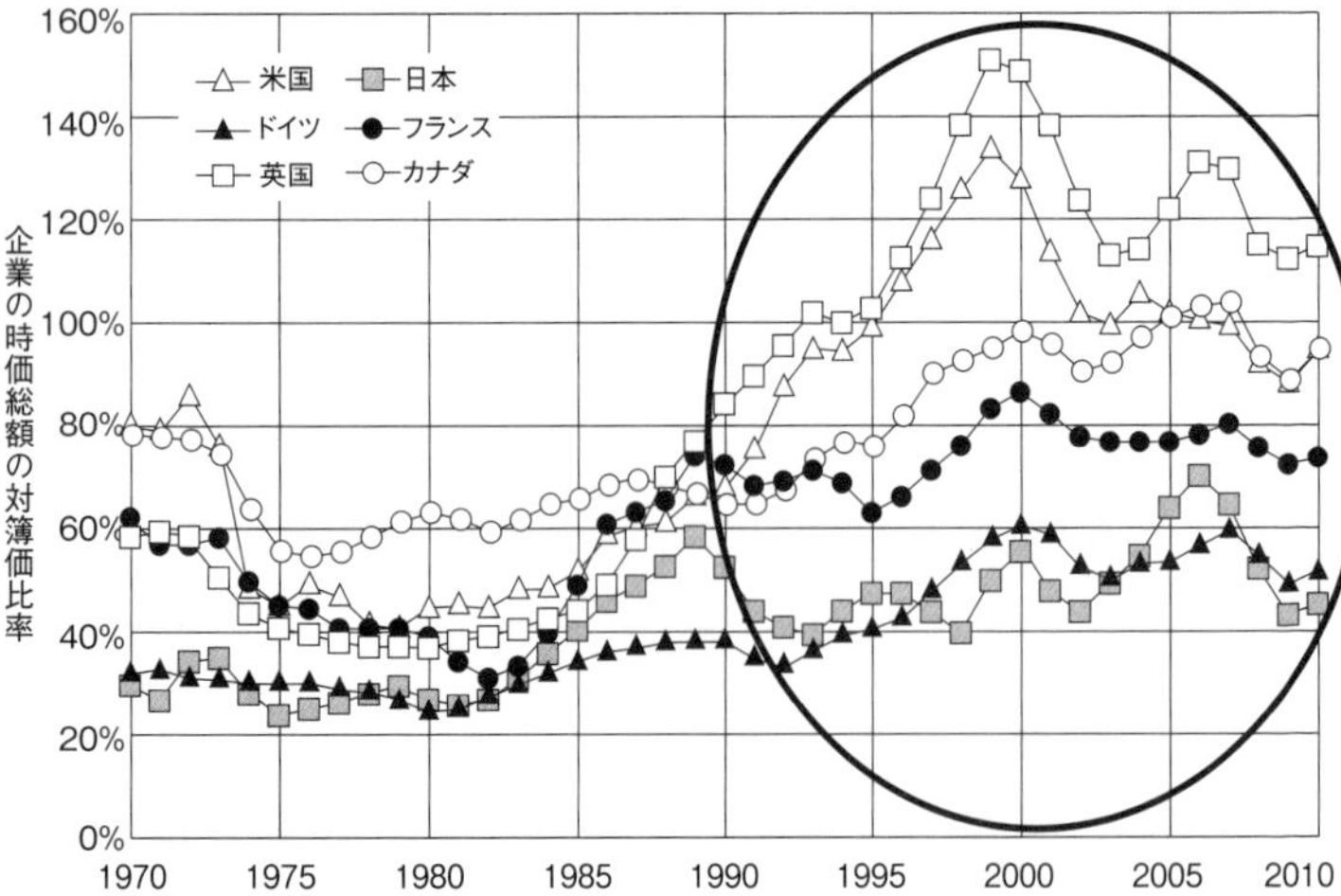

富裕国の企業の時価総額が簿価の何%に当たるかを示す。
「トービンのq」は、1970〜80年代から上昇しつづけている。

出所：ピケティ『21世紀の資本』、196ページより引用

ても買った株価に対する利益率は下がるから、企業利益率は下がるし、一般論としては経済成長率も鈍化するはずだ。

実際には、こうして同じ簿価の企業資産に対する株式市場での評価が上がってしまった国々が企業収益でも経済成長率でも比較的いい実績をあげている。ピケティはこれをアングロサクソン文明圏に共通の特徴とくくっている。そして、はっきり言わないものの、レーガンやサッチャーによる「新保守主義革命」の成果であることを匂わせている。

だが、これはちょっと歴史的に見ても無理の多い説明だろう。なぜならアメリカでレーガン政権が新保守主義革命を進めていた時期のカナダは、かなりはっきりレーガ

ン路線に反発していたからだ。しかし政治的には違うスタンスを取りながら、カナダのトービンのqの上昇率はアメリカとほぼ同一歩調を取っていた。これはやはり政治的なスタンスの問題ではなく、共通する経済的背景があったということだろう。

1990～2000年代の国際経済でもっとも顕著な傾向をあげれば、英米2ヵ国で企業利益総額に対する金融業の利益額の比率が急上昇したことと、資源国一般が中国の資源浪費バブルによって国際収支や自国のエネルギー・金属産業の収益率を画期的に改善したことだろう。この2点が一見バラバラの現象に見えながら、じつは産油国からのオイルダラーの還流によって、金融業界が非常に莫大な利益を得ていた点でつながっていたことは第2章でくわしくご説明する。

アメリカとイギリスはもちろん、先進諸国の金融業肥大化の先頭に立っている。またイギリスの場合、北海油田からの原油採掘が本格化してから資源国としての性格も強めている。カナダとオーストラリアが中国による資源浪費の恩恵が非常に大きな資源国であることは、言うまでもないだろう。

かんたんに言うと、1990～2000年代は金融立国、資源立国のアメリカ、イギリス、カナダ、オーストラリア、ブラジルなどの諸国が大儲けをした20年間だったはずだということになる。それではたしてこれらの国民は画期的な生活水準の向上を経験したのだろうか。

ここが国民経済という不思議な生きもののおもしろいところで、まったくそうではなかった。経済は儲かっていたが、むしろ国民のあいだには不満が高まっていたのだ。

イギリスの『エコノミスト』誌に属するインテリジェンス・ユニットというリサーチグループが1988年と2013年の四半世紀を隔てて、「どんな国に生まれてきたかったか」というランキングを公表している（図表1-7）。この指数には各国民の「自分たちはどの程度幸福だと思っているか」のような主観的項目も、1人当たりGDPのような客観的項目もふくまれている。1988年版では首位だったアメリカは四半世紀後の今ではかろうじて韓国をしのぐが、台湾やベルギーより下の16位という情けない順位に下がっている。

一目見ただけでお分かりいただけると思うが、経済大国と呼ばれるような国で直近の四半世紀に順位が上がった国はひとつもない。2013年のGDPランキングで11位だったカナダが今回の調査でも9位とベストテン圏内に踏みとどまったが、それでも88年の5位から4つ順位を下げていた。

比較的経済規模の大きな国では、GDPランキング12位のオーストラリアが前回の18位から16も順位を上げて堂々2位になったのが最大の健闘と言えるだろう。ただ資源大国オーストラリアの経済的繁栄は、中国資源浪費バブルの恩恵をフルに享受していたからこそという印象が強い。エネルギー・金属資源の値下がりが長期化しそうなこれから先の四半世紀は、苦戦をま

図表1-7 「どの国に生まれるべきか」指数(2013年版)

順位	国名	得点*	順位	国名	得点*	同 1988 年版
1	スイス	8.22	40	キューバ	6.39	1. アメリカ
2	オーストラリア	8.12	42	コロンビア	6.27	2. フランス
3	ノルウェー	8.09	43	ペルー	6.24	3. 西ドイツ
4	スウェーデン	8.02	44	エストニア	6.07	4. イタリア
5	デンマーク	8.01	44	ベネズエラ	6.07	5. カナダ
6	シンガポール	8.00	46	クロアチア	6.06	6. 日本
7	ニュージーランド	7.95	46	ハンガリー	6.06	7. 香港
8	オランダ	7.94	48	ラトビア	6.01	7. イギリス
9	カナダ	7.81	49	中国	5.99	9. スウェーデン
10	香港	7.80	50	タイ	5.96	10. オランダ
11	フィンランド	7.76	51	トルコ	5.95	10. 韓国
12	アイルランド	7.74	52	ドミニカ	5.93	12. オーストリア
13	オーストリア	7.73	53	南アフリカ	5.89	13. ノルウェー
14	台湾	7.67	54	アルジェリア	5.86	13. スイス
15	ベルギー	7.51	54	セルビア	5.86	15. ベルギー
16	ドイツ	7.38	56	ルーマニア	5.85	15. アイルランド
16	アメリカ	7.38	57	リトアニア	5.82	15. スペイン
18	UAE	7.33	58	イラン	5.78	18. オーストラリア
19	韓国	7.25	59	チュニジア	5.77	18. フィンランド
20	イスラエル	7.23	60	エジプト	5.76	18. ニュージーランド
21	イタリア	7.21	61	ブルガリア	5.73	
22	クウェート	7.18	62	エルサルバドル	5.72	
23	チリ	7.10	63	フィリピン	5.71	
23	キプロス	7.10	63	スリランカ	5.71	
25	日本	7.08	65	エクアドル	5.70	
26	フランス	7.04	66	インド	5.67	
27	イギリス	7.01	66	モロッコ	5.67	
28	チェコ	6.96	68	ベトナム	5.64	
28	スペイン	6.96	69	ヨルダン	5.63	
30	コスタリカ	6.92	70	アゼルバイジャン	5.60	
30	ポルトガル	6.92	71	インドネシア	5.54	
32	スロベニア	6.77	72	ロシア	5.31	
33	ポーランド	6.66	73	シリア	5.29	
34	ギリシャ	6.65	74	カザフスタン	5.20	
35	スロバキア	6.64	75	パキスタン	5.17	
36	マレーシア	6.62	76	アンゴラ	5.09	
37	ブラジル	6.52	77	バングラデシュ	5.07	
38	サウジアラビア	6.49	78	ウクライナ	4.98	
39	メキシコ	6.41	79	ケニア	4.91	
40	アルゼンチン	6.39	80	ナイジェリア	4.74	

注：得点は10点満点中で何点かを示す。

出所：ウェブサイト『Zero Hedge』、2015年2月16日のエントリーより作成

ぬかれないだろう。

日米欧で経済規模の大きな国々は全滅だ。フランスが24、イギリスが20、日本が19、イタリアが17、アメリカが15、ドイツ・スペインが13と軒並み10以上順位を落としている。ヨーロッパで前回からの順位も上がり、今回のベストテンに入ったのはスイス、ノルウェー、スウェーデン、デンマーク、オランダの5ヵ国だけ。ＧＤＰランキングは順に20位、25位、22位、34位、17位と、この中では最大のオランダでも17位でしかない。

ブラジル、ロシア、インド、中国、南アフリカの頭文字を取って名付けられたＢＲＩＣＳのような新興国がきっと躍進したのだろうと思われるかもしれない。だが実態は正反対で、ロシアの51ランク下落とインドの39ランク下落が下落幅の首位争いをしている。中国は17ランク下落、ブラジルは7ランク下落、南アフリカは13ランク下落と、ＢＲＩＣＳも全滅だった。88年の21位から２０１３年の72位へと下落幅が51と最大だったロシアの場合、ソ連・東欧圏消滅の過程で１人当たりＧＤＰが半減するというすさまじい試練を一時、経験した。まあ、これだけ順位が下がったのも当然かもしれない。

だが中国の場合、88年と２０１３年では物質的な生活水準で言えば、比べものにならないくらい改善していたはずだ。それでも生まれたかった国としての順位は32位から49位へと大幅に後退してしまったのだ。中国は今、莫大な貿易黒字はむしろ増加傾向にあるのに、対外資金収支では流入超過から流出超過に変わっている。

資本収支で海外から中国への投資より中国から海外への投資のほうが大きくなっているという公式データで確認できる動きもさることながら、統計上は誤差脱漏としか把握できない、海外への不正送金が巨額化しつつあるのだ。これはもう、はっきり共産党・国家・地方自治体・人民解放軍の幹部、そして金持ち層が中国脱出を図って、自分が逃げ出す前にまず落ち着き先に資金を送っていると考えてまちがいないだろう。

もっと悲劇的なのは原油輸出額の大激増で、今やGDPランキングが世界23位とアフリカ大陸でもっとも大きな国民経済にのし上がったナイジェリアだ。石油産出量は世界第12位、輸出量は第8位の石油資源大国だが、松本仁一著『カラシニコフI』（2008年、朝日新聞出版）によれば、「石油収入150億ドルのうち100億ドルが使途不明のまま消えていく」という、にわかには信じがたいような腐敗の中で国民の生活水準はほとんど改善していない。生まれかった国としての順位は、88年の47位から今回は80ヵ国を対象とする調査の最下位80位へと33も下がっている。

最近ではボコ・ハラムという近代的な初中等教育そのものを対象としたテロ活動をする、偏狭な狂信者集団の引き起こす虐殺事件や学校占拠事件ばかりが話題になっている。「カネで幸せは買えない」どころか、むしろカネが潤沢に入るようになってからの富の偏在、人心の荒廃がこうした事件を起こすテロリスト集団にも活動の余地を与えている側面も見逃せない。

そこで問題なのが、日米欧の経済大国はナイジェリアの惨状を笑えるのかということだ。とくに金融業と、それぞれの得意分野でガリバー的な地位を築いた一流企業だけは順調に収益を拡大している。一方、下から90％の所得水準の人々の所得はまったくと言っていいほど上がっていないアメリカは深刻な格差問題を抱えている。

１９８８〜２０１３年の四半世紀と観察期間がほぼ重なる83〜２０１２年という射程で、アメリカのトップ１％と下から90％の平均所得の推移を追跡したデータがある。この資料によると、下から90％は約30年間で平均所得はほぼ横ばいだった。３万ドル台前半から出発して、ハイテク・バブル絶頂の99〜２０００年には４万ドルにあと一息まで迫った。だがその後ハイテクと、サブプライムローンの２度のバブル崩壊によって、また３万ドル台前半に逆戻りしてしまったのだ。

一方、トップ１％の平均所得は約35万ドルで出発して、２０００年以降はほぼ安定して１００〜１１０万ドルの範囲で推移している。こちらは30年間で約３倍に伸びているのだ。下から90％の人々の所得は30年経っても横ばいで、トップ１％はその間に３倍増している。こんな国で「暮らしたい国、生まれたかった国」としての順位が上がるはずはない。やはり統計は正直だ。

株価は経済の鏡ではない

図表1-7の表とクレディ・スイス社が刊行している『グローバル投資収益ソースブック2015年版』というふたつのデータを組み合わせると、とてもおもしろい結論を引き出すことができる。『グローバル投資収益ソースブック』に掲載された世界の株式時価総額の国別内訳を見ると、2014年末時点で個別のシェアが出ているのは、時価総額順にアメリカ、日本、イギリス、カナダ、スイス、フランス、ドイツ、オーストラリア、中国の9ヵ国だけだった。

このうち「生まれたかった国」としての順位が四半世紀で上がっていたのは、株式時価総額が全体の3・1%で第5位のスイスと、2・6%で8位のオーストラリアの2ヵ国だけだった。残る7ヵ国は首位でシェア52%のアメリカから、9位でシェア2・2%の中国まで全部ランクを下げていた。昔からそうだったとは思えないのだが、現在では株式時価総額の大きな先進国、株式市場でもてはやされる株式時価総額が高めの新興国は国民を不幸にするという法則性が成立しているようなのだ。

なおこのソースブックには1899年末の株式時価総額の内訳も収録されていて、いろいろおもしろいことを教えてくれる。当時、産業革命の先駆けであり、世界中の市場経済を牽引していると思われていたイギリスのシェアは25％と意外に小さかった。このへんが株式市場の先見性を示すところで、今後は後発で時価総額15％のアメリカや13％のドイツに差を詰められるだろうという予測がイギリスのシェアを低めに抑えていたのだろう。

だが先見性は当たることもあれば、空振りすることもある。1899年にオーストラリアが3・5％のシェアを取り、南アフリカも3・3％のシェアを得ていた。これははるかに経済が発展していたオランダの2・5％、イタリアの2・1％を上回っていた。オーストラリアと南アの2ヵ国は大英帝国植民地として20世紀を通じて新興国のあいだで優位を保つという読みで、先物買いされていたのだろう。だがその後の世界経済史を見ると、これは明らかに過剰な期待だった。

しかし1899年に11・5％で4位だったフランスの2014年までのシェア低下が3・1％で6位どまりだったのに対し、13％で3位だったドイツのシェアが3・0％で7位に下がってしまった。これは経済実態とはかけ離れた株価評価だと言えるだろう。2014年末時点でのフランスのシェアは下げ足りないくらいだし、ドイツのシェアはいくら何でも低すぎる。また、同時点で第2位日本の7・8％に対して、イギリスが7・2％で3位に付けているというのも、日本が低すぎるか、イギリスが高すぎるという印象がある。

ただ現状で日本やドイツのシェアが低すぎ、イギリスやフランスのシェアが高すぎるという見方は、株価が実体経済を反映するはずだという前提に立っているからこそ出てくるわけだ。しかし、株価はほんとうに信頼すべき経済実態の鏡なのだろうか。

そうではないと信ずべき有力な証拠がある。それが世界主要8ヵ国の株式指標推移という定期的に発表されている資料だ。この資料に採用されているのはアメリカ、日本、イギリス、ドイツ、フランスの先進5ヵ国と、インド、中国、香港の新興3ヵ国を代表する8つの株価指数となっている。

2000～15年のあいだに主要国を代表する8つの指標の中で断トツだったのは、インドのセンセックス指数がたたき出した443・8%という驚異的な数値だった。2010年までに300%近い上昇をしていたのだが、2011年末に上昇率200%割れとなって底入れした。そこからの上昇がとくに急激だった。しかしこれはインドの通貨ルピーが急落して、国民の生活がますます悲惨になっていた時期だった。

2000年を100とするインドの交易条件（輸出品価格の輸入品価格に対する比率）の推移を見ると2011年には92だったものが、2012年に63まで急落したまま、2013～14年には61・9～60・2となべ底状態が続いている。輸出品は安く買いたたかれ、輸入品が高くなっていたのだ。貿易赤字は2011年には一時月額で50億ドルを切ることもあったが、ルピー安の定着した翌年以降は月額100～200億ドル台の巨額赤字が定着してしまった。

日本との差は日本の政権担当者が意図的に円安と貿易赤字の巨額化を追求するというバカをやっているのに対して、インドの現政権は少なくともルピー安を克服すべき問題と認識するだけの知的能力を持っていることだけだ。

２０００～15年の株式指標パフォーマンスで2位になったのは、２００７年に約３４０％上昇というところでピークアウトしてから大幅に下げたが、それでも15年間の通算では１３０・９％増を達成した中国の上海総合株価指数だった。あとは、アメリカのＳＰ５００と香港のハンセン指数が43～45％でほぼ同位ということになる。その他の日欧4ヵ国は日独英がほぼ横ばい、フランスだけが15年間でマイナス18・4％とはっきり下げているところだろう。経済実態に沿った株価展開を示したのは、フランスのＣＡＣ40指数だけだったと言ってもよいのではないだろうか。

ちなみに、こうした代表的な株価指数のパフォーマンスが定期的に比較されている8ヵ国すべて、過去四半世紀での「生まれたかった国」としての順位は下がっている。いちばん小さな下げで済んだのが香港の7位から10位で、下げ幅が最大のインドは27位から66位へと39も順位が下がってしまった。やはり株価は経済実態の信頼すべき指標ではないし、ましてや国民の幸福感との比較で言えば、むしろ逆相関を示していると見たほうがいいのではないだろうか。

金融業・資源産業が強かった国の株価好調にも賞味期限が来ている

今、中国資源浪費バブルがほぼ確実に崩壊し、原油価格が長期低落傾向に入ったことによって、ピケティの言うところのアングロサクソン諸国、わたしに言わせれば金融業と資源産業が肥大化していた国々の経済パフォーマンスは急落するはずだ。金融立国、資源立国を推進してきた国々の経済が凋落するにつれて、ピケティの「市場に任せているだけでは、経済格差は解消しない」という悲観論の根拠も揺らぐはずなのだ。

なぜそうなるかは、図表1-8の2枚組グラフからも読み取ることができる。

イギリスでは1850〜1970年、フランスでも1850〜1980年という射程で、勤労所得の取り分は確実に上昇し、資本所得の取り分は確実に低下していたのだ。100年以上続いた趨勢と、たかだか最近30〜40年の傾向を比較して、上がったり下がったりでどちらに向いているとも言えないと結論するのは、フェアではないだろう。しかも直近20年について言えば、富裕国全般と言うよりは金融と資源に特化した英米両国の経済活性化が資本の取り分を高めていたが、それ以外の諸国にはっきりとした傾向が読み取れないのはほぼまちがいのない事実なのだ。

図表1-8　イギリスにおける勤労所得と資本所得のシェア推移(1770～2010年)

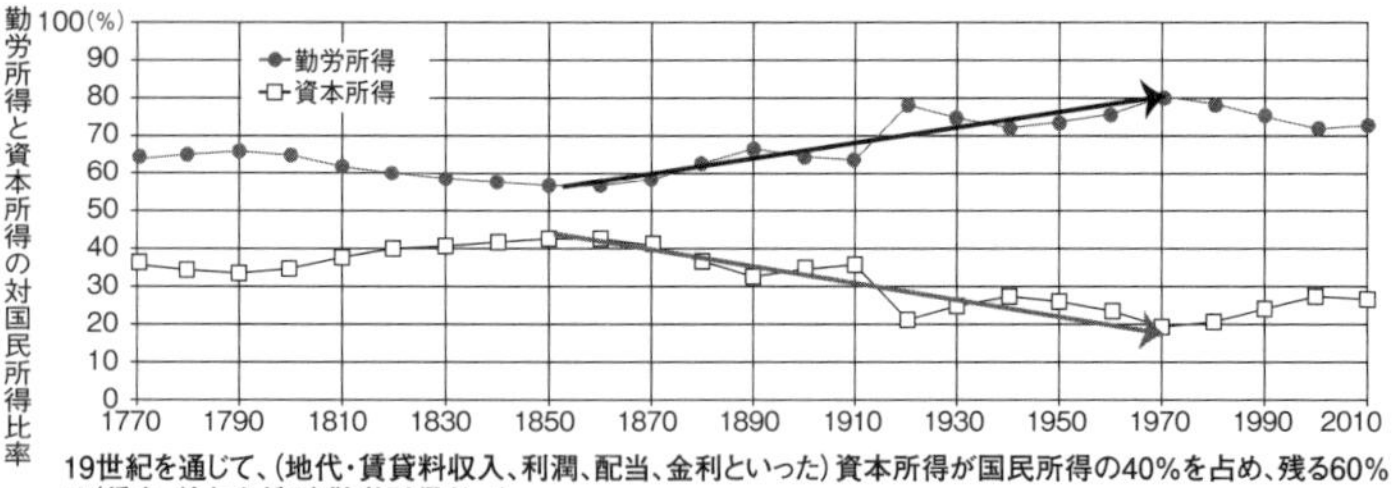

19世紀を通じて、(地代・賃貸料収入、利潤、配当、金利といった)資本所得が国民所得の40%を占め、残る60%は(賃金、給与などの)勤労所得だった。

フランスにおける勤労所得と資本所得のシェア推移(1820～2010年)

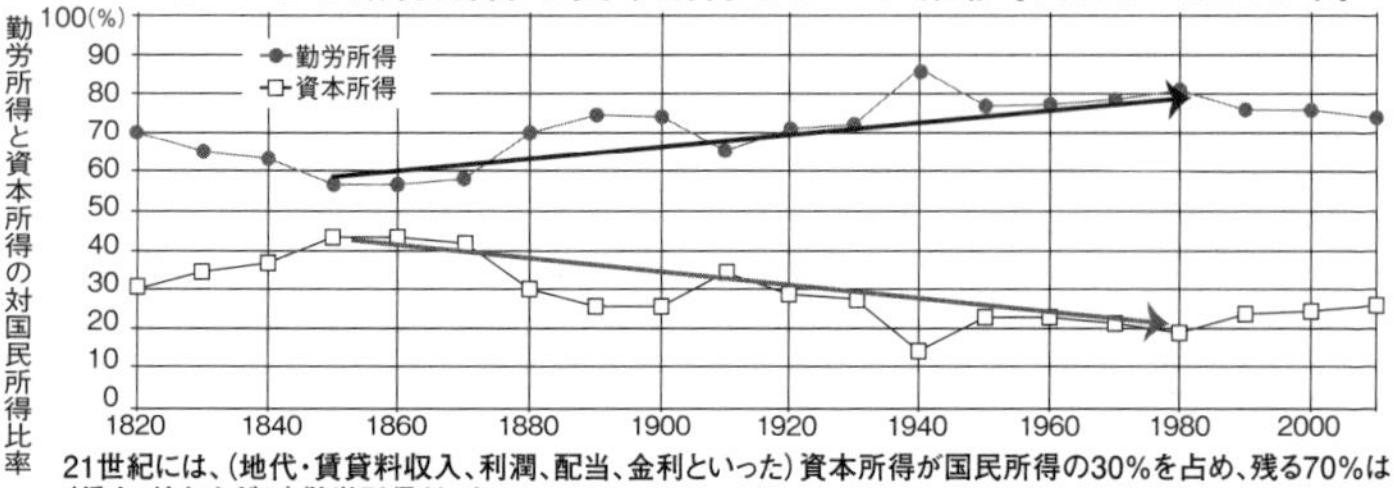

21世紀には、(地代・賃貸料収入、利潤、配当、金利といった)資本所得が国民所得の30%を占め、残る70%は(賃金、給与などの)勤労所得だった。

出所：ピケティ『21世紀の資本』、209ページより引用

このグラフからは、もうひとつ重要な教訓を引き出すことができる。それは、いかにデフレが勤労者に有利で、資本家に不利な経済環境かということだ。１８７０～90年代の長期デフレの時代を通じて、イギリスでもフランスでも勤労所得の取り分が着実に拡大し、資本所得の取り分が減少していた。イギリスでは長期トレンドに沿った動きで目立たないが、フランスでは同年代の勤労所得の取り分上昇が長期トレンドからも突出している。

また、あまり知られていないが、イギリスでは第一次世界大戦後のデフレが１９３０年代からではなく、大戦後の１９２０年から始まっていた。１９１３年を１００とした生産者物価は、大戦直後の

1919年に320くらいまで跳ね上がっていたものが20年から暴落に転じ、22年には約160と大戦末期の半値になっていた。さらに、その後もダラダラ下げつづけ、1932～33年にはかろうじて100を上回る水準まで下がってしまった。そしてイギリスの勤労所得の取り分が80％近くまで急上昇したのは1920年だった。フランスの場合はアメリカ発のデフレに巻きこまれたかたちで、勤労所得の取り分急騰も1930年代だった。

なおピケティの学者としての良心が発揮されているのは、自分の主張のためには不利になるデータを補正しながらも提示しているところだ。つまりピケティはふつうの国民経済計算では資本収益率として一括されてしまう数値の中から、資本家自身の労働に対する所得と推定される部分を分離して、純然たる資本利益率がどう推移していたのかを推計している。図表1-9の2枚組グラフ中で、全体として下に位置する、■をつないだ折れ線がそうだ。

イギリスでもフランスでも戦争直後の資本の損耗の激しかった時期には、全体としての資本所得係数は激減するし、国民所得に占める資本の取り分も減少するが、非常に小さくなった分母に対する収益ということで、資本収益率は急激に伸びていたことが分かる。だがピケティの推計によれば、この伸びの中には資本家の労働に対する所得分も多く含まれていて、純然たる資本の利益率はそれほど大幅には上がっていなかったというわけだ。

この一見微妙な調整は、けっこう大きな意味を持っている。というのも、ふつうに資本収益

図表1-9　イギリスにおける純然たる資本利益率推移(1770～2010年)

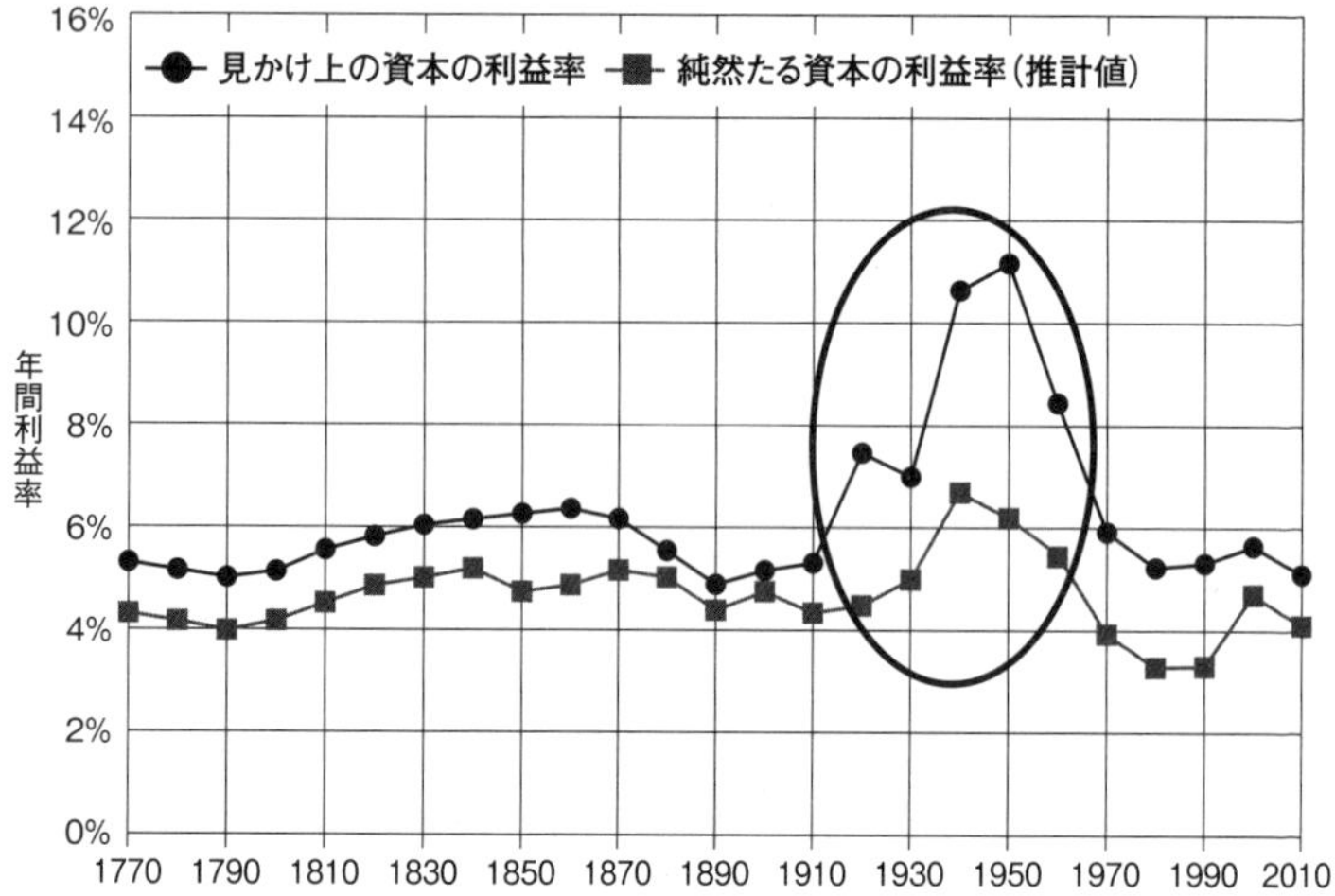

長期的に見ると、純然たる資本の収益率は4～5%でほぼ安定している。

フランスにおける純然たる資本利益率推移(1820～2010年)

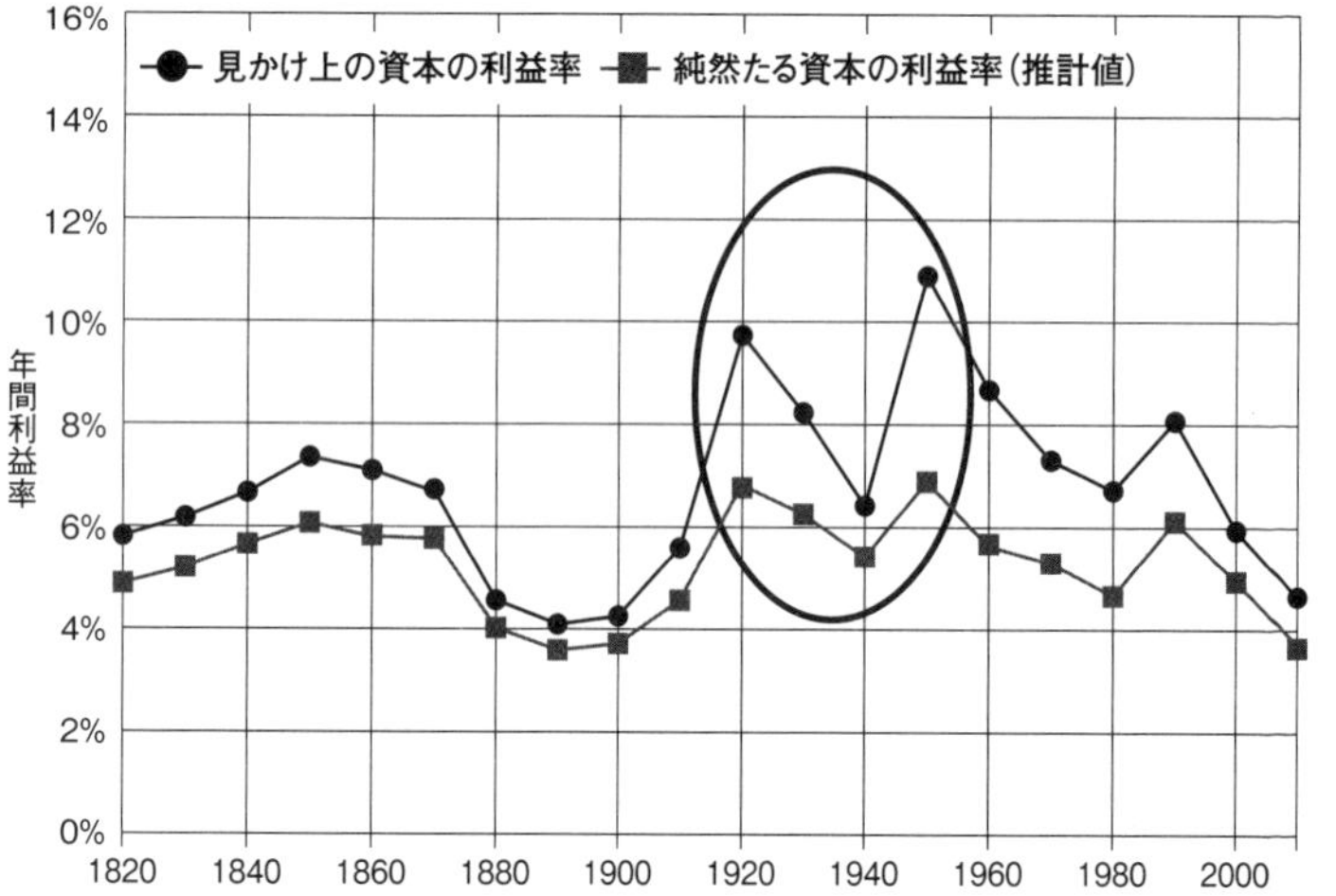

20世紀を通じて、見かけ上の資本の収益率は純然たる資本の利益率より大きく変動していた。

出所：ピケティ『21世紀の資本』、210ページより引用

率と呼ばれている数値で見ると、まさにピケティが言うとおりに「資本利益率〝r〟は、つねに経済成長率〝g〟を上回っていた」と言えるのだが、ピケティの推計による純然たる資本利益率で見ると、じつは過去100年については経済成長率「g」のほうが資本利益率「r」より高かったのだ。それを示すのが図表1-10の2枚組グラフなのだ。

100年間通用していなかった一般法則ってなんだろう?

図表1-10上段・下段の差はふたつある。ひとつは、上段では1913年からの100年間が下段で1913～50年と1950～2012年の2期に分離されていること。もうひとつは上段では21世紀の推計が2012～50年と2050～2100年の2期に分離されている一方、この2期をまとめた下段には22世紀の推計も付け加えられていることだ。

全体の印象として上段では「g」が「r」より大きい時代がかなり続いたことが分かる。だが下段ではそれがごく短期的な現象だったように見えるという工夫がなされている。

何のことはない。ピケティが声を大にして力説している「rはつねにgより大きい」という「一般法則」は、直近の100年間には通用しない「法則」だったのだ。これが10年や20年のことなら、例外で済ませることもできるだろう。だが100年間続いていて、しかもその

図表1-10　大昔から2100年までの世界の資本利益率と経済成長率

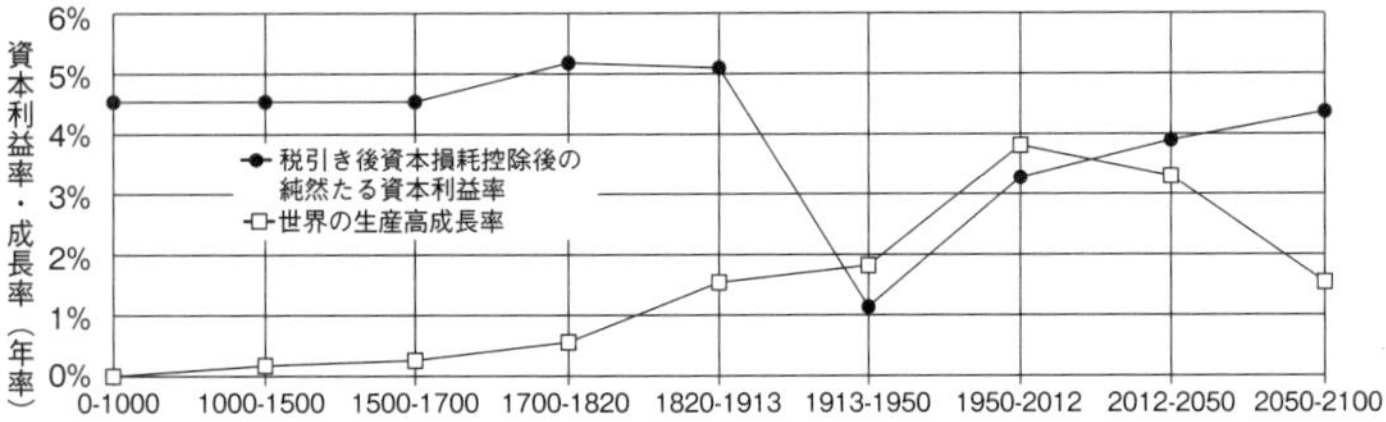

大昔から2200年までの世界の資本利益率と経済成長率

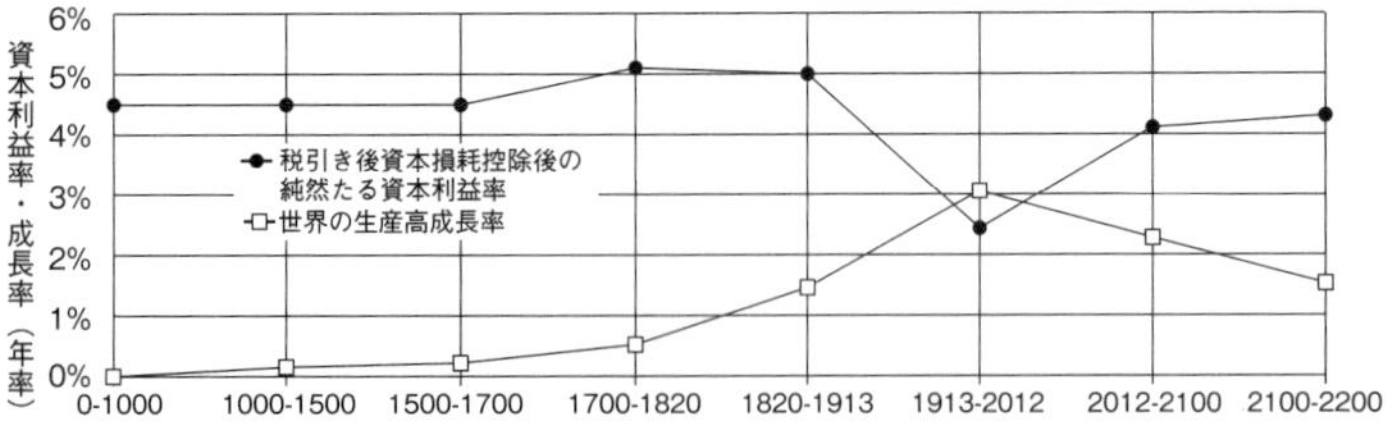

（税引き後・資本損耗控除後の）資本利益率は、20世紀には世界経済の成長率を下回った。だが、21世紀には、また成長率を上回るかもしれない。

出所：ピケティ『21世紀の資本』、（上）371ページ、（下）372ページより引用

100年が我々にとってもっとも身近な時代のことなのだ。さらに「r」のほうが明白に「g」より大きかった時代の中でも、18世紀より19世紀のほうが差は詰まっていて、20世紀になるとついに逆転したのだ。

それに対して、今後の動向はあくまでも予測でしかない。ピケティは経済成長率が大幅に鈍化するのに資本利益率が上昇してしまうので、所得格差も資産格差もますます上昇すると言っている。だがむしろ「資本利益率がどんどん上昇すれば、経済成長率は低下する。だから社会全体として資本利益率が上昇しない仕組みを確立すべきだ」と問題を設定すべきなのだ。

図表1-11の上段は、第二次世界大戦直後の1947年から2014年第3四半期

までのアメリカの企業利益率を示している。実線が在庫評価の調整や資本損耗分の控除をしない数値で、破線がこうした調整をしたあとの数値だ。どちらも80年代半ばまでは下落傾向だったものが、80年代後半からかなり急角度で上昇に転じたことを示している。

下段は1950年を底とする景気回復から、景気循環のたびに大底から天井までの成長率を年率換算した数値を棒グラフ化したものだ。83年に始まる景気循環までは50年、58年、71年と高めだった年もあるが、基本的に4％台の成長が基本で取り立てて上昇傾向も下降傾向も存在しない。ところが1991年を底とする景気循環からは、同年に始まる回復が3・6％、2002年に始まる回復が2・8％、2009年に始まる回復が2・3％と、サイクルのたびに成長率が低下しているのだ。

つまり、ここからは企業利益率が高まると経済成長率が低下するという法則性を見いだすべきなのだ。そして、この法則性には単純明快な理由がある。企業利益率の上昇は資本の取り分が増え、勤労者の取り分が減ることを意味する。つまり一般論としては金持ちの所得シェアがますます増え、貧乏人のシェアが減るわけだ。

これもまた広く認識された一般論として、貧乏人ほど消費性向が高く、金持ちほど消費性向が低い。したがって**金持ちの取り分が増えると、消費が低迷する**。中国のように異常な経済圏をのぞけば、世界中どこでもだいたい消費が国民経済の60〜70％を担っている。その消費が冷

図表1-11　アメリカの企業利益の対GDP比率推移（1947〜2014年）

景気の底から天井までの実質経済成長率（年率）

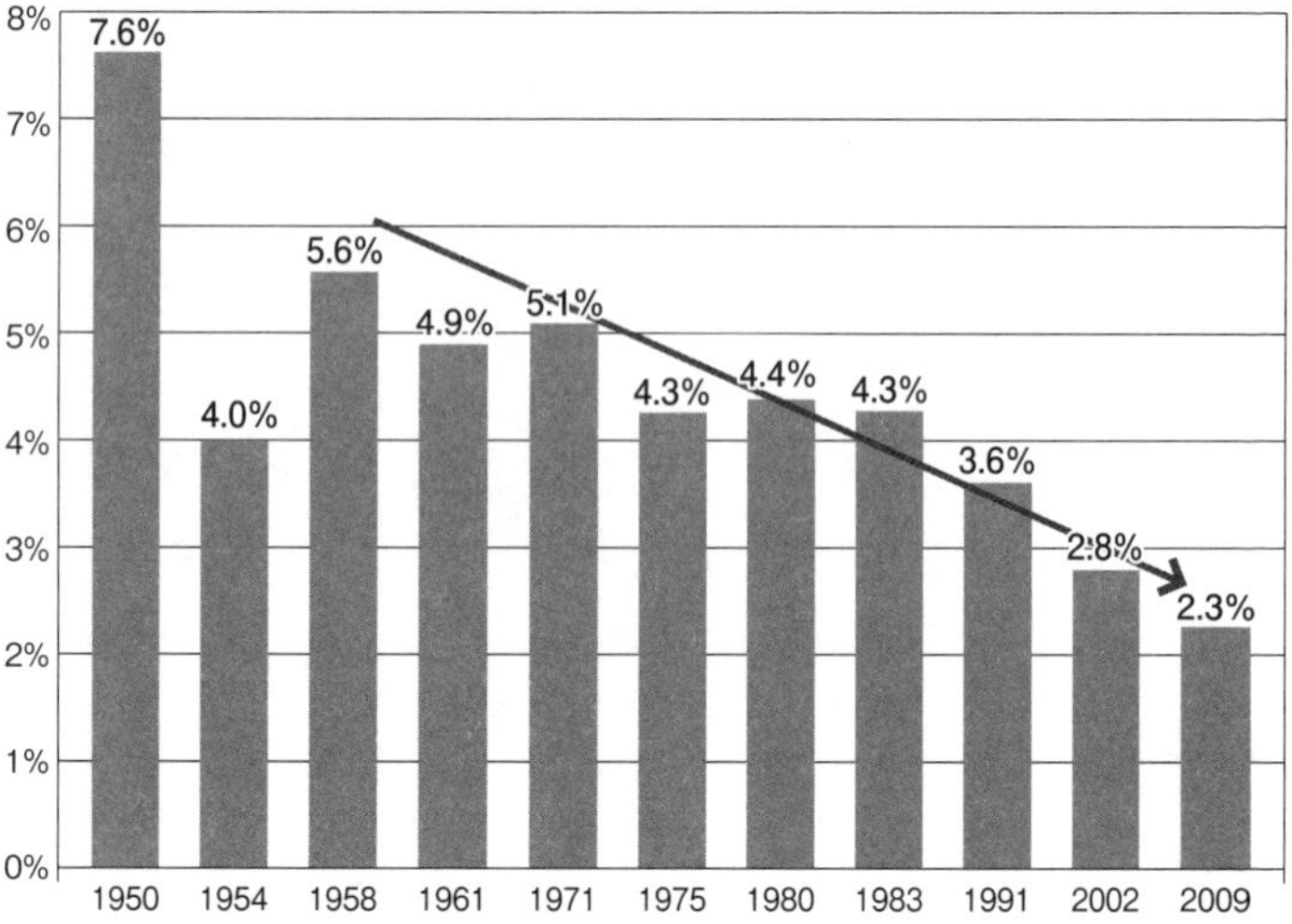

出所：（上）ウェブ版『Yardeni Research』（2015年2月5日）より、（下）『Big Picture』、2015年2月6日のエントリーより引用

えこめば、30〜40％にしかならないその他の分野で埋め合わせするのは大変だ。だから金持ちの所得シェアが増え、貧乏人のシェアが減れば、当然経済成長率は下がるのだ。

結局、ピケティが予測するとおりに資本利益率が上昇しつづけるものとすれば、経済成長率に関する悲観的な予測もまた非常に実現性の高い予測として受け入れなければならないことになる。だが、そもそも資本利益率が上がりつづけるという予測は、彼が主張するように盤石の理論的基礎にもとづく議論なのだろうか。

資本所得のシェア上昇は、じつは地域限定の現象だった

ここで、図表1-12の2枚組グラフにご注目いただきたい。

図表1-8で見ていただいた資本所得と勤労所得双方のシェアから勤労所得のほうを抜いて、資本シェアについては、見かけ上のシェアと純然たる資本所得のシェアの双方を描きこんだグラフだ。見かけ上のシェアでも純然たるシェアでも、資本所得のシェアが1860〜1980年にわたって趨勢的に低下していたことは明白ではないだろうか。

イギリスやフランスほど長期にわたるデータがないのは残念だが、富裕国一般としても決して資本所得シェアが一方的に上昇する傾向が存在するわけではないという事実は歴然としてい

図表1-12　イギリスにおける資本所得の対国民所得シェア推移(1770～2010年)

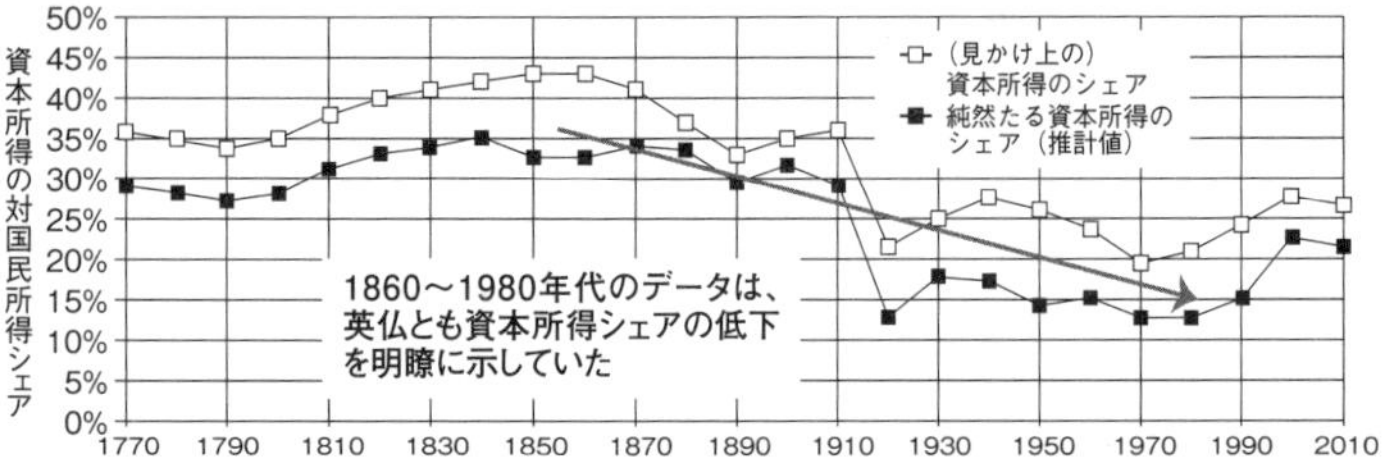

1850～60年代には見かけ上の資本所得のシェアは、勤労所得の約55%に対して、約45%まで上昇していた。

フランスにおける資本所得の対国民所得シェア推移(1820～2010年)

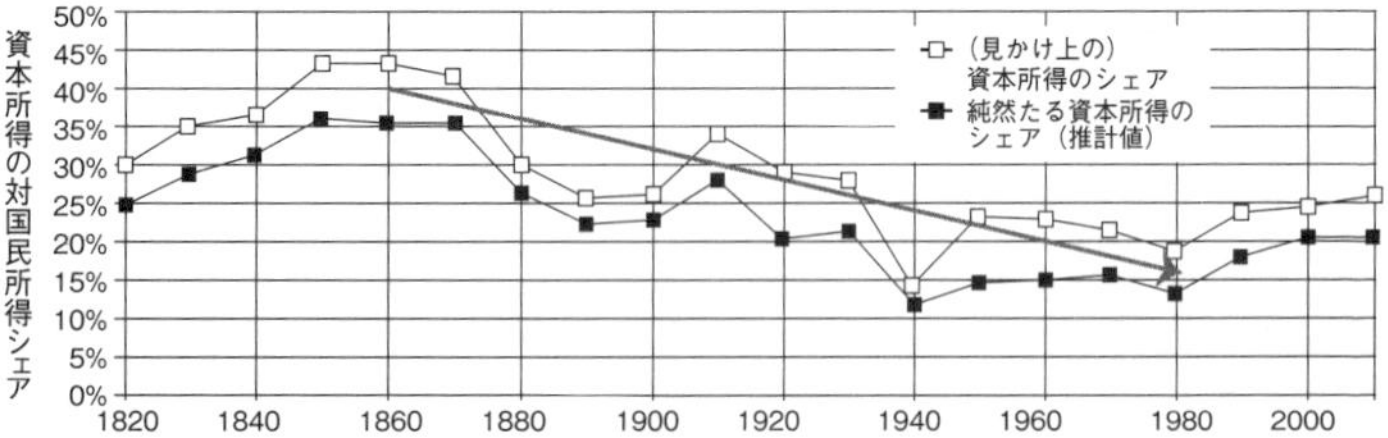

フランスでも、1850～60年代には見かけ上の資本所得のシェアは、勤労所得の約55%に対して、約45%まで上昇していた。

出所：ピケティ『21世紀の資本』ウェブ版付録（http://piketty.pse.ens.fr/capital21c）36ページより引用

る。図表1－13の2枚組図表が示すとおりだ。

上段は富裕8ヵ国の資本所得のシェアが1枚のグラフに詰めこまれているので、ちょっとごちゃごちゃ分かりにくくなっている。だが、下段の表に原数値が収録されているので、こちらも参照しながらお読みいただきたい。

まずヨーロッパ4ヵ国と日本の資本所得のシェアは1970～83年という期間を通じて、ほぼ一貫して下がっていた。一方、同じ期間でアメリカ、カナダ、オーストラリアの旧大英帝国植民地3ヵ国はもともと出発点での資本所得シェアが非常に低く、だいたいにおいてそのまま低水準での横ばいを続けていた。

図表1-13　富裕国資本所得の対国民所得シェア推移(1975〜2010年)

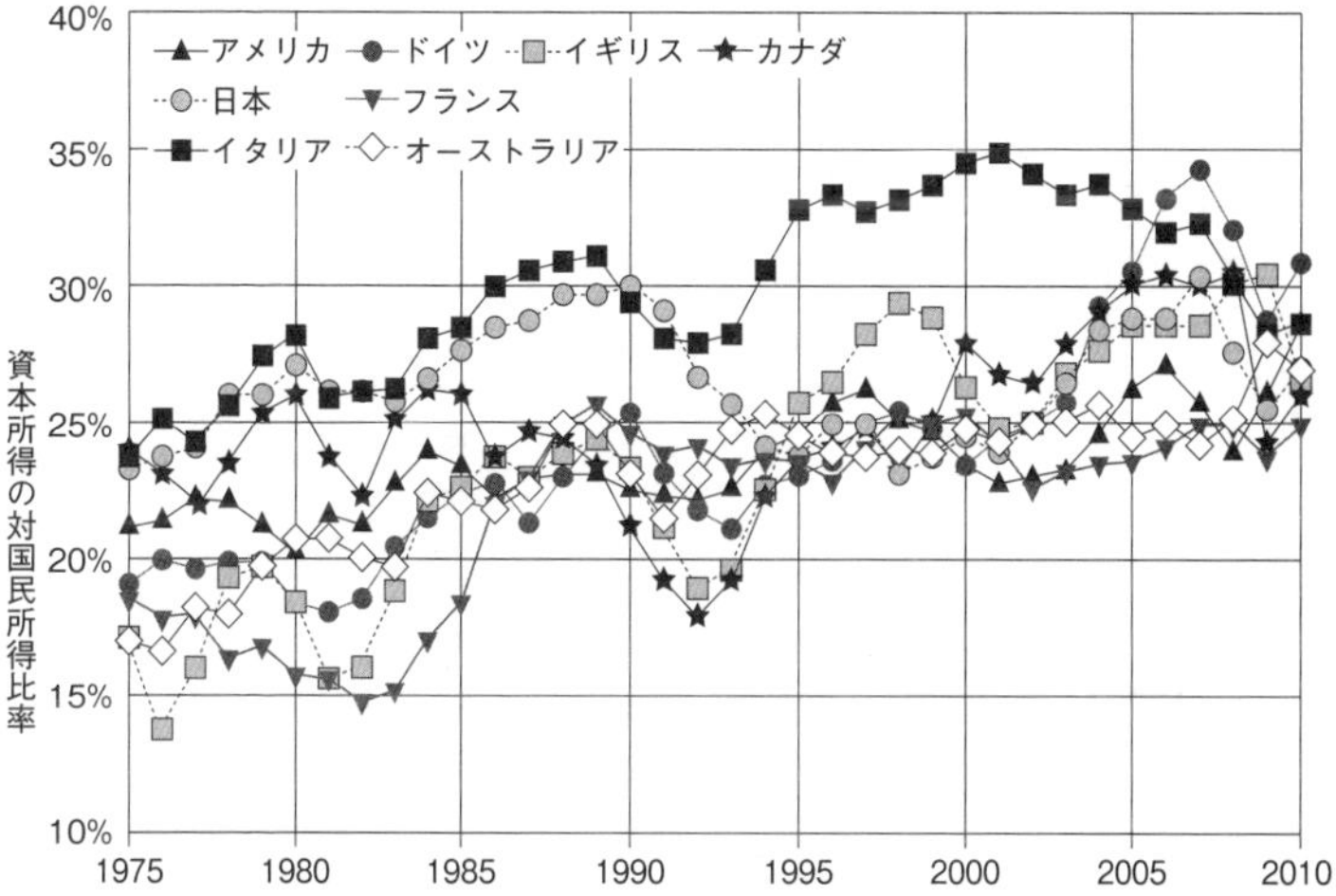

富裕国では、1970年には国民所得の約15〜25%を資本所得が占めていたが、2000〜10年にはそのシェアが25〜30%に上がっていた。

富裕国資本所得の対国民所得シェア推移の数値表(1970〜2010年)

	アメリカ	日本	ドイツ	フランス	イギリス	イタリア	カナダ	オーストラリア
1970	21%	36%	23%	24%	23%	29%	21%	23%
1971	21%	32%	22%	24%	21%	26%	21%	22%
1972	22%	32%	21%	23%	22%	26%	22%	21%
1973	21%	30%	20%	24%	22%	27%	24%	22%
1974	20%	26%	19%	23%	23%	27%	25%	20%
1975	21%	23%	19%	18%	17%	24%	24%	17%
1976	21%	24%	20%	18%	14%	25%	23%	17%
1977	22%	24%	20%	18%	16%	24%	22%	18%
1978	22%	26%	20%	16%	19%	26%	24%	18%
1979	21%	26%	20%	17%	20%	27%	25%	20%
1980	20%	27%	19%	16%	18%	28%	26%	21%
1981	22%	26%	18%	16%	16%	26%	24%	21%
1982	21%	26%	19%	15%	16%	26%	22%	20%
1983	23%	26%	20%	15%	19%	26%	25%	20%
1984	24%	27%	22%	17%	22%	28%	26%	23%
1985	24%	28%	22%	18%	23%	28%	26%	22%
1986	22%	28%	23%	22%	24%	30%	24%	22%
1987	23%	29%	21%	23%	23%	30%	25%	23%
1988	23%	30%	23%	25%	24%	31%	25%	25%
1989	23%	30%	25%	26%	24%	31%	24%	25%
1990	23%	30%	25%	25%	23%	29%	21%	23%
1991	23%	29%	23%	24%	21%	28%	19%	21%
1992	22%	27%	22%	24%	19%	28%	18%	23%
1993	23%	26%	21%	23%	20%	28%	19%	25%
1994	24%	24%	23%	24%	23%	30%	22%	25%
1995	25%	24%	23%	24%	26%	33%	24%	25%
1996	26%	25%	24%	23%	26%	33%	24%	24%
1997	26%	25%	25%	24%	28%	33%	25%	24%
1998	25%	23%	26%	25%	29%	33%	24%	24%
1999	25%	24%	25%	25%	29%	34%	25%	24%
2000	24%	25%	24%	24%	26%	34%	28%	25%
2001	23%	24%	24%	23%	25%	35%	27%	24%
2002	23%	25%	25%	23%	25%	34%	27%	25%
2003	23%	26%	26%	23%	27%	33%	28%	25%
2004	25%	28%	29%	23%	28%	34%	29%	26%
2005	26%	29%	31%	23%	29%	33%	30%	24%
2006	27%	29%	33%	24%	29%	32%	30%	25%
2007	26%	30%	34%	25%	29%	32%	30%	24%
2008	24%	28%	32%	25%	30%	30%	31%	25%
2009	26%	26%	29%	24%	30%	28%	24%	28%
2010	29%	27%	31%	25%	27%	29%	26%	27%

出所：ピケティ『21世紀の資本』、(上) 231ページ、(下) ウェブ版付録39ページより引用

90年代初頭からはアメリカ、イギリス、カナダ、オーストラリアの「アングロサクソン」4ヵ国とドイツでは、資本所得シェアの上昇が顕在化する。だが、この時期にいたっても日本、フランス、イタリアの3ヵ国の資本所得シェアは横ばいで、とくに上がっていない。そしてアングロサクソン4ヵ国での資本所得シェアの上昇をともなう経済成長率の加速が見られたのは、中国資源浪費バブルとオイルダラー還流のおかげだということは第2章でくわしく説明する。

ドイツは、とくに金融業や資源産業が強いわけではない。だから資本所得のシェアを高めながら比較的高い成長率を維持できたことは謎と言える。だが、あとでユーロ圏成立前も後も一貫してフランスの経済パフォーマンスが悪かったことを説明するときに詳述するが、ドイツにとってはユーロという単一通貨を使うようになって、ドイツマルクだったころに比べれば割安な価格で世界中に輸出ができるようになり、工業生産高の伸び率が画期的に高まったことの影響が大きいのだと思われる。

図表1-14では、まず上段でアングロサクソン4ヵ国のトップ1%の所得が1980年前後を底に軒並み上昇していることが分かる。

さらに大陸ヨーロッパ諸国と日本では、上位1%の所得シェアに目立った動きはない。ドイツの場合、もともと大陸ヨーロッパ諸国の中では比較的貧富の格差の大きな国だった。それでも90年代以降、資本所得の取り分が拡大しても、さらに上位1%の所得シェアが上がったわけ

図表1-14　アングロサクソン4ヵ国での所得格差推移(1910～2010年)

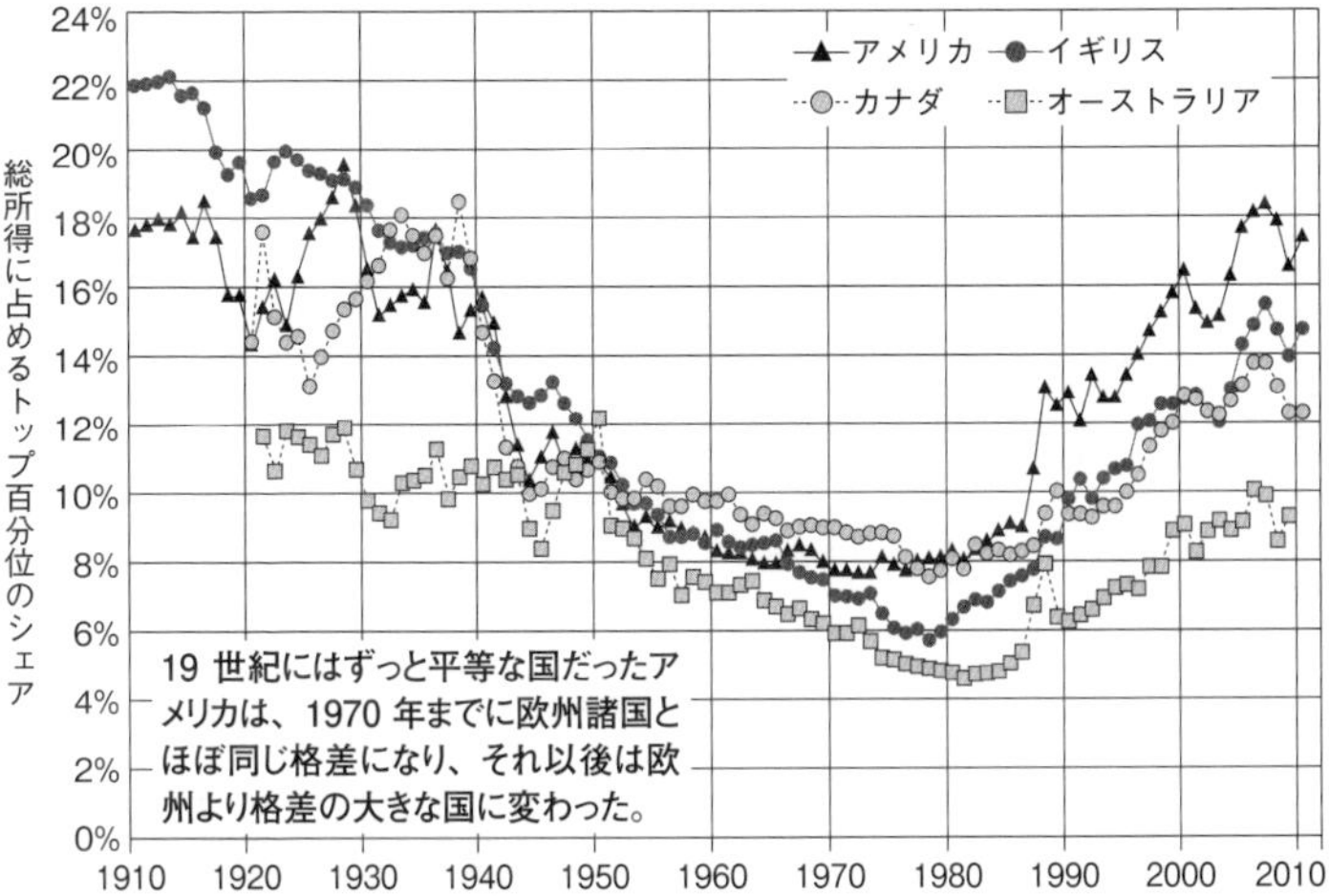

1970年代以降、アングロサクソン諸国すべてにおいて国民所得に占めるトップ百分位のシェアが上がったが、上昇率はさまざまだ。

大陸ヨーロッパと日本での所得格差推移(1910～2010年)

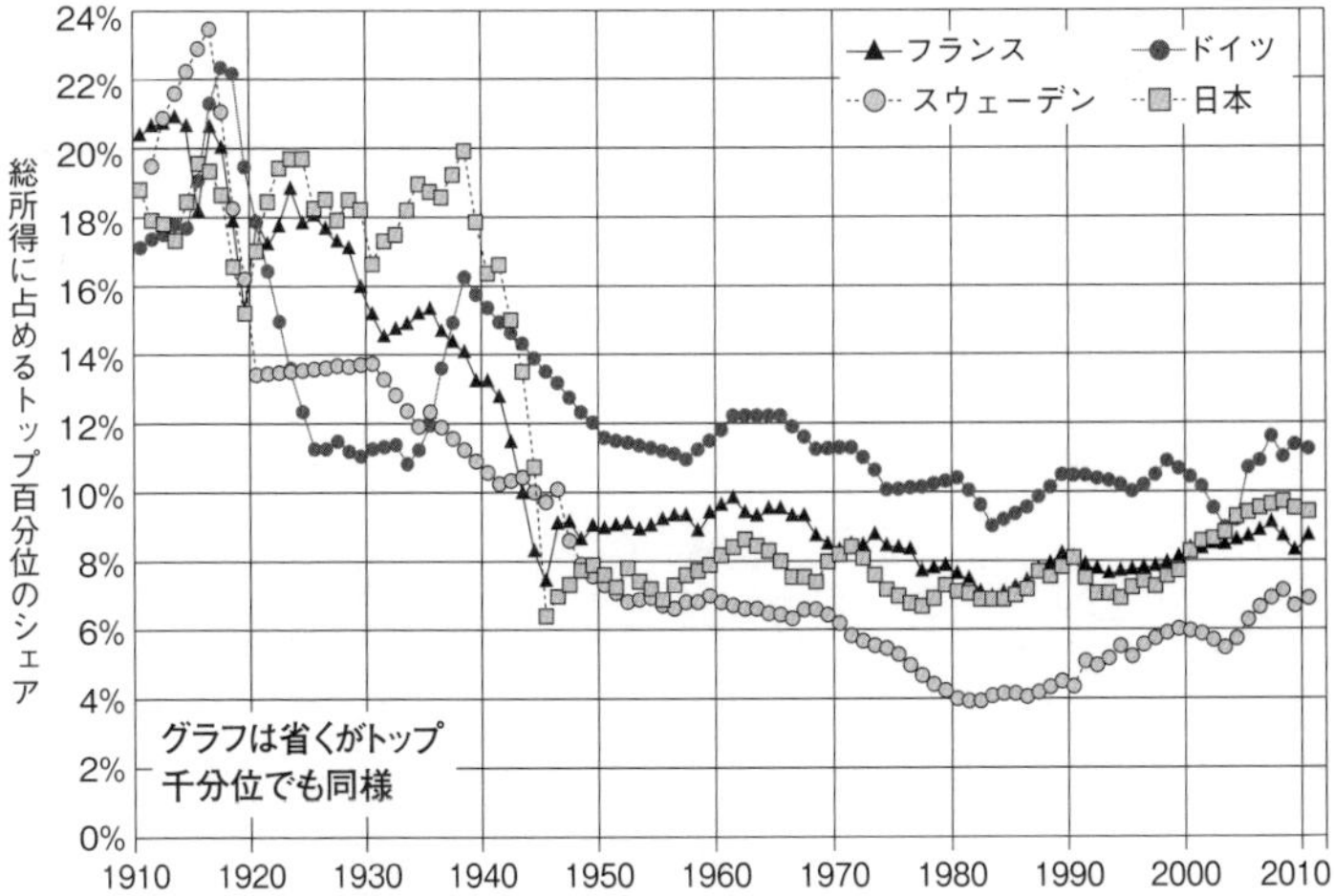

アングロサクソン諸国とは対照的に、大陸ヨーロッパと日本では、トップ百分位のシェアはほとんど上がっていない。

出所：ピケティ『21世紀の資本』、(上) 328ページ、(下) 330ページより引用

ではなかった。ドイツは2度の世界大戦でかなり大規模な超富豪層の没落があったので、戦後世界では資本所得者のあいだでの保有資産の格差が比較的小さいのかもしれない。だから資本所得の取り分は増えても、その中でトップ1%が突出して大きな所得を得るようにはならなかったのだろう。

結局のところ、『21世紀の資本』全巻を支える「資本利益率rはつねに経済成長率gより大きい。だから市場経済を放置しておけば、どんどん金持ちと貧乏人の所得格差は広がる」という議論は、90年代から顕在化した、金融業と資源産業の繁栄という潮流にうまく乗った国々だけで言えることのようだ。だとすれば、企業利益率一般の傾向という形式的な議論にとどまらずに、企業利益率の中身に立ちいってみる必要があるだろう。第2章では、なぜアメリカの企業利益率が90年代以降あんなに急上昇したのかを論ずることにする。

第2章

20世紀末からの
アメリカの企業利益率
急上昇の秘密

過去20年間にわたって顕著だった資本所得係数の上昇傾向は長期的な趨勢だと考えるより、一過性の要因によるものと考えたほうが理解しやすい。具体的には１９９０～２０００年代は金融業への特化を強めたアメリカ・イギリスと、中国資源浪費バブルの恩恵を受けた資源国の羽振りが良い時期だった。天然ガス・原油価格の暴落として表れている**中国でのバブル崩壊の影響が本格化すると、資源国経済は軒並み不振となる**だろう。すでにブラジルの貿易収支が２０１４年通年で14年ぶりに赤字に転落したと報道されている。

だが今回の資源不況で最大の被害をこうむるのは、意外なことにアメリカかもしれない。もちろんアメリカは資源の大輸出国というほどのことではない。アメリカにとっての打撃が大きいのは、中東などの産油国から還流してきた「オイルダラー」の運用という、金融業界の稼ぎ頭が大幅に削減されることによって、金融業の利益も圧縮されるからなのだ。

アメリカの企業利益率上昇はいつ、どんな部門で始まったのか？

アメリカは中東諸国が原油などの資源を輸出することによって得た経常黒字を、資本収支の黒字として吸収しながら、べら棒に利益率の高い手数料商売をしてきた。この金融業界における手数料商売によって、１９８０年代半ばの大底から現在にいたる企業利益率の持続的上昇を

図表2-1　1980年代半ばを底とするアメリカ企業利益のV字型回復

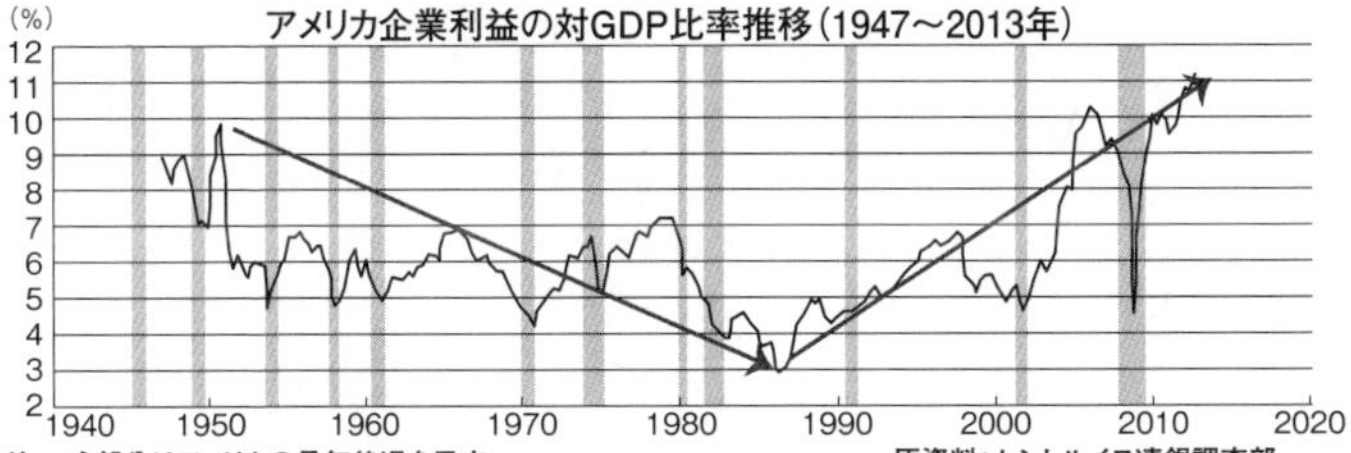

注：アミ部分はアメリカの景気後退を示す。　原資料：セントルイス連銀調査部

とくに利益率上昇に貢献した金融業は付加価値シェアが3倍増!!

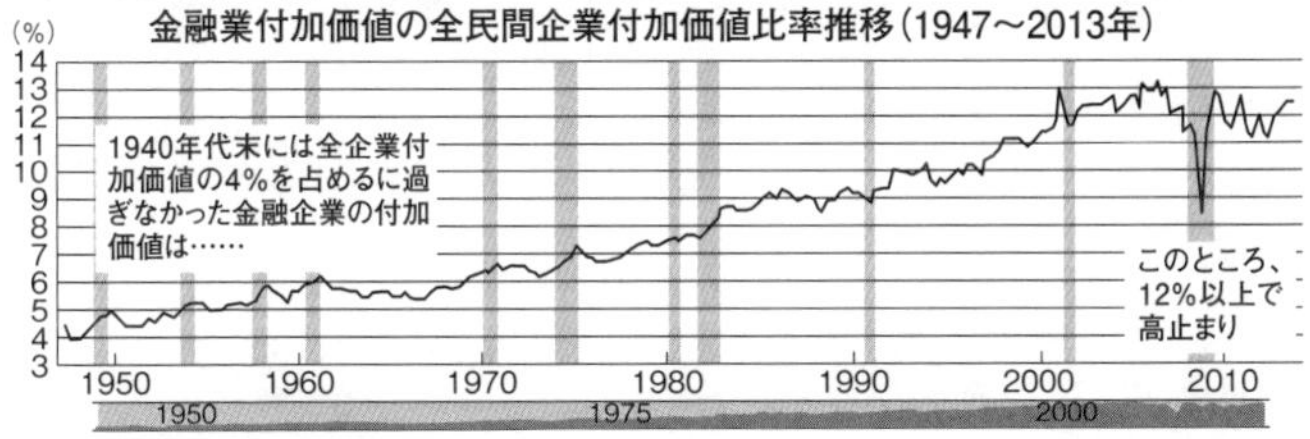

注：アミ部分はアメリカの景気後退を示す。　原資料：セントルイス連銀調査部

出所：（上）ウェブ版『Forbes』、2013年5月7日、（下）『Philosophical Economics』、2014年5月21日のエントリーより引用

達成してきたのだ。

図表2-1の上段から見ていこう。50年代初頭に10%弱でピークアウトしたアメリカ企業利益の対GDP比率は80年代半ばに約3%で底打ちしてから、景気循環のたびに高い山を築く展開となり、直近では11%を超えている。80年代半ばというのは、第二次オイルショック直後に始まった原油価格の暴落がほぼ底打ちした時期に当たる。

下段に眼を転じると、これはアメリカ金融業の付加価値が第二次世界大戦直後の全民間企業付加価値のわずか4%という低水準から直近の12%にいたる長い上昇過程の中で、80年代前半の小高い丘が終わった時期でもあったことが分かる。このころまでのアメリカ経済では、金融業界も第二次オイルショック直後のように原油価格が暴落すると、そこから棚ボタ（ウィンドフォール）の利益が生ずるすなおな業態だったのだろう。

ところが2008～09年に金融業界の付加価値が激減している。この点については、「原油価格の暴落というどちらかと言えば金融業界にはプラスになりそうな要因もあったが、ベア・スターンズやリーマン・ブラザーズといった大手金融業者が潰れる大きなマイナス要因もあったので、業界全体の付加価値が激減した」というのが定説となっている。だが、なぜアメリカの大手金融業者がこの時期にいっせいに危機に瀕することになったのだろうか。原油価格が暴落して、産油国からの資本流入が激減、あるいは逆流したからではないのだろうか。

第二次世界大戦直後から現在にいたる金融業のアメリカ経済に占める地位の上昇ぶりは、非常によく知られている。次の図表2-2のように、製造業の一貫した地盤沈下との対比で語られることが多い。

上段は国内全企業の利益総額に占める製造業と金融業のシェアを比較したグラフだ。50年代初めにはじつに全企業利益の60％を占めていた製造業の利益総額は、ハイテク・バブルが崩壊した2002年には10％を割るところまで下落した。だが最近では、だいぶ持ち直して20％台半ばに上がっている。それでも全盛期の半分にも達していない。

一方、金融業の利益総額は第二次大戦直後から80年代初めまで10％前後で横ばいだったが、

図表2-2　製造業・金融業の対国内全企業利益シェア推移(1948〜2012年)

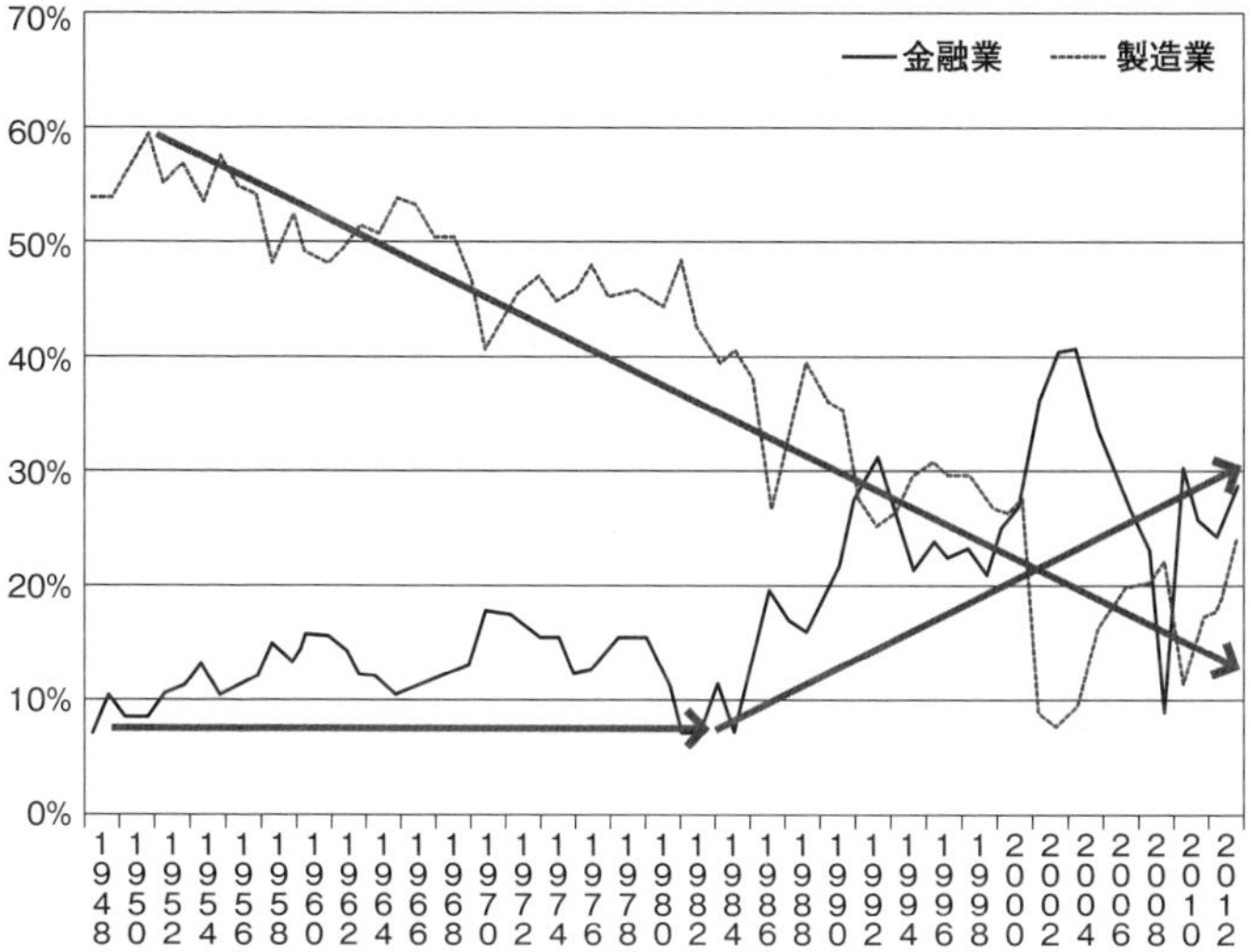

製造業・金融業の対国内全企業雇用シェア推移(1948〜2012年)

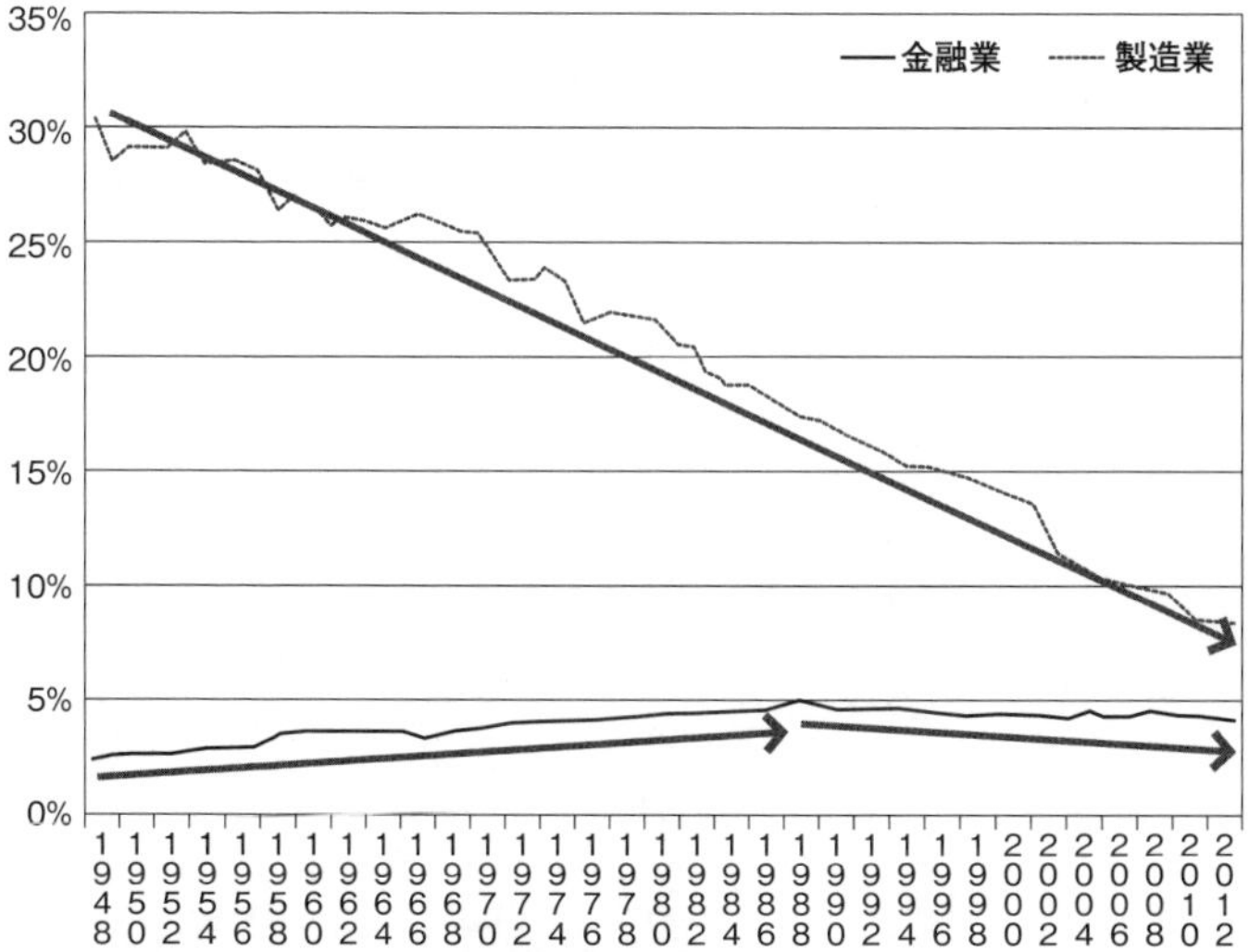

注：金融業は連邦準備制度をのぞく全民間金融業者

出所：ウェブ版『The Atlantic』、2013年

その後急上昇に転じて直近では30％に迫っている。この金融業総利益の横ばいから上昇基調への転換が、アメリカ企業利益全体の対ＧＤＰシェアの大底と一致していることにご注目いただきたい。

下段は、両産業の雇用者数が全企業雇用者総数に占めるシェアを図示している。ここでも製造業は約30％から８％へと、ほぼ直線的に減少しつづけている。最近の利益総額のシェア回復は、雇用を減少させ続けながら達成されたものだった。また、利益総額の全企業利益額に占めるシェアが横ばいだった80年代半ばまでの金融業は、約２・５％から５％へと雇用を倍増させていた。だが利益率が急上昇を始めたころから、横ばいから減少へと転じている。こちらもまた雇用なき利益成長だったわけだ。いや、**製造業よりずっと長期間にわたって雇用なき利益成長を続けている**。

企業利益率が顕著に上がったのは、金融・ハイテクの2部門だけだった

結局のところ大戦後のアメリカ経済で、企業総売上に対する自産業の利益額のシェアを一貫して上げてきた業種は、金融とハイテクのふたつしかなかった。１９６４年の時点ではどちらの利益総額も全産業売上の０・５％にも満たない弱小産業だった。それが２０１４年には金融

業の利益が約2・3%、ハイテク産業の利益が約1・2%で、合わせて全産業売上の3・5%に達している。

半面ハイテク産業は1993年、2001〜03年の2回、金融業は2008〜09年の1回だけ業界全体の利益がマイナスとなっている。利益総額は少ないが安定してプラスを維持していた80年代までに比べれば、90年代以降は両産業とも利益額の振幅は拡大している。両産業とも、ハイリスク・ハイリターン（リスクは高いが収益性も高い）産業化して利益率を上げてきたわけだ。

その他8業種（ヘルスケア、エネルギー、電力ガス、日用消費財、耐久消費財、通信、素材、その他製造業）の総利益が全産業売上に占めるシェアは、約6%から4%台後半へと減少している。この中で日用消費財の総利益だけは全産業売上の0・5〜0・6%から0・6〜0・7%へと微妙な上昇を示しているが、景気循環での浮沈が激しく、悪いときにはゼロにもなっていた。ただし利益総額がはっきりマイナスとなった時期はない。それに比べて通信と耐久消費財はハイテク・バブル崩壊後、そして耐久消費財とエネルギーは国際金融危機後に、利益総額がはっきりマイナスとなっていた。つまり通信、耐久消費財、エネルギーはハイリスク・ローリターン（リスクは高いが収益性の低い）産業だったわけだ。

同じ2業種対8業種の利益総額の推移を全企業の総売上に対する比率ではなく、利益総額との対比で比べると、以下のとおりとなる。1964年には金融・ハイテクの2業種合わせて全産業利益総額の5・41％に過ぎなかった利益総額は、直近の2014年には23・83％と全体の4分の1近くまで拡大している。50年間で5倍近い大躍進だ。ただ金融業利益総額のシェアが本格的に拡大したのは、じつは第2次オイルショックの起きた70年代末から90年代初頭までで、その後の全産業利益総額に占めるシェアは横ばいだった。そこから先のシェア拡大は、主にハイテク産業が担っていた。

60〜70年代、経済成長に対するテクノロジーの貢献度で日本とトップを争っていたアメリカは75〜85年にイギリスと最下位争いをするまで落ちこんでしまった。だが、90〜2000年あたりから急回復が始まって、95〜2005年には断トツの首位に立った。

アメリカの政財界、そしてさまざまな分野の学者たちが80年代初めあたりに「これではいかん」と本腰を入れて優秀な学者を世界中からかき集めるようになった。それと同時に、主要大学で教授・准教授を務める学者の評価がどれだけの研究資金を財団や基金から引っ張ってこられるかの一点に絞る、露骨な「功利主義」への全面転換をやってのけたようだ。その成果が90年代前半ごろから、ハイテク産業の企業利益総額に占めるシェアが急上昇したことに表れているわけだ。

なお「金融機関も著名な数理経済学者を大勢雇ったりしたから、その成果も出たはずだ。それなのに金融業界のシェアは80年代末ごろからはほぼ横ばいなのはおかしい」という方もおられるだろう。だが正直なところ、金融機関が必要とする数理モデルなどは、専門の学者が最先端で研究しているような高難度である必要はない。

むしろ、なまじそういう高度な研究をしている人たちはどちらかと言うと社会常識に欠けるところがある。ロシア国債危機で破綻したLong-Term Capital Management（ＬＴＣＭ）の設立には、数理経済学の世界では世に聞こえたブラック－ショールズ・モデルの共同開発者のひとりも参画していた。だがこの人は、当時のロシア国債の金利が今よりずっと経済が健全だったころの西欧諸国の国債金利とほぼ同水準まで下がるはずだという、どう考えても無理な話に乗ってしまう人だったらしい。結局、数理経済学界有数の権威はこのバカでかいヘッジファンドの暴走も崩壊も防げなかったのだ。

ようするにアメリカの政財学界が連携して盛り上げた実用的なハイテク志向は、そのものずばりのハイテク業界ではうまくいったが、金融業界ではほとんど役に立たなかったと言っていい。それではなぜ、アメリカの金融業界は今でもなおあんなに羽振りがいいのかという疑問が当然出てくるだろう。その疑問に答えてくれるのが、アメリカ金融業界の異常に高い海外利益貢献度なのだ。

金融・ハイテク以外の8部門の利益率は上昇していない

話を進める前に、残る8産業の利益総額の全産業利益総額に占めるシェアの推移も見ておく。当然のことながら1964年には95％弱だったものが、2014年には76％強まで下がっている。注目すべきは、エネルギー産業総利益の全産業総利益に対するシェアだ。1964年には14〜15％で出発し、第二次オイルショック直後の1981〜83年には20％を超えるところまで上がったが、その後は2000〜02年の10％割れまで一貫して下がっていた。

エネルギー産業としての利益率は中国の資源浪費バブルで2009年や2012年には10％台半ばまで盛り返している。だが、明らかに長期的に上昇する気配はない。むしろ、今後またしても、中国のバブル崩壊によって10％割れに落ちこむ可能性が高い。

同じ64〜2014年という期間で、金融＋ハイテク対その他8業種の利益率推移を比較すると、以下のとおりだった。その他8業種のほうは若干の下降傾向はあるが2009〜10年を唯一の例外として3〜7％台にとどまり、景気循環につれて上下動をしていた。この期間を通じた平均値は5％台前半だった。

これに対して金融＋ハイテクの総利益は、60年代後半の11％台から出発した。87〜90年には同時期のその他8業種よりも低い4％前後で底打ちし、その後は2013～14年の12～13％台へと急上昇する、非常に派手なV字形を描いている。そして2業種合計の総利益が2002年、2009～10年にはマイナスになるという、典型的なハイリスク・ハイリターン産業の利益推移となっている。こちらの期間平均利益率は8％弱ということになる。

しかしアメリカ企業部門の利益率上昇を支えてきた2産業の売上総額は、企業部門全体のうちで非常に小さな部分を占めるに過ぎない。金融業が期間内の平均売上シェア11・24％、ハイテク産業がさらに小さい6・44％で、2業種の合計でも17・68％だ。これにほんのわずかながら全産業利益総額に占める利益総額のシェアを上げた耐久消費財の12・57％を足しても30・25％と、かろうじて全産業総売上の3割を上回る程度の小さな売上に過ぎないのだ。

しかしその2業種の利益率は山から谷へ、そして谷から山へと大きな変動を見せながらも、一貫して他産業より高めに出ている。

金融業の利益率推移から見ていこう。2009～10年の損失計上期をのぞく大きな山と谷で見ると、64～65年の約15％から始まって87～88年の約3％で底を打ち、直近の2013～14年では16～19％台という高水準での乱高下を示している。1964～2014年という長い期間を通じての平均利益率は8・2～8・3％だった。

一方、ハイテク産業の利益率は93～94年と、ハイテク・バブルの破裂した時期として世間的にもよく知られている2001～04年という、2度にわたる損失計上期間があった。だが1964年の約8％から70年代を通じて8～9％台の高原状態を維持したあと落ちこみ、2000年代前半のマイナス利益を底として、直近の2011～14年では9～13％台で乱高下している。この期間内の平均値は6・4～6・5％だった。

ハイテク産業の利益率が高いのは納得できるが……

ハイテク産業がその他8産業の5％台前半より高い利益率を上げつづけるのは、当然の現象と言えるだろう。この業界が人類文明の大切な柱である科学技術の発展にいちばん大きく貢献していることからも、ここがどんどん儲かってくれることが人類の未来を明るくすると言える産業だからだ。だが金融業の利益率がそのハイテク産業よりほぼ一貫して高いのは、正当化できる現象だろうか。

「カネが回らなければ、あらゆる産業の円滑な運営ができなくなる。だから、金融業は高収益をあげて当然だ」という議論もある。だが不可欠だからこそ、どこにでも、またいつでも存在する産業とは一般論として地味で収益性の低い産業が多い。めったに独占的な地位を築くことのできない業態が多いからだ。その点では金融業で取り扱っている主要商品である貨幣にしても、信用にしても、各国の中央銀行を別とすればなかなか在来の「商品」で独占的なシェアを得ることも、画期的な技術改良を加えた新商品分野で独占性をつくり出すこともむずかしい分野だ。

にもかかわらず金融業の高収益性は厳然として存在する。たとえば図表2-3をご覧いただきたい。

上段は、非金融業全体の固定資産投資の収益率を長期にわたって追ったグラフだ。第二次世界大戦直後は4%台で出発し、60年代半ばに9%台半ばまで上昇した。その後、2001年末には3%を割りこんで底打ちしたが、現在にいたるまでなかなか7%の壁を破ることができずに推移している。

一方、下段は固定資産投資があまり意味を持たない金融業の在庫と資本損耗を調整したあとの、純利益率の推移だ。出発点の1947年は8%前後だったが、50年には13%まで上昇したあと、90年の5%目前まで下落する。だがその後は3つの山を連ねながら、90年代後半の10%、2008年の12%弱、2013年の13%台半ばと、サイクルを重ねるごとに天井での利益率が前に天井を打ったときより上がっている。

図表2-3　国内固定資産の利回りは低下したが、企業利益率は上昇

非金融業の国内固定資産投資の収益率推移（1947～2013年）

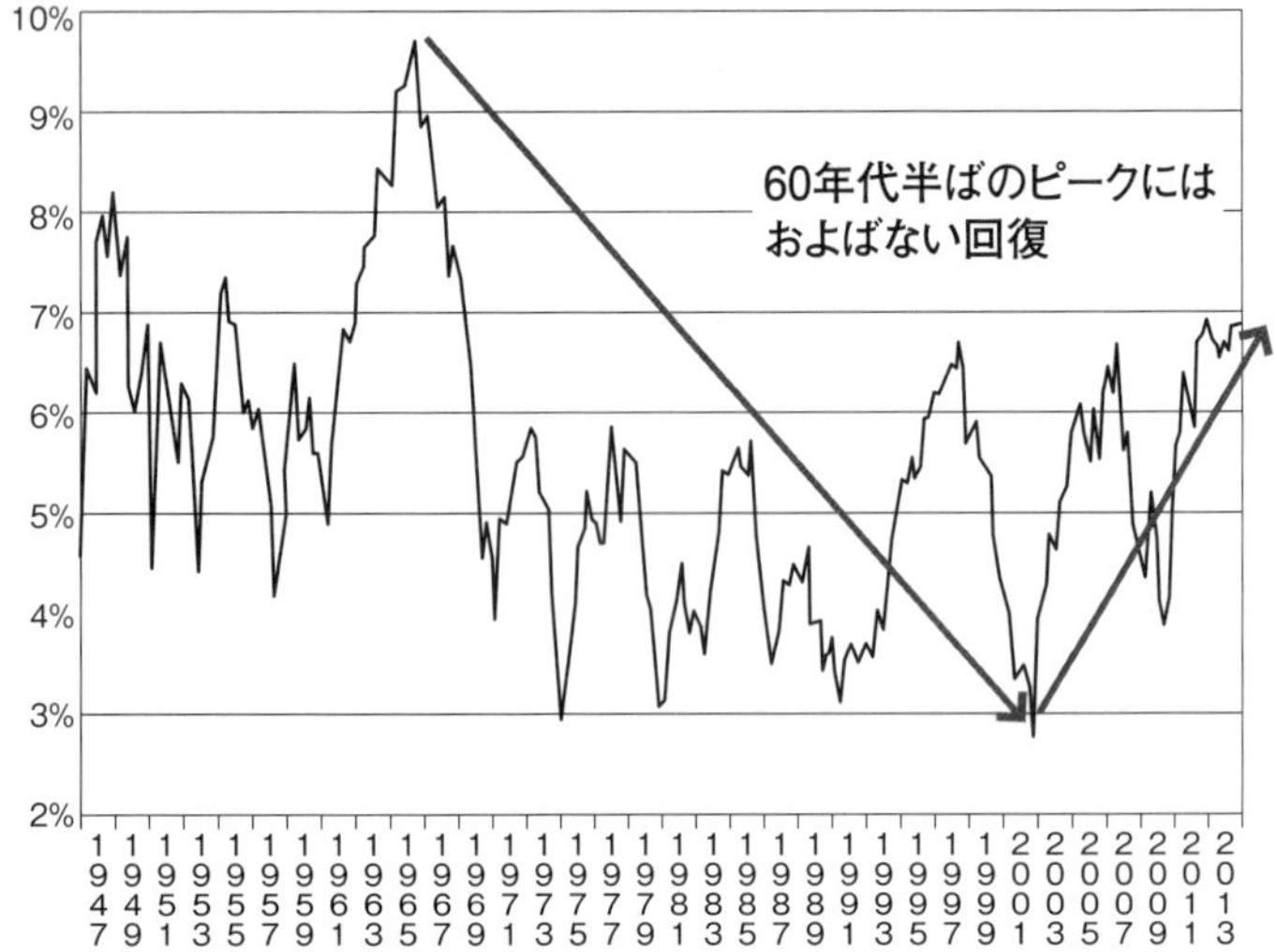

金融業在庫・資本損耗調整済み純利益の対全産業同純利益比率推移（1947～2013年）

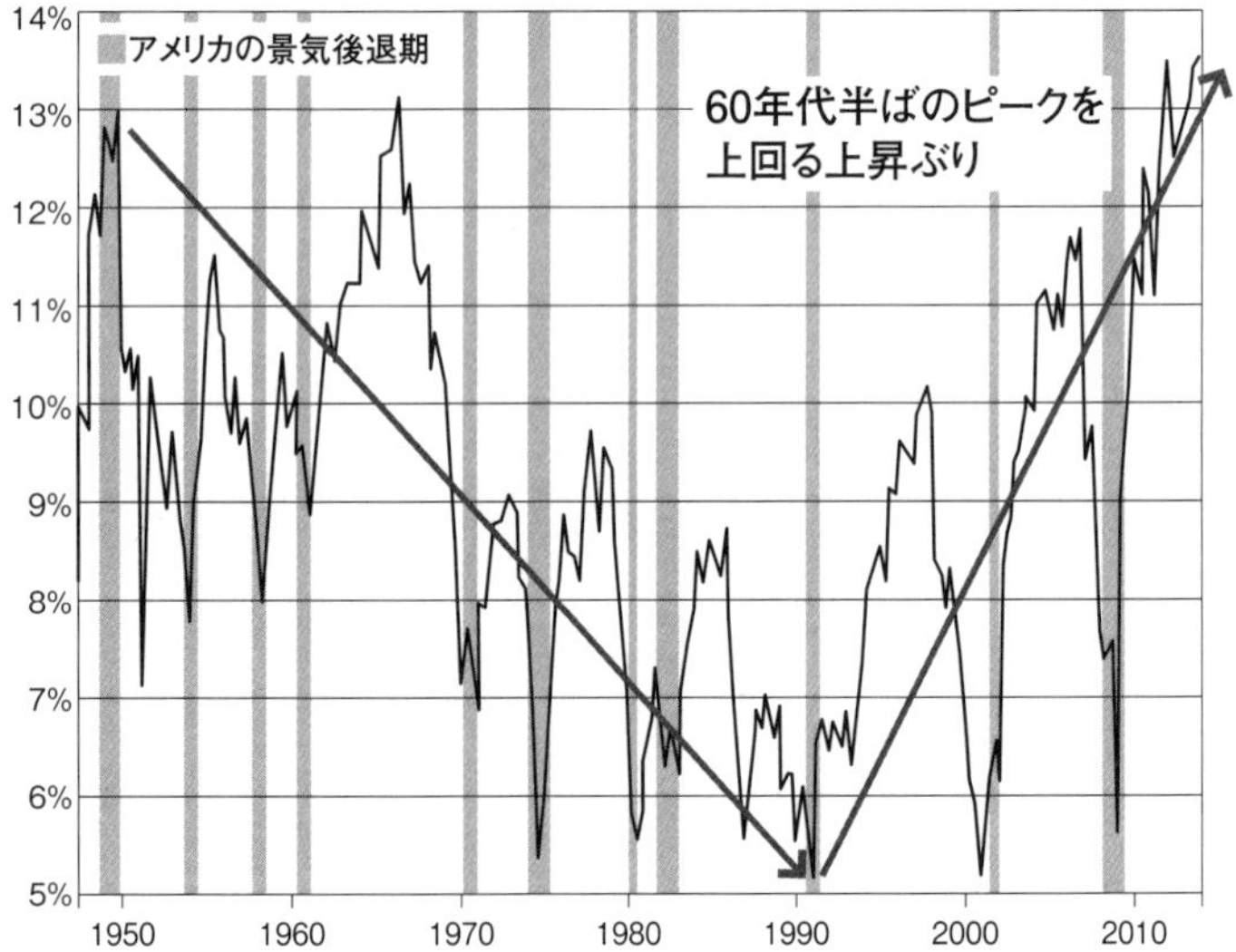

出所：ウェブサイト『Philosophical Economics』、（上）2014年5月25日、（下）同5月21日のエントリーより引用

アメリカの国民総生産が、国内総生産より顕著に大きくなっている

ここで非常に興味深いのはアメリカで最近、国民総生産と国内総生産のギャップが拡大してきたという事実だ。国民総生産とは場所は世界中どこにいても、とにかくアメリカ国民が稼いだ労働への報酬や金利・配当収入などを言う。一方、国内総生産とは稼ぎ手の国籍に関係なく、アメリカ国内でだれかが稼いだ労賃や金利・配当収入のことだ。この差をかんたんに言い表せば、アメリカ国民の海外での稼ぎマイナス海外諸国民のアメリカ国内での稼ぎということになる。図表2-4の上段のグラフをご覧いただきたい。

このグラフでは具体的な金額ではなく、比較がしやすいようにこの差を国民総生産で割った数値で表示してある。1980年の1・2%強から2000年には0・2%程度まで下がってしまったのち、直近では1・6%に達している。

21世紀に入ってからは、ほぼ一貫してアメリカ国民の海外での稼ぎのほうが海外諸国民のアメリカ国内での稼ぎより大きく、かつどんどん差が広がっているわけだ。0・2%から1・6%という数値の動きは小さく見える。だが約17兆ドル（日本円にして2000兆円前後）という巨額に達する国民総生産の中での1・4ポイントの上昇だから、上昇額としては約2400

図表2-4　米国民の海外で稼ぐ力と、海外諸国民の米国内で稼ぐ力

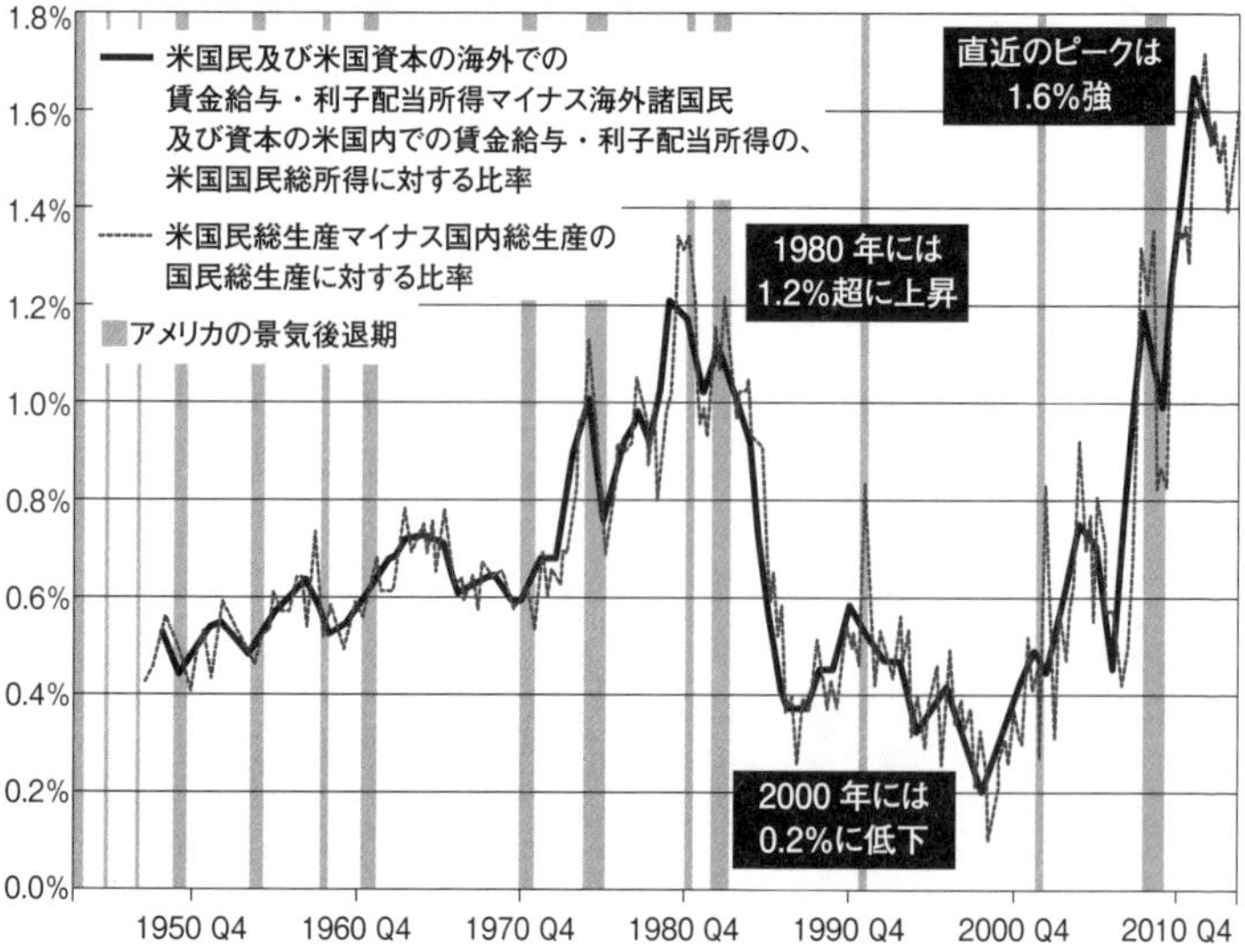

金融業込みでも国内企業の利益率はほとんど横ばい

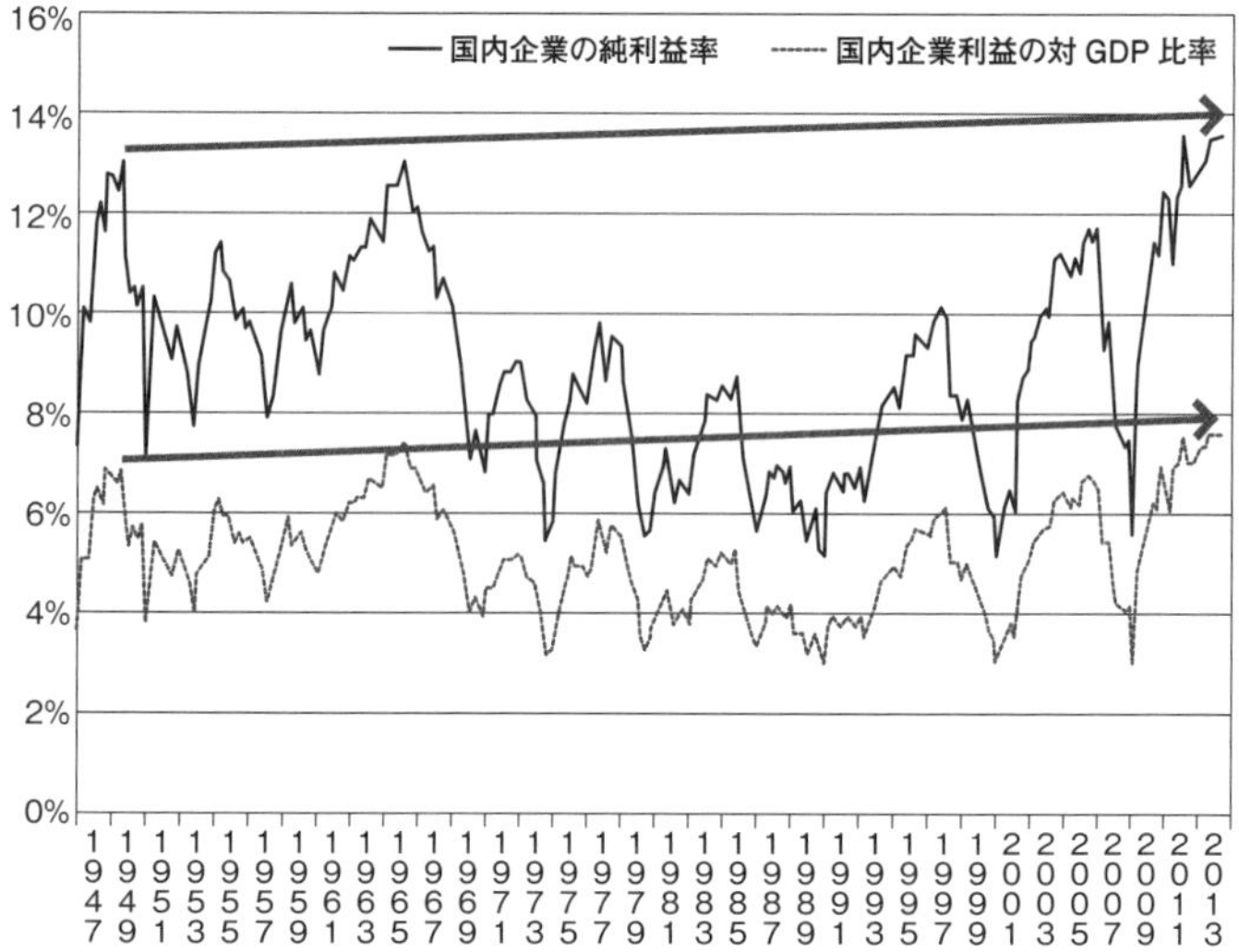

出所：ウェブサイト『Philosophical Economics』、2015年1月25日のエントリーより引用

図表2-5　米企業の海外での稼ぎと海外企業の米国での稼ぎの極端な差(1948～2012年)

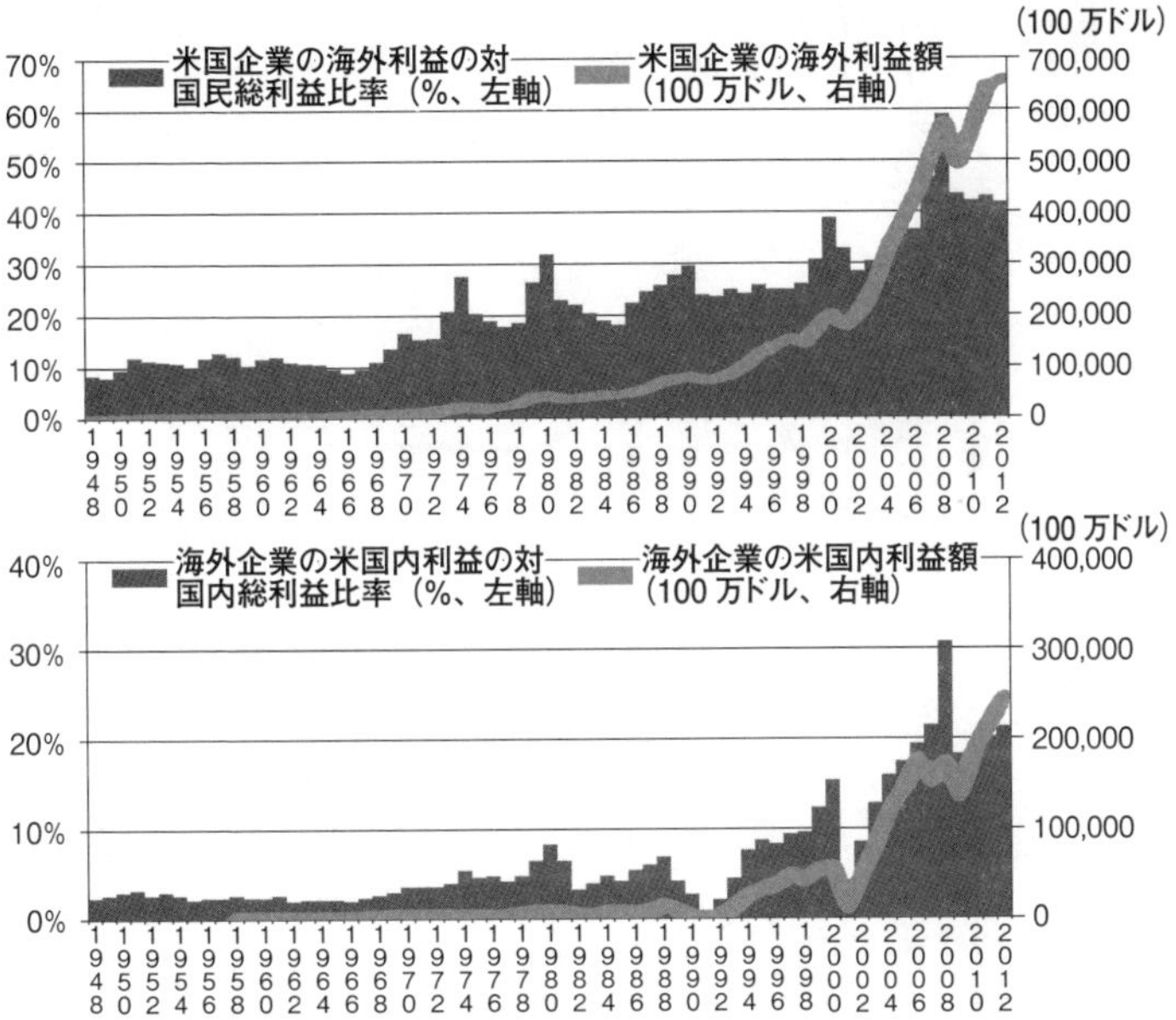

出所：ウェブサイト『Philosophical Economics』、2014年3月30日のエントリーより引用

億ドル（ほぼ29兆円）という大きな意味を持つ数字なのだ。

この数字の重要性を示すもうひとつの手がかりが「アメリカ企業の国内での利益は純利益率で見ても、対GDP比率で見ても、画期的に高水準となっているわけではない」という事実だ。下段のグラフがそれを示している。昨今のアメリカ企業は空前の利益率を謳歌しているが、国内での企業活動からの利益だけを見ると40年代末や60年代半ばの好調時とほぼ同一の利益率であり、対GDP比率でも同様ということになっている。

つまりアメリカ企業の空前の好収益のかなり大きな部分が、海外事業からもたらされているのだ。ここで図表2-5をご覧いただきたい。

上段から説明しよう。折れ線はアメリカ企業が海外で稼いでいる利益の実額で、棒グラフがその国民総利益（つまり世界中でアメリカ企業が稼いでいる利益総額）に占めるシェアだ。2007年の40％台後半から2008年の60％弱というのは、例外的な2年間だった可能性が高い。だがアメリカ企業が海外で稼いだ利益は、2000年代半ばからの約6年間一貫して国民総利益の40％台以上を占め、ほぼ例外なく4000億ドル（48兆円）以上の巨額に達していたのだ。

一方、海外企業がアメリカ国内で稼いだ利益総額を示しているのが、下段の折れ線グラフで、利益総額が棒グラフとなっている。こちらはアメリカ国内利益総額の20％を超えることはめったになく、実額でも何とか2000億ドル（約24兆円）台に乗せるのがやっととなっている。

下段のグラフの上にムダなスペースが多いのは意図的だ。いかにアメリカ企業が海外で稼ぐ額と、海外企業がアメリカで稼ぐ額が違うかを視覚化することを狙っている。アメリカ企業と海外企業のあいだには、お互いに自国外で稼ぐ力においてこれだけ大きな差があるわけだ。

なおアメリカの法人税制では、海外で得た利益をそのまま海外で投資していると国内での税負担はゼロで済むという特例がある。この特例も多少はアメリカ企業の海外収益の大きさに影響しているかもしれない。だが比率で2倍、実額で3倍というアメリカ企業の海外収益力と、

図表2-6　1990年代からの企業利益率上昇の秘密は海外収益

米国企業の海外利益マイナス海外企業の米国内利益推移（1948～2012年）

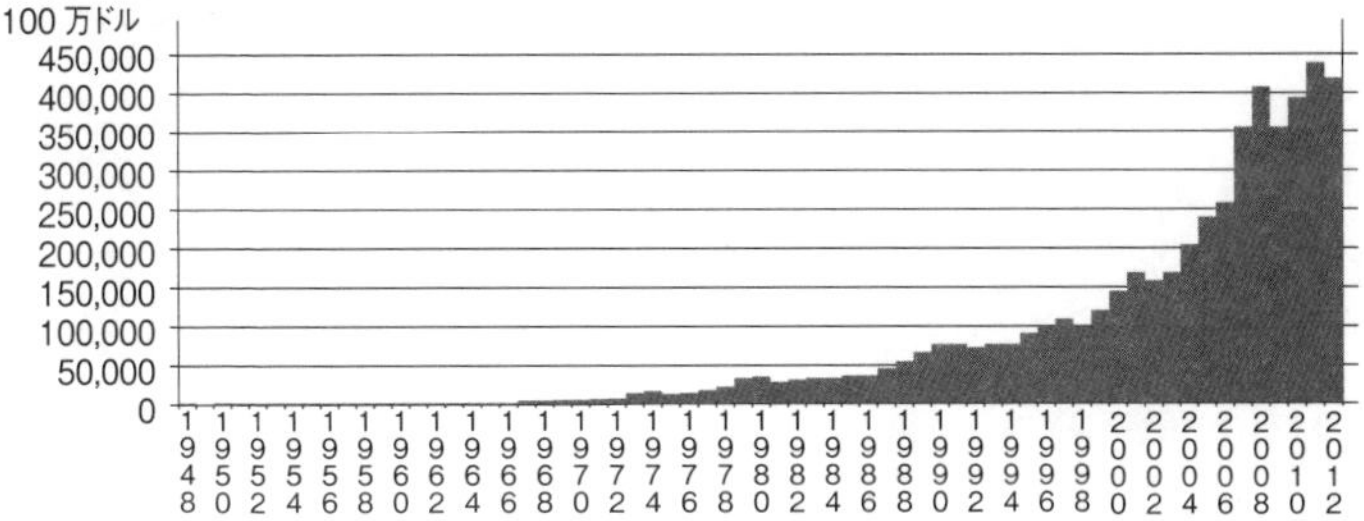

アメリカでさえ、企業の国内利益率はあまり上がっていない

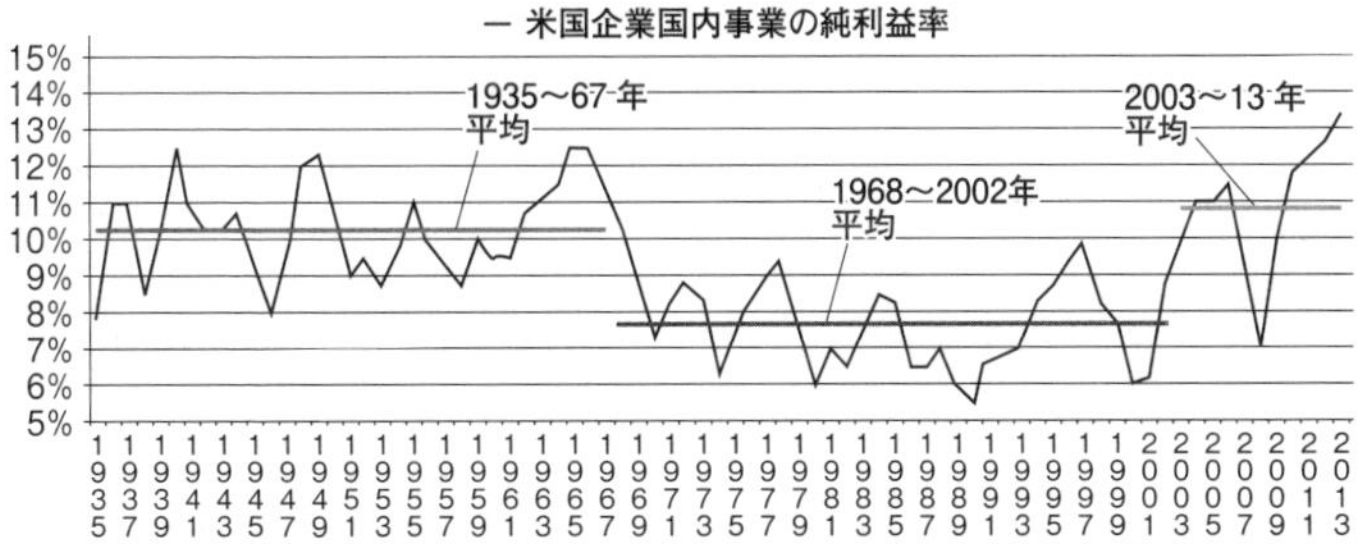

出所：ウェブサイト『Philosophical Economics』、2014年3月30日のエントリーより引用

海外企業のアメリカ国内収益力の差が全部、節税あるいは脱税手段によって帳簿の中でつくり出しただけの数字とは思えない。

アメリカ企業高収益のカギは金融業の海外利益

図表2-6は結局のところ、アメリカ企業の現在の好調を支えているのは海外事業の利益なのだと端的に示している。

上段がアメリカ企業の海外利益と海外企業の国内での利益の差で、2011～12年は4000億ドル（約48兆円）を上回っている。また下段はアメリカ企業の国内利益率だが、１９３５～67年の平均値が10％台前半で、68～２００２年は７％台後半まで落ちこんでいた。その後２００３～13年は10％台後半まで上がっているが、60年代後半までの水準と大して変わらないのだ。ここからも、アメリカ企業の空前の繁栄は海外事業の成果だと断定できる。

さらにこの繁栄にはアメリカ企業全般が高収益化したのではなく、金融業が非常に大きく関与していることを教えてくれるのが図表２-７だ。

まず上段は、税引き前のアメリカ企業利益を金融業（太線）と非金融業（細線）に分けた２本の実線と、アメリカ対海外諸国の資金の純受取額（破線）を対比したグラフだ。太線と破線が密接にからみ合うように伸びているのは、絶対に偶然で起きたことではない。

もちろん２００７～09年のような深刻な金融危機の際には、アメリカから世界中に投融資されていた資金の突然かつ不採算な回収も起きるだろう。こういうときには資金の受取超過が増えるとともに、利益率が急低下したり損失に転じたりする。だが、金融業利益額と海外からの受取金超過額が連動している事実を見れば、そういう時期もふくめてアメリカ企業の海外利益の核心を形成しているのが金融業界であることはまちがいない。

下段は、同じ数値をアメリカ全産業の利益総額に対する比率で示したグラフだ。売上シェアで言えば長期平均で11％台でしかない金融業界の利益総額が企業利益総額に占めるシェアは、

図表2-7　金融業界の利益は海外からの純受取金と連動(1960年〜2014年Q3)

金融・非金融別企業利益総額推移(季節調整済み・税引き前)

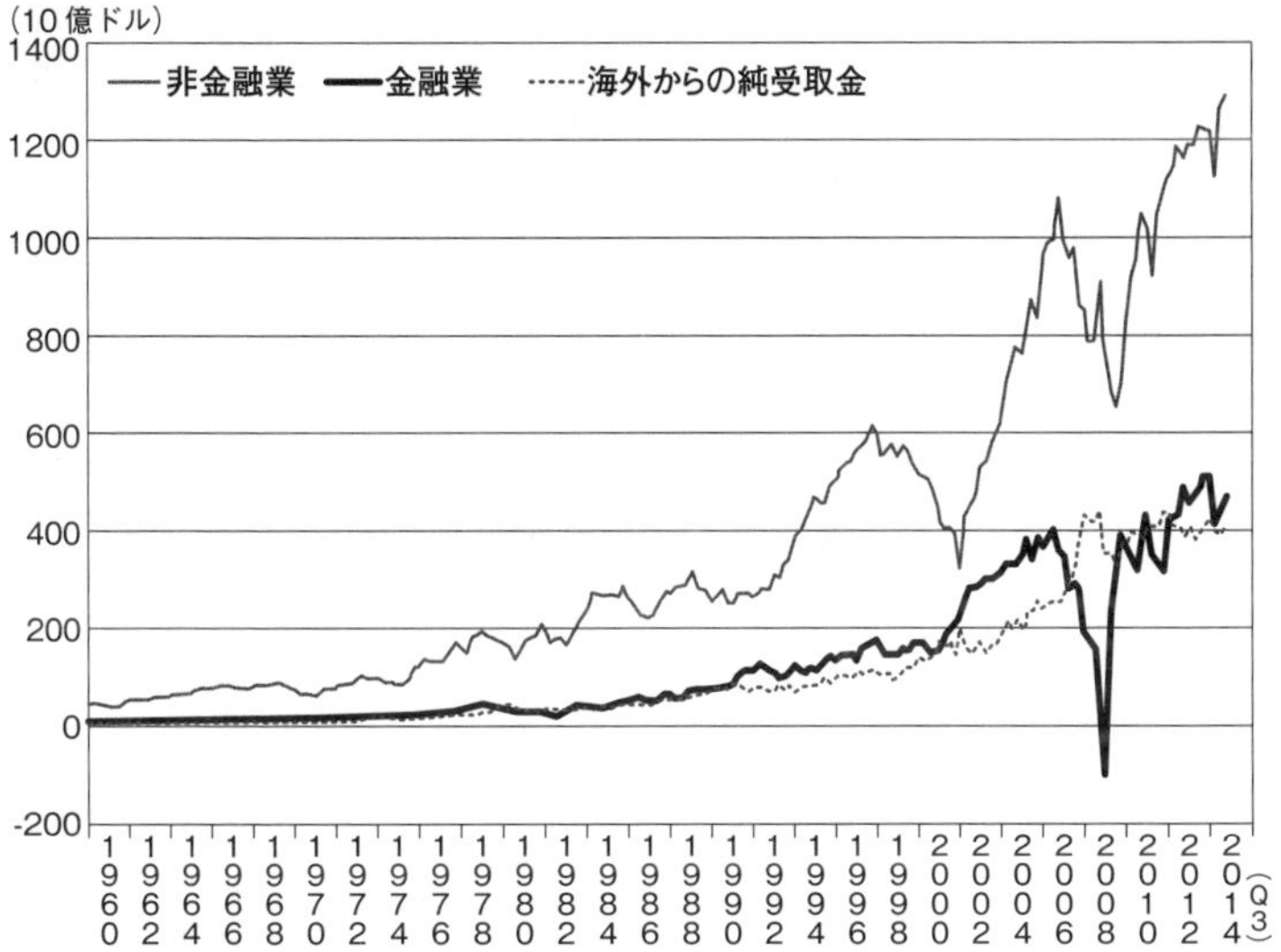

金融・非金融別税引き前企業利益総額に占めるシェア推移

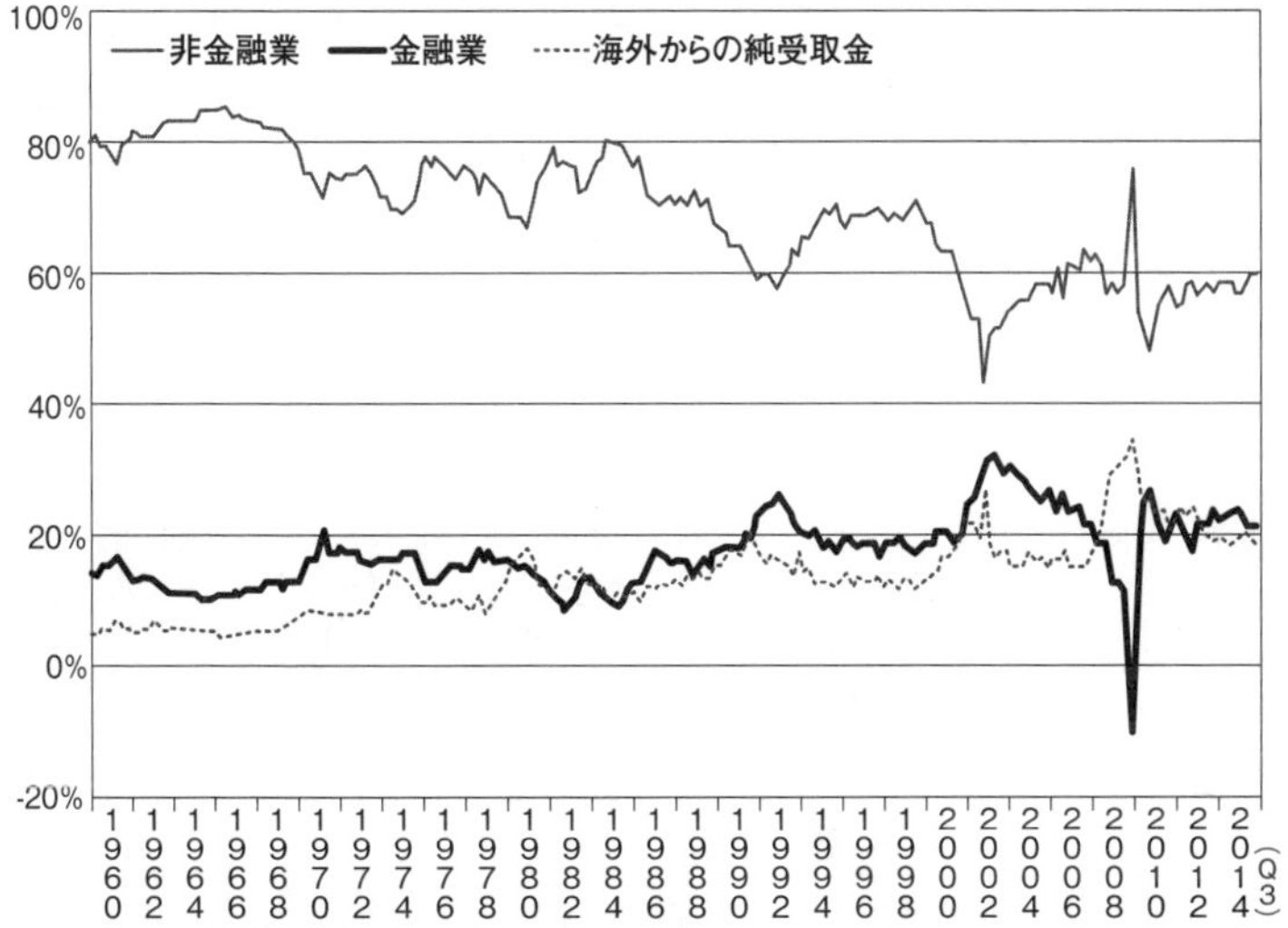

注：在庫価値変動、資本損耗分を調整済み。

出所：ウェブ版『Yardeni Research』(2015年2月5日)より引用

ほぼ一貫して20％前後で推移している。そして、この差を埋めるのは、金融業界の利益率の高さ一般ではなく、海外からの受取金の多くが金融業界に入ってくる資金であって、しかもその資金のやりとりにかかわる利益率が非常に高いということなのだ。

金融業以外の全産業というベースで見ると、図表2‐8のようにアメリカでも70～80年代はかなり苦戦していたし、じつは90～2000年代に入っても画期的な回復はなかったことが分かる。

上段の実線が全企業、破線が非金融業のそれぞれ税引き前利益率だ。かんたんに言えば、この差を金融業の規模の小ささを考慮してかなり拡大したところに、金融業単独の税引き前利益率があるはずだ。そして74～2002年のあいだ、非金融業の景気の谷での税引き前利益率は5％か、それを割りこむほど低水準だった。

そういう時期に救いの神となったのが法人税制だ。下段に実線で示した非金融業の税引き後利益率の推移を見ると、この時期の景気の谷での企業の税負担はほぼゼロだったことが分かる。つまり上段の破線も、下段の実線も、この時期の景気の谷ではほぼ同一の5％前後となっていたのだ。

一方、2003年以降の企業業績回復期に、それまで緩和していた課税を強化した形跡もない。2005年に税引き前利益が約15％のときの税引き後利益は約11％だったし、2010

図表2-8　政府は企業のお友達――利益率低下とともに下がる税負担

全企業・非金融別現業部門利益率推移（1948年～2014年Q3）

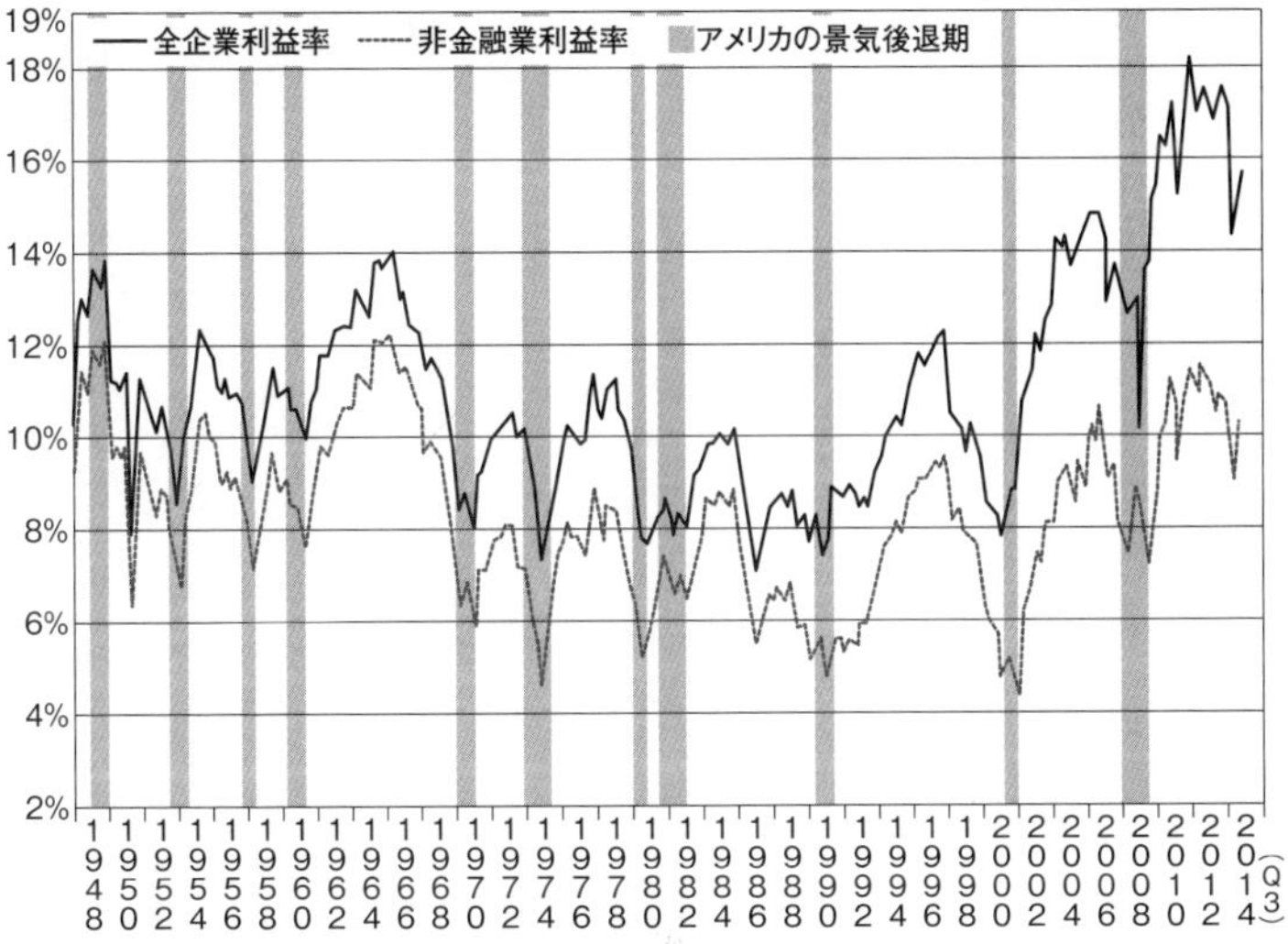

そして、資本が積み上がるほど設備稼働率は低下する

税引き後利益率と設備稼働率推移（1948年～2014年Q3と12月）

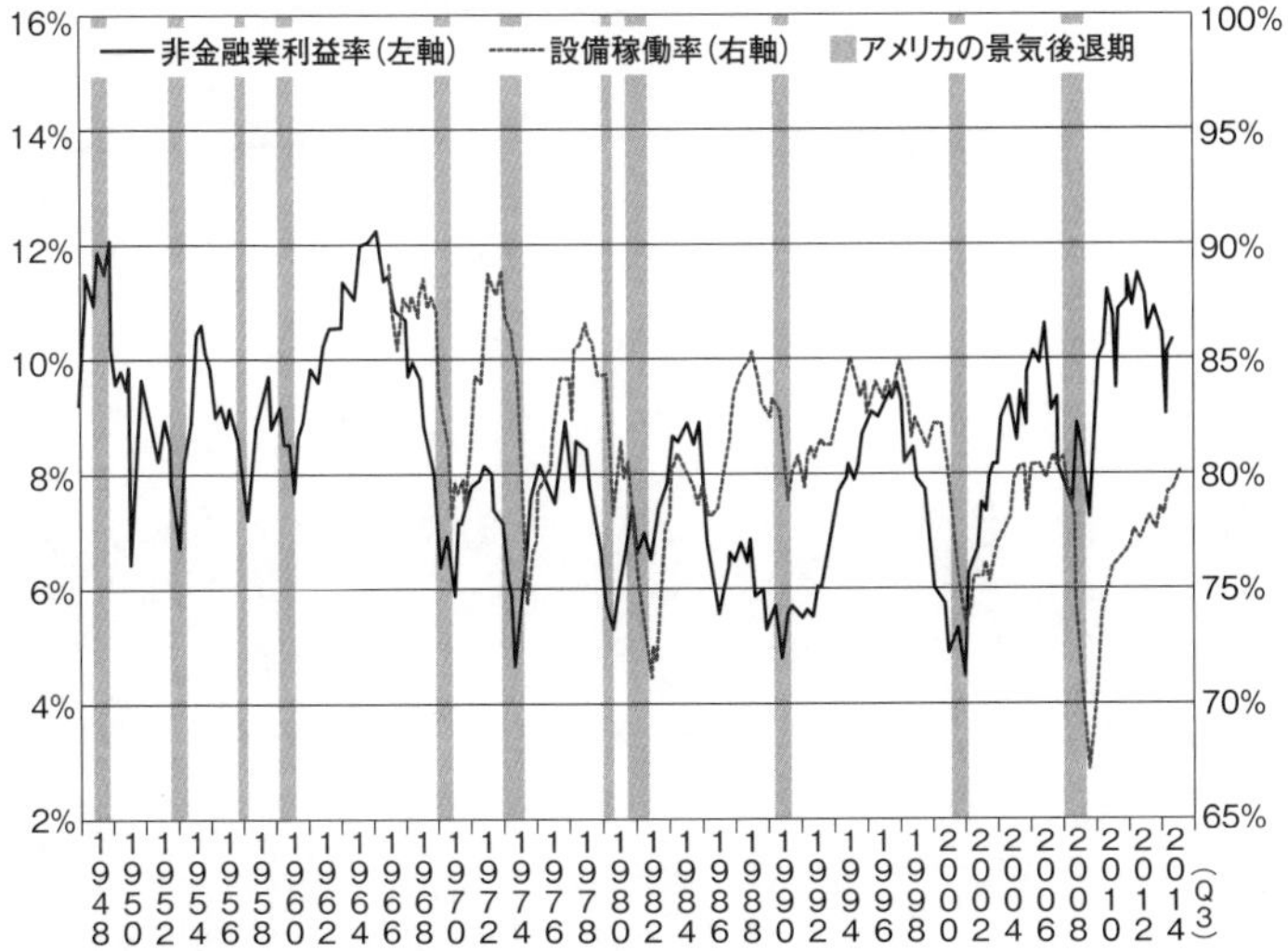

注：在庫価値変動、資本損耗分を調整済み。
出所：ウェブ版『Yardeni Research』（2015年2月5日）より引用

〜11年に税引き前利益が17〜18％だったときの税引き後利益率は12％近辺だった。世界中どこでもそういう傾向はあるが、アメリカでも「企業利益率が低いときには法人課税を軽減し、企業利益率が高くなっても法人課税を再強化はしない」というかたちで、税制は企業に有利にできているのだ。しかし、その企業優遇税制は決して「企業を助けることが結局は経済全体を発展させることなのだ」という一種の信仰を受け入れたくなるような成果をあげてはいない。

下段の破線は設備稼働率だ。税引き後利益率とほぼ完全に山や谷は一致しているが、山のたびに水準は落ちている。つまり景気のいいとき、とくに設備投資を奨励・振興するための税制上の特典があったりすると、企業は過剰な設備を積み上げがちになる。したがって景気の山のたびに設備稼働率は80％台後半から80％台前半へ、そしてギリギリ80％に届くかどうかという水準へと下がりつづけているのだ。

企業の経営幹部と大株主がほぼ同じような巨額報酬を分け合っているアメリカでは、とくにその弊害面が大きく浮かび上がってくる。たとえば図表2‐9の上段だ。

太線で示した企業の純設備投資額がGDPに占めるシェアは、第二次世界大戦直後と70年代末をほぼ同水準のピークとして、延々と下がりつづけている。２００８〜09年あたりでは、何とGDPのわずか1％までやせ細ってしまった。しかもその非常に低水準の設備投資の大部分がすぐ前の図表2‐8の下段のグラフで見たように、どうもあまり設備を拡大する必要のな

図表2-9　設備投資は縮小し、配当支払い額が激増している(1947～2013年)

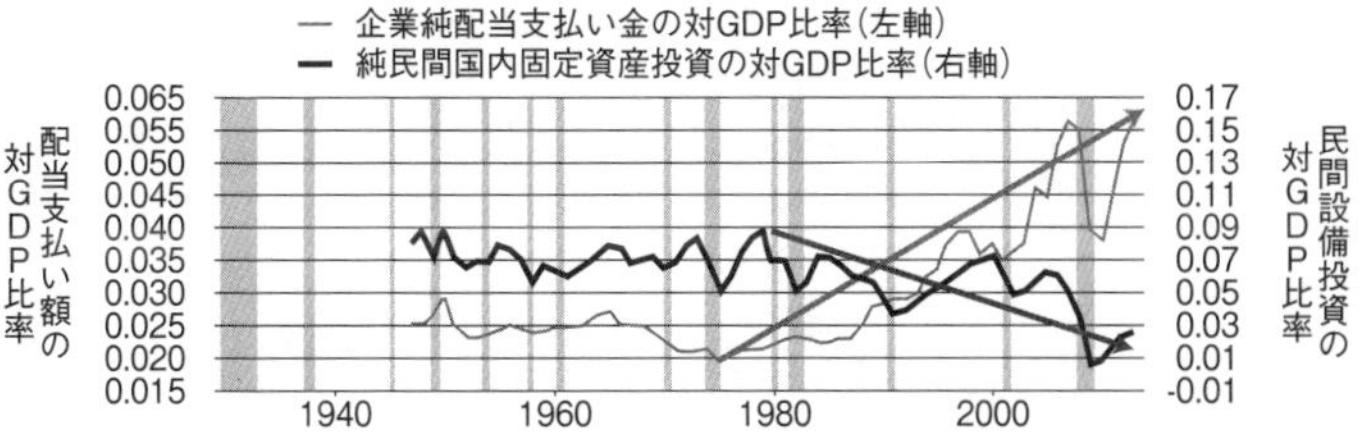

注：アミ部分はアメリカの景気後退を示す。

アメリカ一流企業CEO年収の対平均賃金倍率(1983～2013年)

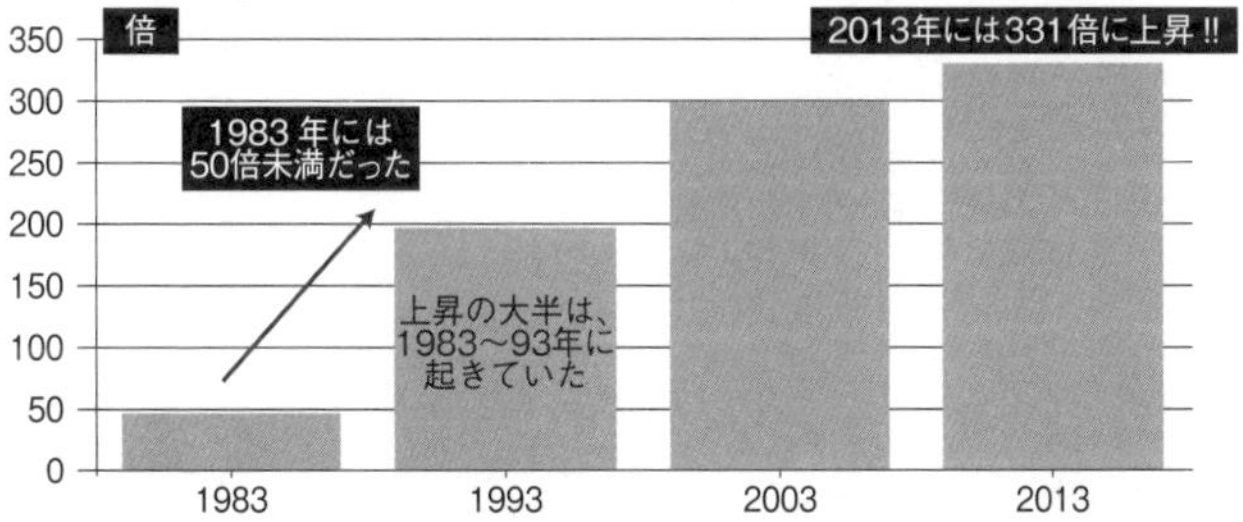

出所：(上) ウェブサイト『First Rebuttal』、2014年12月11日のエントリー、(下) AFL―CIO、『Executive Paywatch 2014』より引用

い産業で節税対策として行われてきた形跡が濃厚だ。

一方、配当支払い額のほうは70年代半ばの大底ではGDPの約2%まで減少していたものの、その後ほぼ一貫して伸びつづけ、昨今では5～6%という高水準に達している。本来将来に向けての発展を図るのであれば拡大すべき設備投資額を縮小しながら、アメリカ産業界全体として配当の増額をつづけている。またこのグラフには出てこないが最近では自社株買いの大盤振る舞いをして、株主サービスに努めているのだ。

さらに何となく最近の現象だと思いこんでいたアメリカ一流企業CEO(最高経営責任者)のべら棒な高額報酬もじつは1983～93年という早い時期には完全

に定着していたことが下段の表から分かる。これについてもまた「アメリカ企業はあんなに業績がいいのだから、経営責任者が高額報酬を受け取るのは当然だ」という議論もある。だがCEOの報酬がいちばん劇的に増加したのは、スタグフレーションによってアメリカが先進諸国間でいちばん大きく経済的な地盤沈下に悩んでいた1980年代半ばから90年代初めのことだったのだ。

税制もさることながら、企業や大金持ちに有利な経済の仕組み、とくに慢性インフレは経済成長を促進するどころか確実に成長を抑制する方向に働く。アメリカという国は、最近どんどん貧富の格差が拡大している。その一般的な状況は図表2-10によく表れている。

まず「投資用資産の資産階層別保有内訳」のグラフから見ていこう。アメリカでトップ1％の大資産家による株以外の市場で取り引きできる金融証券（国債など）を保有している率は64％。すさまじい比率だ。事業持ち分も61％、信託資産が38％、株や投信が35％と軒並みアメリカ国民の平均値の35～64倍の資産を溜めこんでいる。

「その他資産の資産階層別保有内訳」は預金、年金、生命保険、自宅といった庶民も多少は持っている資産なので、トップ1％は平均値の9～28倍しか持っておらず、だいぶ「平等性」が高まる。そこでこのグラフ右端の棒が示す資産ならぬ債務に目を向けると、トップ1％が個人家計総債務の6％、そのすぐ下の9％が同22％、残りの90％が同73％となっている。**「いちば**

図表2-10　資産の階層別分布(2010年現在)

投資用資産の資産階層別保有内訳　　その他資産の資産階層別保有内訳

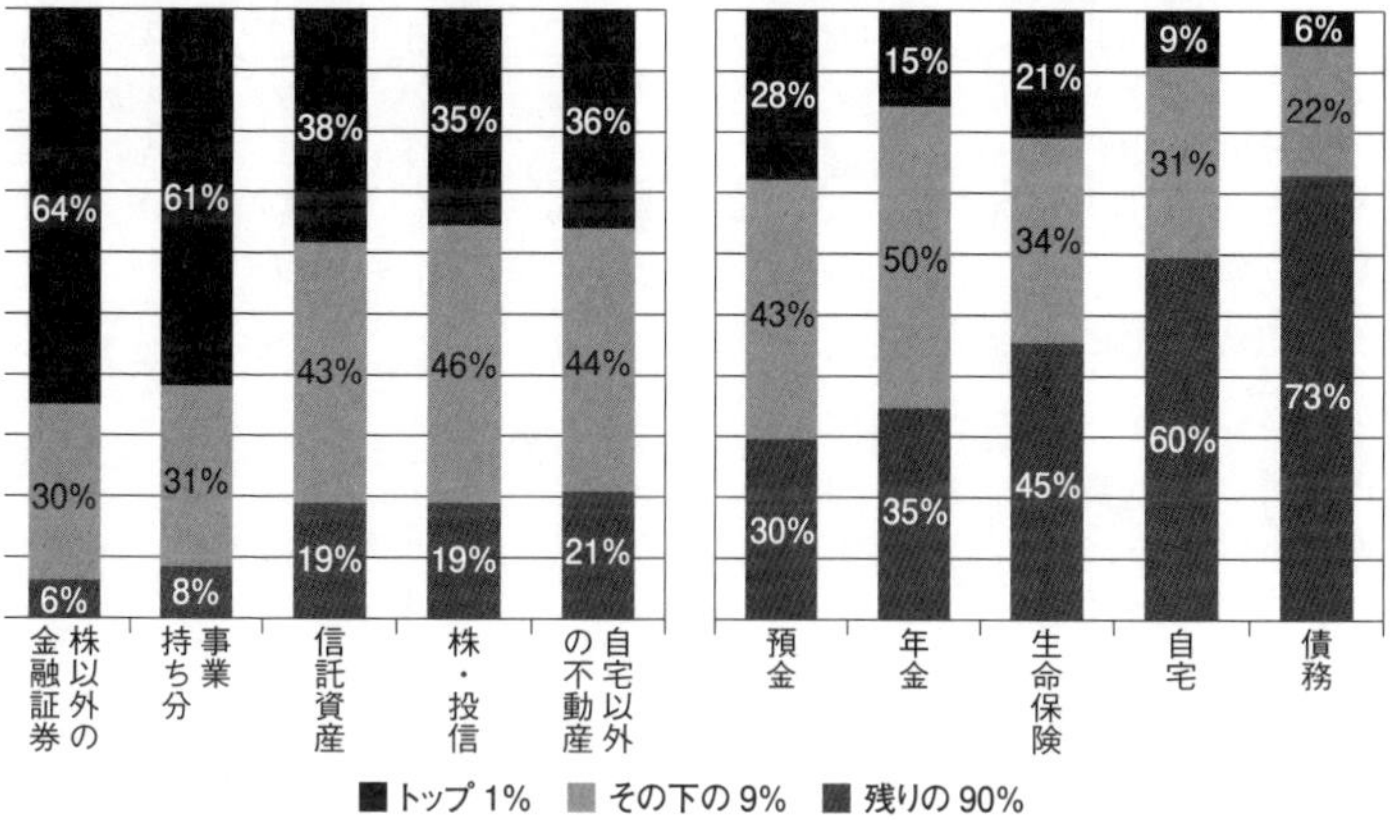

しわ寄せは勤労者所得に

勤労所得の対GDP比率(1947～2013年)

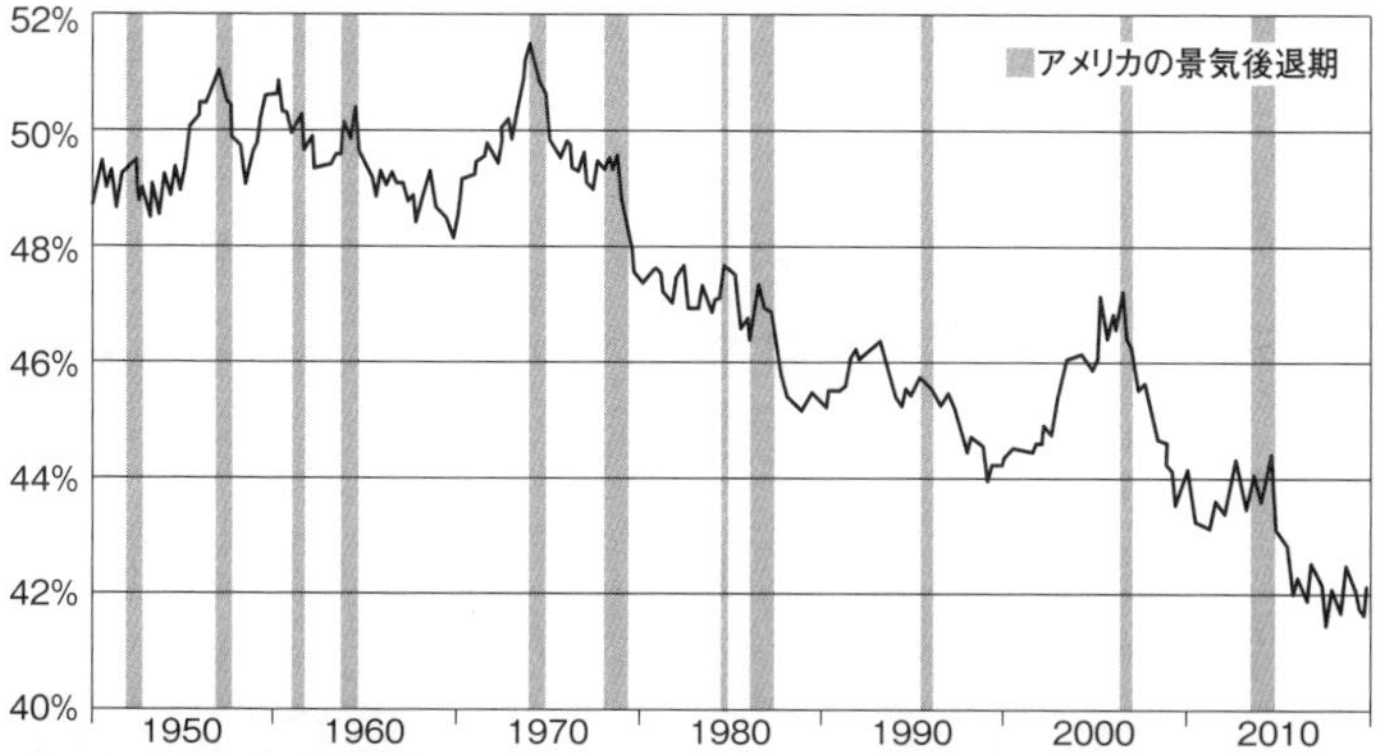

所得五分位別消費支出シェア

所属五分位	1972	2011
第１五分位	8.56%	8.85%
第２五分位	13.89%	12.91%
第３五分位	19.11%	17.06%
第４五分位	24.30%	23.12%
第５五分位	34.15%	38.05%

出所：ウェブサイト『Philosophical Economics』、2014年5月31日のエントリーより引用

ん平等に分配されているのは借金か」と冗談を言っている場合ではない。

世の中にインフレが定着していても、借金を返すときは借りたときとおなじ名目額でやり取りする。インフレというのは、借金の実質返済負担が毎年確実に目減りする分だけ、借り手に有利な経済環境なのだ。こういう環境で、まず生活のために借金しないトップ1%の連中が平均値の6倍も借金をしている。このこと自体が貧富の格差をどんどん拡大していくわけだ。次の9%も平均値の約2・5倍の借金でインフレの恩恵にあずかっている。しかし平均値の8割の借金しかしていない下から90%は、ここでもいちばん損な立場に置かれている。

そこで「勤労所得の対GDP比率」のグラフを見てみよう。1947～2013年の勤労所得の対GDP比率をたどると、49%から出発して、70年のピークでは51%台半ばまで上昇した。その後ほぼ一貫して下げつづけて、最近では42%を割りこんでいる。逆に言うと、勤労所得以外の所得を得ている人たちの取り分は、51%から48%台まで下がったあと、最近では58%前後まで上昇しているわけだ。彼らは70年代初頭から現在まででは GDPに占める取り分が10ポイント近く上がっているが、それほど大きく消費を増やしているだろうか。

「所得五分位別消費支出シェア」の表を見れば、所得がトップ20%に属する人たちは、72年の34・15%から2011年の38・05%まで、わずか3・9パーセンテージポイントしか消費に占めるシェアを拡大していない。一方、彼らの所得は1980～2010年だけの集計でも総所得の約45％から56％に上昇していた。つまり72年以来で見たとすれば、少なくとも10ポイントくらい所得シェアは上がっているのに、消費に占めるシェアは3ポイントしか拡大しなかったのだ。

そのすぐ下からの60％の人たちは消費に占めるシェアを縮小している。すなわち金持ちが消費に遣う金額の対所得比率は、貧乏人よりずっと低いことを示している。金持ちのところに所得が集中する分、消費は冷えこんでいくのだ。

「いや、それでもアメリカ経済は順調に伸びつづけているではないか」という反論もあるだろう。だがこの章の前半で解明したアメリカ国内の利益成長は微々たるものであって、企業利益成長の大部分はとくに金融業界の大企業が海外で稼いだ収益だという事実を反論として改めて指摘しておこう。

しかしピケティは所得格差の拡大がほぼ必然的に消費を冷えこませ、経済成長率を引き下げるという議論にはほとんど興味を示さない。この問題よりよりはるかに執拗に、トップ1％対そのすぐ下の9％、あるいはトップ1％の中のトップ0・1％対その下の0・9％の所得格差を問題とする。そして、その根底には能力による所得の差を超えた資産格差があることに、議論の焦点を移していく。当人のことばを引用すれば、以下のとおりだ。

私が本書で強調してきた格差を拡大させる基本的な力は、市場の不完全性とは何の関係もなく、市場がもっと自由で競争的になっても消えることのない、不等式r＞gにまとめられる。制限のない競争によって相続に終止符が打たれ、もっと能力主義的な世界に近づくという考えは、危険な幻想だ。普通選挙権の到来と財産に基づいた投票資格が終わったことで、金持ちによる政治の合法的な支配は終わった。でもそれが、不労所得生活者社会を生み出しかねない経済力を無効にしたわけではないのだ。

『21世紀の資本』、440～441ページ

ピケティは貧しい人々のあいだにも、突発的な物入りがあっても何とか日常生活に支障をきたさない程度の生活ができる人と、ほんとうに明日の食べものにも困る人がいるといったことには、まったくと言っていいほど無関心だ。「人口の下から半分は昔からほとんど資産を持っていなかったし、今も持っていない」で片づけてしまう。その半面、不労所得生活者の所得が、勤労所得の中では最高水準の所得より多いことを重視する。

彼が最大の関心を払う格差は、「自分の能力で良い生活をする人より、遺産でゆうゆう生活ができる人のほうがもっと良い生活をしている」という事実の中にある。「これこそ究極の格差だ」と主張するのだ。我々も、ピケティに従ってその問題を追っかけてみよう。

第3章

怒るピケティ、でもその憤激はだれのため？

ここからがじつはピケティがもっとも情熱的に、義憤に駆られて行う議論となる。

賃金所得より資本所得のほうが格差は大きい。どんなに能力の高い人間が知恵を振り絞って働いても、せいぜい平均的な資産規模の5～10倍の資産しか築けない。それなのに親から莫大な遺産を相続したというだけで平均資産の20～30倍に達する資産、あるいはそれ以上の資産を持ってしまう連中も多い。この平均資産に対する倍率の違いが**彼にとっては最大の格差**なのだ。

給与所得と資本所得では、資本所得のほうが格差は大きい

ピケティの資産格差論の前提として、自分の労働によって稼ぐ賃金・給与所得と資本に対する収益としての所得では、一般論として資本所得のほうが格差は大きいというところから確認していこう。

図表3-1の上段が、賃金所得・総所得それぞれについて上位10%のシェアの推移を表したグラフだ。下段は同じことを上位1%について示している。賃金所得での上位10%は平均賃金所得の2・7倍くらいの所得しかなく、上位1%でさえ平均賃金所得の7倍くらいにしかならない。それなのに資本所得をふくむ総所得での上位10%は平均所得の3・3倍くらい、上位1%にいたっては平均所得の約9倍となっている。人口に占めるシェアでは、賃金所得を得る人

図表3-1　フランスにおける所得格差の推移(1910〜2010年)

(勤労と資本の)総所得に占めるトップ十分位のシェアは20世紀を通じて下落したが、賃金格差はほぼ同一だった。

フランスにおける不労所得生活者の凋落(1910〜2010年)

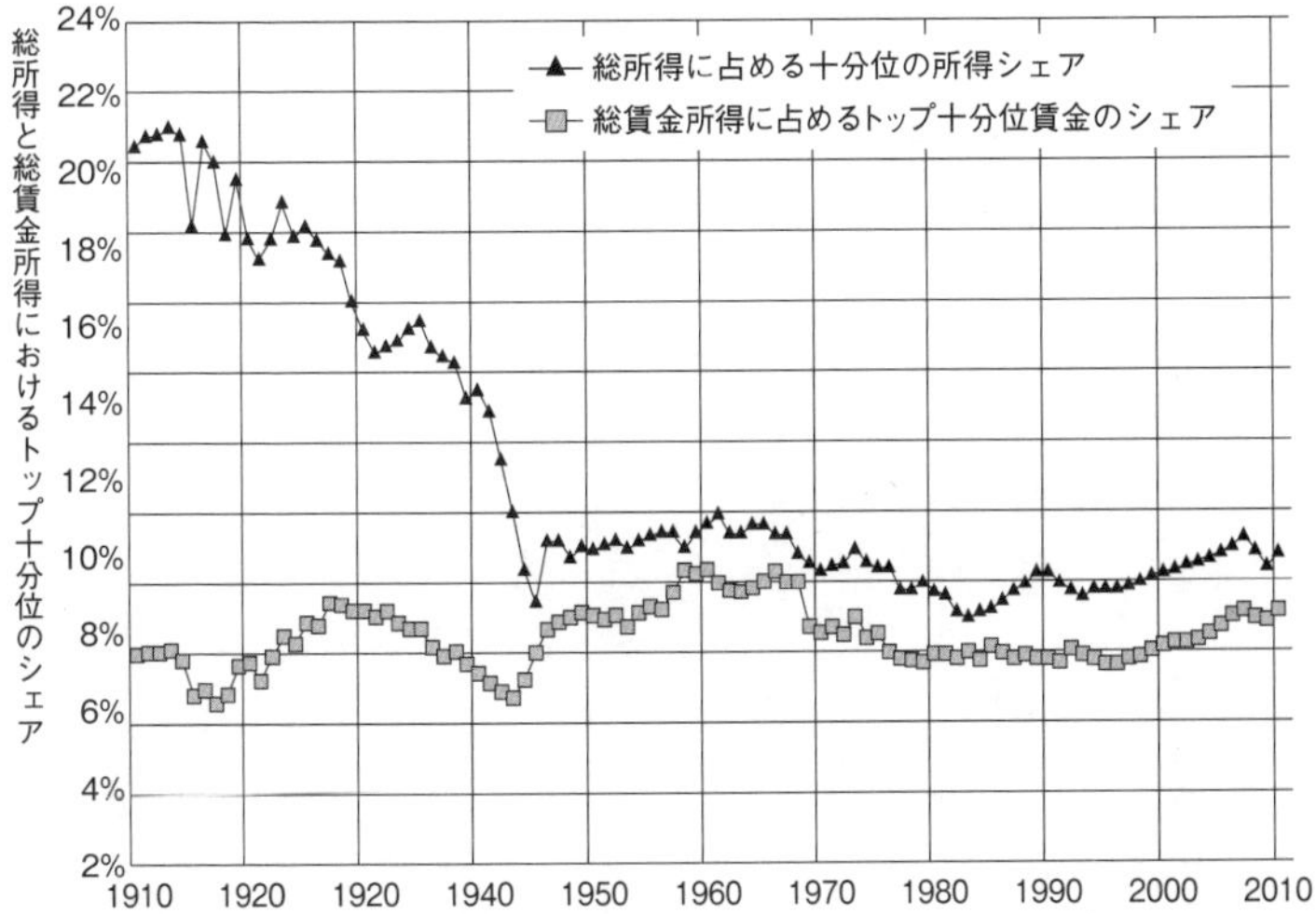

フランスで1914〜45年にかけて所得トップ百分位のシェアが下落したが、これは資本所得トップの所得が激減したためだった。

出所：ピケティ『21世紀の資本』、(上) 282ページ、(下) 283ページより引用

のほうが資本所得を得る人よりずっと多い。それでも総所得でこれだけ差が出るということは、資本所得上位10％とか上位1％のシェアを見ればもっと大きな格差が存在しているはずだ。

ラスティニャックのジレンマとは何か

資本所得を得ている人間の中には自分の才覚で獲得した資金とは関係なく、遺産相続や生前贈与によって巨額の所得を得ている連中が多い。これが**けしからん**という話になってくる。ピケティがバルザックやジェイン・オースティンの小説を紹介しながら説明する「ラスティニャックのジレンマ」というのも、まさにこのことなのだ。

ラスティニャックとは、バルザックの名作『ゴリオ爺さん』に出てくる若い文無し貴族ウージェーヌ・ド・ラスティニャックのことだ。もし金持ちの女性相続人と結婚すればたちまち100万フランの資産とそこから生ずる5万フランの年収が転がりこんでくる。根っからの悪党ヴォートランは「王族検察官として何年も働いてやっと得られる生活水準の10倍（そして当時パリで最も成功した弁護士が何年にもわたる努力と悪行の末、50歳になってやっと得られる所得と同額）をあっという間に達成できる」（『21世紀の資本』、250ページ）とラスティニャックを口説く。

ヨーロッパ諸国における資産格差がどんなものなのかを理解するために、もう少し引用を続けよう。いや、資産格差そのものより、偉大な作家たちがそれをどう受け止め、教養ある読書人がどこまで熱烈にこうした文豪の解釈を支持したかを見ておくべきだろう。

若きラスティニャックが多大な努力を経た後に、国王の代官として得られるかもしれない（がまったく保証のかぎりではない）５０００フラン（平均所得の10倍）という年俸こそが、凡庸さの象徴である――これこそが勉学だけでは成功できない証拠（証明するまでもないのだが）なのだ。バルザックが描いたのは、当時の平均所得の20～30倍を得ることが最低限の目標で、さらに50倍、可能ならばヴィクトリーヌ嬢の１００万フランが稼ぎ出す年間賃貸料５万フランによる１００倍を得たいと思う社会なのだ。

『21世紀の資本』、４２７～４２８ページ

バルザックの小説と同じことがオースティンの小説にも当てはまる。平均所得のわずか5倍や10倍では、非常に質素な生活しか望めなかった。

同、４２９ページ

特にジェイン・オースティンは、19世紀初期の日常生活を詳細に描写している。……最低限の華やかな服ですら、数カ月分、あるいは数年分の収入に相当する額がかかるのだ。旅行にはさらに費用がかかった。それには馬、馬車、それらの面倒をみる使用人、動物の飼料代などが必要だった。読者は、平均のわずか3〜5倍の所得の人の生活が客観的にかなりつらいものだと思い知らされる。

同、431ページ

これら19世紀の小説家たちは、格差はある程度必要不可欠なものとして世界を描いている。もしも十分に裕福な少数の人々が存在しなければ、誰も生存以外のことに頭がまわらなかっただろうと考えていた。このような格差に対する考えは、少なくともそれを能力主義に起因するものとして描かなかった点では賞賛に値する。ある意味で、この少数の人々はその他のみんなのために生きるように選ばれた人々であったが、誰もこの少数の人々が、他の人々よりも能力が高いとか高潔だとかいうふりはしていない。

同、432ページ

平均所得程度の稼ぎしかないヨーロッパの一般大衆は、「金持ちのみなさんが我々の代表としてオペラやバレエや交響楽や宝石や毛皮を愛でるだけの所得を得てくれたからこそ、高尚な文化的伝統が形成できたのだ。どうもありがとう」と思ったのだろうか。どうしてもそうは思えない。一握りの大金持ちがますます巨額の富を蓄積するにつれて、中世から続く農民の困窮度はますます高まった。産業革命前後の職人たち、工員たちの生活も、昔は同じ職場の中にいる親方だった連中が資本家として生産から抜け出した結果、ますます悲惨になっていったことをふり返ればなおさらだ。

まちがってはいけないのは、ピケティは少なくとも平均所得の20～30倍の所得がなければ維持できないライフスタイル自体を否定的に見ているわけではないことだ。人類全体が豊かな生活をできるわけではない以上、だれかがこのぜいたくな生活に代表派遣されなければならない。そうしなければ、高尚な文化水準を維持することはできないと思っているのだ。ただ、そのぜいたくな生活に派遣される代表は親の遺産によってではなく、当人の能力によって選ぶべきだと力説しているわけだ。

結局のところ、「自分の能力で稼ぐ人間はどうがんばっても一般勤労者の所得の5～10倍くらいしか稼げないのに、遺産相続者は軽く一般勤労者の20～30倍、もっと巨額の収入が座っていて転がりこんでくることもある。これこそ究極の格差ではないか」と言うときの**ピケティの視線は、平均所得しか稼げない連中には向いていない。**「遺産相続者」対「能力の高い優秀な給与所得者」という構図に釘付けなのだ。

あっと驚くピケティの貧富観

ピケティは所得格差について語るときには一応、下から半分の勤労者についても多少は話題にする。だが資産格差について語るときには、「そもそも世界中どこでも、いつの時代でも、下から半分の人間たちの資産を全部ひっくるめても総資産の10％にも満たず、たいていの場合は2～5％の取るに足らない数値だった。だから下から半分は放っておいて、上から1％対そのすぐ下の9％、あるいは上から10％対そのすぐ下の40％に議論を集中すべきだ」と言いきってしまうのだ。

これは**あまりにも衝撃的な主張**なので、当人のことばで確認しておこう。

まちがいなく最も衝撃的な事実は、これらすべての社会で人口の半数が実質的に何も所有していないことだ。最も貧しい50パーセントは常に国富の10パーセント以下しか所有しておらず、ほとんどの場合5パーセント以下だ。入手可能な最新情報（2010～2011年）によると、フランスでは最も裕福な10パーセントが全富の62パーセントを占

> 有しているのに対し、最も貧しい50パーセントはわずか4パーセントしか所有していない。FRB（米国連邦準備制度理事会）による……調査によれば、米国ではトップ十分位が米国すべての富の72パーセントを所有し、最下層50パーセントはわずか2パーセントしか所有していない。
>
> 『21世紀の資本』、267ページ

人口の最も貧しい半数の平均資産が約2万ユーロ（引用者注：約270万円、1ユーロ＝135円）になっている。一部は不動産を持っていてまだローンがかなり残っている人々だし、一部はそもそも貯蓄がきわめて少ない。だがその半分は借家住まいで、唯一の財産は当座預金口座か普通預金口座の数千ユーロの貯金だけだ。車、家具、電気製品といった耐久消費財まで財産に含めても、最も貧しい50パーセントの財産は、せいぜい3万ユーロから4万ユーロ程度にまで増えるに過ぎない。

これら人口の半数の人々にとっては、財産と資産という概念そのものが抽象的だ。多くの人々にとって財産とは、当座預金口座か低利預金に預けた数週間分の賃金と、車、いくつかの家具以上のものではない。財産があまりに集中していて、社会の大半を占める人々はその存在すらほぼ認識しておらず、非現実的で謎めいた存在としか思っていない人も多い。これが否定しようのない現実なのだ。だからこそ資本とその分配を秩序だった体系的方法で研究しなければならないのだ（傍点、引用者）。

同、268～269ページ

わたしが心配なのは、貧乏人の存在があまりにもピケティ自身の日常生活からかけ離れているのではないかということだ。数量としての大きさは認識しているが、貧しい資産しか持たない人々という「概念そのものが抽象的で……非現実的で謎めいた存在」となっているのではないだろうか。この文章には、資産といえばせいぜい預金口座くらいしか思い浮かばない人たちに対する、**そこはかとない侮蔑のニュアンスがただよっていないだろうか**。

ロバート・ダーントンは、名著『猫の大虐殺』（海保眞夫・鷲見洋一訳、1990年、岩波現代文庫）の巻頭論文「農民は民話をとおして告げ口する」で、同じ類型を持った民話の中にヨーロッパ諸国の民族性が浮かび上がってくることを論証する。庶民が成功を収めるための条件は、イギリスでは「人はよいが愚鈍で、まごまごしながら成り行きまかせに生きているうちに、ハッピー・エンディングに到達する」（同書、61ページ）偶然の僥倖で、ドイツでは「神秘的、超自然的、暴力的なもの」（81ページ）で、イタリアでは「道化」（62ページ）だった。

これに対して、フランスでは「知恵こそは〈庶民《プチット・ジャン》〉が貪欲な〈おえらがた《レ・グロ》〉と対抗するための唯一の武器であった」（60ページ）と書いている。もう少しはっきり言えば、おえらがたのずる賢さより一枚上手の悪知恵であり、詐術なのだ。「フランス民話は語っている。『この世は馬鹿と悪党の集まりである。馬鹿になるよりはむしろ悪党を目指せ』。」（同書、98ページ）

ピケティは「我々世界中の知的エリートが、総力を挙げて借り手に有利で貸し手に不利なインフレの持続を目指している世の中で、財産といえばインフレで目減りするに決まっている銀行預金しか思い浮かばない人間は、豊かになる権利を自分から放棄したバカなのだから、放っておくしかない」と思っているのではないだろうか。とにかく「資本とその分配の秩序だった体系的な分析におもむく」ピケティは、資本のあいだでの分配にはまったくと言っていいほど無縁の人口の下から半分を、ここで「さて置いて」しまう。どのくらい長いこと「さて置くか」と言えば、本文608ページの大著の最後の小見出し、606ページの「最も恵まれない人々の利益」まで置きっぱなしにしているのだ。

彼の名誉のために言っておくと、これは決して遺産相続者は平然と平均所得の20〜30倍を得ているのに、フランスの一流経済学者としての自分の稼ぎが、平均的な勤労所得の5〜10倍にしかならないのがけしからんという私憤をぶちまけているわけではない。グランゼコール出で22歳にして博士号を持っていたピケティが、アメリカに行っていた時期に実業界に転じたら、ほぼまちがいなく平均勤労所得の300〜500倍を稼げる一流企業のCEOになっていただろう。
だがピケティはアメリカの一流企業経営者や一流経済学者のあいだに蔓延する「おれは（あるいはわたしは）能力が高いんだから、どんなに高給を取っても問題ない」という「超能力主義」の風潮になじめなかった。次の文章がその居心地の悪さを示している。

トップ所得の激増は、「実力至上主義」の一種としてとらえることも可能だ。「実力至上主義」とは現代社会、とりわけ米国社会における、特定の個人を「勝者」と指名し、もしもかれらが出自や経歴ではなく本質的な実績に基づいて選ばれたようなら、ことさら寛大に報いたいと願う明白な欲求のことだ。

いずれにしても、最高経営者が割り当てられるきわめて寛大な報酬は、富の分配格差拡大の強力な推進力になり得る。……

1980年以降の英語圏における最高限界所得税率の大幅な引き下げは、最高経営層への報酬の決定方法を完全に変えてしまったようだ。……超高所得の激増を招き、その恩恵を受けた人々が税法を変えさせるための政治力を高めた。そうした人々は最高税率を低くおさえたり、もっと下げたりするのが利益にかなっていたし、その濡れ手に粟で得た大金を政党、圧力団体、シンクタンクに献金できるようになったのだ。

『21世紀の資本』、347～349ページ

だからこそ彼はあっさりアメリカを引き払って、その後はフランスで教え続けているわけだ。その感性はまっとうだと思うが、それにしても「自力で稼ぐ人はどんなに能力が高くても一般勤労者の5～10倍の所得しか得られないのに、親の遺産でのうのうと暮らしている連中が20～30倍の収入があることが格差問題の核心だ」という主張が、どうにもわたしには分からない。生きていくのに困らない所得があるもの同士で、どっちが大きいとか、小さいとかがなぜ切実な問題と思えるのだろうか。

遺産相続の解剖学

だが、ピケティはこの金持ち間格差問題に多大の情熱をもって突進する。

図表3-2の上段は、死亡時にフランス国民が持っていた資産の平均額は、生存している全国民の平均的な資産の約2倍であることを示している。それも生前贈与をふくまなければ1・2倍に過ぎないのに、生前贈与をふくめると2倍になる。遺産を残せるような立場の大金持ちは、いかにも遺産総額を意図的に小さく見せかける細工をしているかのような書きっぷりだ。

図表3-2　フランス国民の死亡時資産対生存中の平均資産（1820〜2010年）

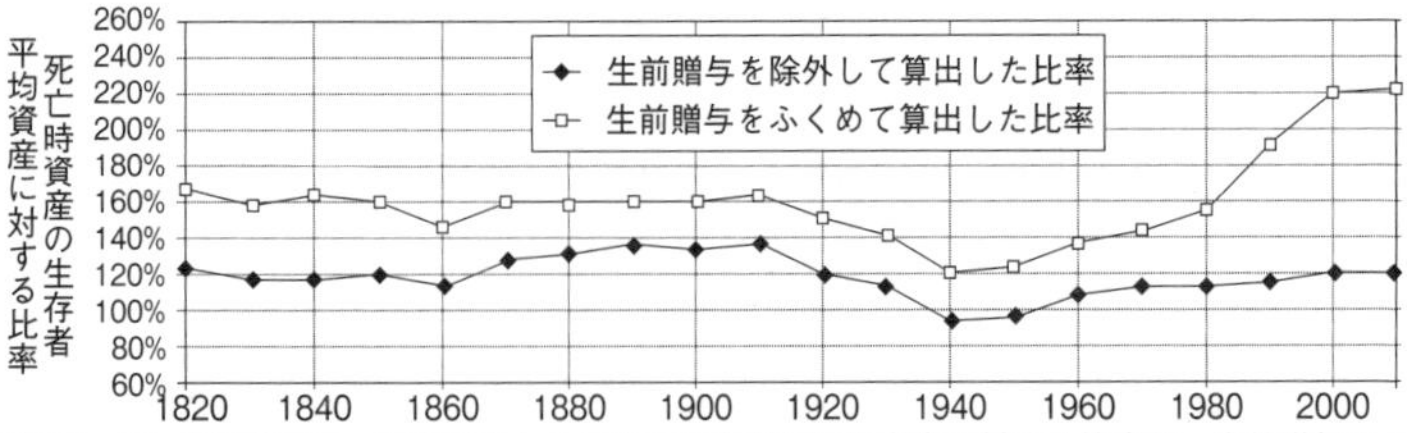

2000〜10 年の時点で、死者が遺した遺産の生存者の平均資産に対する比率は、生前贈与をふくめなければ、約20%だけ高いだけだったが、生前贈与分まで算入すると２倍以上になっていた。

有能でも、遺産ほどの資産はつくれない「ラスティニャック」のジレンマ 1790〜2030年生まれの各世代

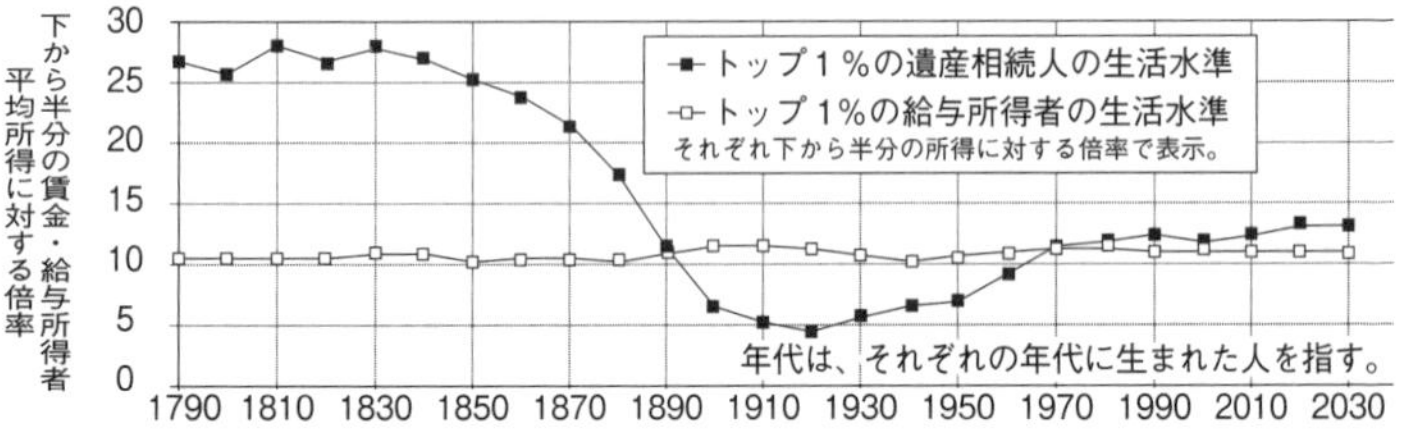

19世紀にはトップ1%の遺産相続人は、トップ1%の給与所得者よりはるかにいい生活をしていた。
出所：ピケティ『21世紀の資本』、（上）406ページ、（下）422ページより引用

だが、どうせ相続させるものなら、早いうちに渡しておいたほうが受け取る側には好都合だろう。死亡時の資産が生存している国民1人当たりの2倍というのは、遺産相続者がとくに恵まれた家庭に生まれ育ったことを意味するのだろうか。だいたい各年齢層の人口分布に極端な凹凸がなくて、それぞれの勤労者がほとんど資産を持たずに働き始めて、ほぼ平均的なペースで資産を溜めていくとすれば、死亡時には生存者の平均資産の約2倍を溜めているのは、取り立てて問題とすべき数字ではないだろう。

それでもなおピケティは、遺産相続者が自分の稼ぎではない資産でいい生活ができるということにこだわる。下段のグラフにそれが非常によく表れている。1890

〜1960年生まれで、働き盛りが2度の大戦中かその直後にぶつかってしまったので遺産相続が大きな意味を持たなかった時代をのぞけば、給与所得者のトップ1%より遺産相続者のトップ1%のほうが一貫して高い生活水準を楽しんでいる。

まあ1880年代生まれの人までの金持ち間格差は過ぎてしまったことだから、しかたがないかもしれない。だが1970年生まれ以降の人たちも、給与所得のトップより遺産相続のトップのほうがいい生活ができる時代に戻ってしまうのだ。こんな不届きなことが許されるのか……と怒りをこめて糾弾しているわけだ。

ピケティは、この問題にはとくに執着する。そして図表3-2の下段は、標準的な成長率と標準的な資本利益率の想定で出している。

もし成長率がもっと低く、資本利益率はもっと高いという悲観的な想定だと、遺産生活者の暮らし向きは、さらに自分の稼ぎでトップに躍り出た人たちより良くなると彼は強調する。

それが図表3-3の上段で、経済成長率が標準的な想定である1・6%から1%に下がり、資本利益率が標準的な想定の4%強から5%に上がったと仮定したときの遺産相続者トップ1%の生活水準を示している。21世紀半ばになって2030年代生まれの人々が遺産を相続するころには、19世紀と同じように、下から半分の賃金・給与所得者の所得の25倍くらいの年収があるというわけだ。もし資本利益率がそこまで上がってしまったら、成長率がかなり低下する

図表3-3 「ラスティニャック」のジレンマ──その2

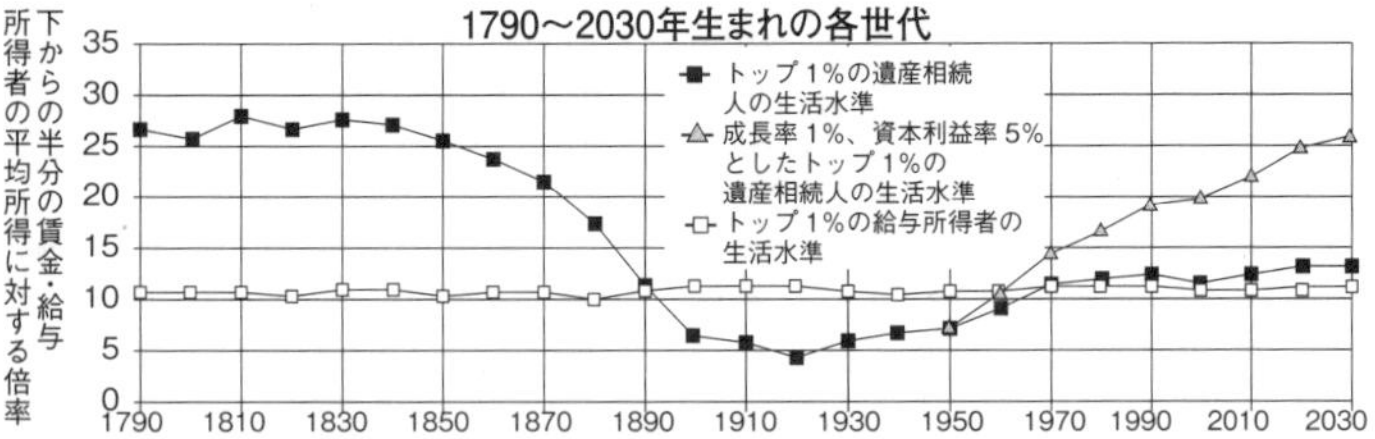

19世紀にはトップ1%の遺産相続人は、トップ1%の給与所得者よりはるかにいい生活をしていた。21世紀もその再現となるだろうか?

各10年代誕生者の何%が生涯所得に匹敵する遺産を相続するか?

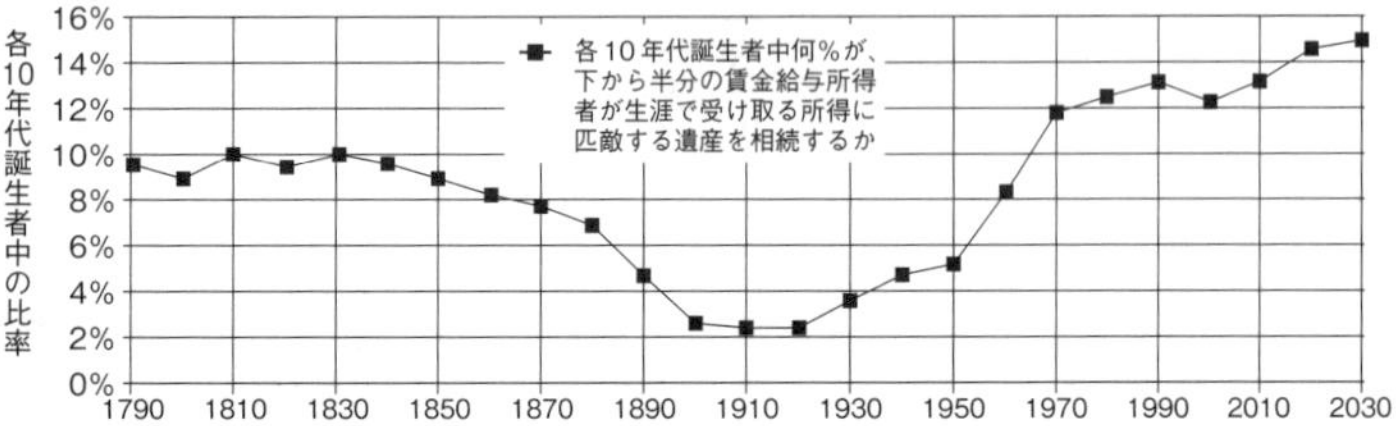

たとえば、1970〜80年代に生まれたフランス国民の12〜14%が、下から半分の賃金給与所得者の生涯賃金に匹敵する遺産を相続する。

出所：ピケティ『21世紀の資本』、(上) ウェブ版付録65ページ、(下) 437ページより引用

のはまちがいないだろう。それにしても、これだけいろいろと場合分けをして、いかに遺産相続者が有利な立場にあるかを**執拗に証明する執念には畏れ入る**。

そして下段にはもうひとつ、ピケティにとって我慢のならない予測が登場する。すなわち全体として遺産相続者中トップ1%の生活水準は19世紀とほぼ同程度だとしても、遺産相続によってまとまった資産を受け継ぐ人間の同世代の人口に対する比率は、19世紀より21世紀のほうが高くなるという推計が出ていることだ。

どうせ遺産相続者たちのトップレベルで引き継がれる遺産総額が似たような水準なら、一部に集中するより比較的広く分散したほうがよさそうな気がわたしはする。と

ころが彼は遺産のおかげでいい暮らしをする人の人数は、なるべく少ないほうが公平だと確信しているらしい。
ピケティは、「1950～70年代の富裕国における資産格差の縮小は戦争のおかげだ」とくり返し強調している。戦争による生産設備や社会インフラの大量破壊以上に戦中・戦後のインフレによって、古くからの資産家の保有する資産が激減してしまった。そこでほとんど裸一貫で戦地から戻ってきた復員兵のような人々のあいだにも、自分の労働の成果で資産を蓄積するチャンスが拡大した。一方、戦争遂行のために大量の国債を発行していた政府も、インフレによる元本返済負担の目減りのおかげで、あまり国民に重税を課すことなく経済再建のための政策を実施することができたというわけだ。

いったいだれに同情し、共感するかが問題の核心だ

ピケティが経済を見るとき、いったいだれの立場から見ているのかを、みごとにさらけ出したくだりがある。以下、ちょっと長くなるが引用しておこう。

ドイツは20世紀、どの国よりも、インフレで公的債務を埋めてしまった国だったと言え

る。両世界大戦で二回とも巨額の財政赤字を出したのに（束の間ながら公的債務は1918～1920年にGDPの100パーセントを超過、1943～44年にはGDPの150パーセントを超過）、いずれの場合もインフレによって負債はかなり低い水準まで急減した。1930年の時点でGDPの20パーセントそこそこ、1950年にもそれが繰り返された。だが、インフレ頼みのやり方はとても極端で、とりわけ1920年代のハイパーインフレはドイツ社会と経済の安定を激しく揺るがせた。ドイツ国民はこの経験のせいで、ひどいインフレ嫌いになった。このため、次のような矛盾した状況が発生している。20世紀にインフレを最も劇的に利用して債務から解放された国であるドイツが、年間2パーセント以上の物価上昇をいっさい容認しないのに対して、常に債務を返済し、妥当な額以上に支払ってきたイギリスのほうがインフレに対して柔軟な姿勢を見せ、中央銀行が公債の相当部分を買ってインフレ率が少し上がっても、まったく無問題と考えているのだ。

『21世紀の資本』、149～150ページ

ようするに、「ドイツ政府は二度の世界大戦を戦う過程で乱発した国債の返済負担を二度とも大幅な戦後インフレでほぼ帳消しにするという万々歳の成果を達成した。それなのにドイツ

国民は強烈なインフレ嫌いになってしまった。一方、バカ正直に元本を返済して苦労しつづけたイギリスでは、国民が比較的インフレに寛容だ。これは矛盾している」というわけだ。

だがこれは、**完全に国家財政をあずかる官僚の立場からの発想**だ。国債を買った側の国民にしてみれば、ほとんど無価値になったことを怒っているドイツ国民がインフレにきびしく、インフレによる国債元本の目減りが比較的小さかったイギリス国民が寛容なのは当たり前だろう。

ピケティと同じくフランス人で、グランゼコールで受けたエリート教育にもまわりの育ちのいい級友たちにもなじめなかった偉大な社会学者がいた。2002年に亡くなったピエール・ブルデューがその人で、『ディスタンクシオン』や『遺産相続者たち』といった主著で以下のような主張をしていた。

「階級というのはもちろん、社会的な地位や身分、所得水準、教育水準、生まれ育った文化的な環境にも大きく規定される。だが、結局のところどういう人間が困っているとき、同情し、共感し、親身になって助けてやろうとするかという意識の問題も大きい」と喝破したのだ。

現代社会の国家官僚たち、一流企業の経営者、財務・経理担当者たち、そして一流大学の教授連のあいだには、たしかにそういう意味での階級や身分を共有する信頼関係が歴然として存在している。それが実際には経済全体のパフォーマンスを劣化させるとしても、なかなかこの堅固な同志的結びつきを解きほぐすのは容易ではなさそうだ。

おそらく中国系のカナダ人であろうカム・フイという人が主催する『Humble Student of the Markets（謙虚なる市場の研究者）』というウェブサイトに、非常におもしろいデータが掲載されたことがあった。アメリカで１９００年に買った国債をそのまま満期が来るたびに買い替えていたら、２０１０年には長期債なら８・２倍、短期債でも２・７倍になっていたという。またイギリスでも長期債なら４・９倍、短期債なら２・８倍になっていた。ところがドイツで１９００年に国債を買って満期のたびに買い替えていたら、２０１０年の時点でも長期債は８割減の０・２倍、短期債にいたっては９割減の０・１倍に目減りしてしまっているというのだ（同ウェブサイト、２０１４年10月14日のエントリーより）。

国債の大口保有者の中には、もともと大富豪、超富豪だったのに、戦中・戦後のインフレで保有資産の価値が激減して零落したという人もいるだろう。それがピケティの観察データにある、１９５０～70年代の資産格差の激減に結びついていることはまちがいない。だが国債保有者の多くは、ポートフォリオ分散をして比較的安全な株式運用ができるほどの資産は持っていないが、預金金利よりは高い利回りが欲しいという中所得層以下の人たちだった。その人たちにとって二度の大戦とインフレの被害がいかに激甚だったかを考えれば、ドイツ人がヨーロッパ中でいちばんインフレにきびしい見方をするのは当然すぎるほど当然のことなのだ。

現代の経済学界はいつでも、いくらでも、何回でも借金ができるので、「借金の元本負担が目減りするインフレは大歓迎」という国や一流企業や大手金融機関ばかりに眼を向けている。その意味では、ピケティも最近の経済学界の主流をなしている「ハイパーインフレもデフレも何が何でも避けるべきだ。しかし、おだやかなインフレの持続はむしろ歓迎すべき状態だ」という陣営に属している。

工業化がもっとも急速に進んだのは、インフレなき世界でだった

図表3-4も、そういう観点から構成されていると見ていいだろう。

まず上段を見ると、年率0・9％という意味のある1人当たり生産高の成長が持続するようになったのは、19世紀もナポレオン戦争とその余波が終わった1820年以降。前半にふたつの世界大戦が起きた1913年以降の100年間は、さらに1・6％へと1人当たり生産高の成長率を加速させていた。

一方、それに対応する金融市場がどうなっていたかが下段の表に出ている。18世紀も19世紀もほとんどインフレのない世紀だった。この表の中でも、まずイギリスでは1820～70年の年率マイナス0・5％、そしてアメリカでは1870～1913年の年率マイナス0・7％と、かなり顕著なデフレが進行していたことにご注目いただきたい。

図表3-4　産業革命期以降の世界の年率換算平均経済成長率

年間成長率を算出するための時代区分	世界の生産高成長率	世界の人口増加率	人口1人当たり生産高成長率
紀元0〜1700年	0.1%	0.1%	0.0%
1700〜2012年	1.6%	0.8%	0.8%
うち:1700〜1820年	0.5%	0.4%	0.1%
1820〜1913年	1.5%	0.6%	0.9%
1913〜2012年	3.0%	1.4%	1.6%

1913〜2012年には、世界のGDP総額は年率で平均3.0%の成長を示した。これは、人口増加の貢献分1.4%と、1人当たりGDP成長率1.6%分に分解できる。

産業革命期以降の富裕国インフレ率推移

	フランス	ドイツ	アメリカ	イギリス
1700-1820	0.7%	0.4%	0.3%	0.5%
1820-1870	0.2%	0.2%	0.1%	-0.5%
1870-1913	0.4%	0.6%	-0.7%	0.0%
1913-1950	13.1%	16.8%	2.5%	3.1%
1950-1970	5.6%	3.4%	2.6%	4.1%
1970-1990	7.9%	3.9%	5.6%	10.2%
1990-2012	1.6%	1.4%	2.2%	2.6%

富裕国のインフレ率は18〜19世紀にはほぼゼロ、20世紀には高く、1990年代以降は2%前後に低下した。

出所：ピケティ『21世紀の資本』、(上) 78ページ、(下) ウェブ版付録18ページより引用

　しかし19世紀半ばのイギリスも、1870年代から第一次世界大戦直前までのアメリカも、自国の経済史の中でひときわ高い経済成長を達成していたのだ。とくに1870〜1913年のアメリカの工業生産高はじつに7・9倍という驚異的な高成長を達成した。またドイツでも6・1倍というすばらしい高成長となっていた。当時はややかなりくたびれの来た老大国だったイギリスでさえ2・3倍の成長を遂げている(F・ヒルガート著、山口和男・吾郷健二・本山美彦訳『工業化の世界史——1870—1940年までの世界経済の動態』、1979年、ミネルヴァ書房、152〜153ページの表より算出)。

　これは「デフレになると、みんながもっ

と安くなるのを待って買い控えるので、どんどん生産量も減少し、価格はますます下がる悪循環から抜け出せなくなる」という主張が、いかに現実と反するものかを如実に示すデータだ。

ところが第一次大戦以降1990年までの世界では、むしろインフレが常態と化していた。とくに1913～50年のドイツとフランス、そして1970～90年のイギリスとフランスは、危機的とも言うべき高インフレ率が少なくとも20年にわたって持続していた。アメリカだけは、この期間のインフレ率を何とか年率平均3％未満に抑えこんでいたが、英独仏の3ヵ国では年率3～4％台のインフレが80年近くにわたって続いたわけだ。

1913～2012年の1人当たり実質成長率が1820～1913年の0・9％成長から1・6％へとさらに加速したことをもって、「デフレでもマイナス成長にはならないかもしれないが、インフレのほうがもっと高い成長率を達成できるのだから、やはりハイパーインフレにさえならなければ、インフレの持続する社会のほうがよいのではないか」という考え方もあるだろう。だが1820～1913年の0・9％成長の時代と、1913～2012年の1・6％成長の時代とを比べると、ふつうの勤労者にとってどちらが成長の恩恵の大きな時代だっただろうか。

勤労者の多くは自分の労働力と、持ち家に住んでいればその家の資産評価額と、貯蓄以外にほとんど資産を持っていない。1913～2012年の勤労者で、自分の年収と等しい額の貯蓄を持っていた人を想定してみよう。もしインフレが年率1・6％以上だったら、実質所得の成長分である1・6％は貯蓄元本の目減りで帳消し、あるいは持ち出しになってしまう。また貯蓄が年収の半分だったとしても、インフレ率が3・2％だったら、やっぱり実質所得の伸びが貯蓄元本の目減りで帳消しだ。

上述のとおり、この期間のヨーロッパ諸国でのインフレ率は、年率少なくとも3％台には達していたと思われる。だから、ちょっとまとまった金額を貯蓄していた世帯にとっては実質所得は伸びていても、**実質資産価値の目減りのほうが大きかった**のだ。

第4章

オイルダラーの終焉は資源羨望症患者につける特効薬だが……

原油価格が大変なことになっている。ＷＴＩ原油のバレル当たり価格が、２０１４年７月の１００ドル台から２０１５年１月には40ドル台まで暴落してしまった。２月上旬には一時50ドルの大台を回復したこともあって、またぞろ「今度こそ底打ちだ」とはしゃぐ人も出てきたが、基本的な下落傾向は変わらない。いずれはバレル当たり20〜30ドルまで行きつくだけではなく、そのあたりの価格帯に定着するだろう。

資源価格は、長期低落傾向に入った

図表４-１をご覧いただきたい。

上段のグラフを先入観なくあるがままに見れば、原油というのはバレル当たり20ドル前後で取り引きされるのがいちばん居心地のいい商品だという事実は明白だろう。それがつい最近、２０１４年７月まで１００ドル前後のすっ高値で流通していた要因は、たったふたつに絞られる。実物経済での中国による天然資源のすさまじい**買いあさり**と、金融経済での連邦準備制度（Ｆｅｄ）による**量的緩和**だ。この2本柱が両方とも根元でぽっきり折れてしまったのだから、原油価格は居心地のいい古巣である20ドル内外に戻らざるをえないのだ。

原油価格のバブルがはじけると、世界経済にいったいどんな変化が生ずるのだろうか。本章

図表4-1　オイルダラーの死とその余波

原油価格推移（1978〜2015年）

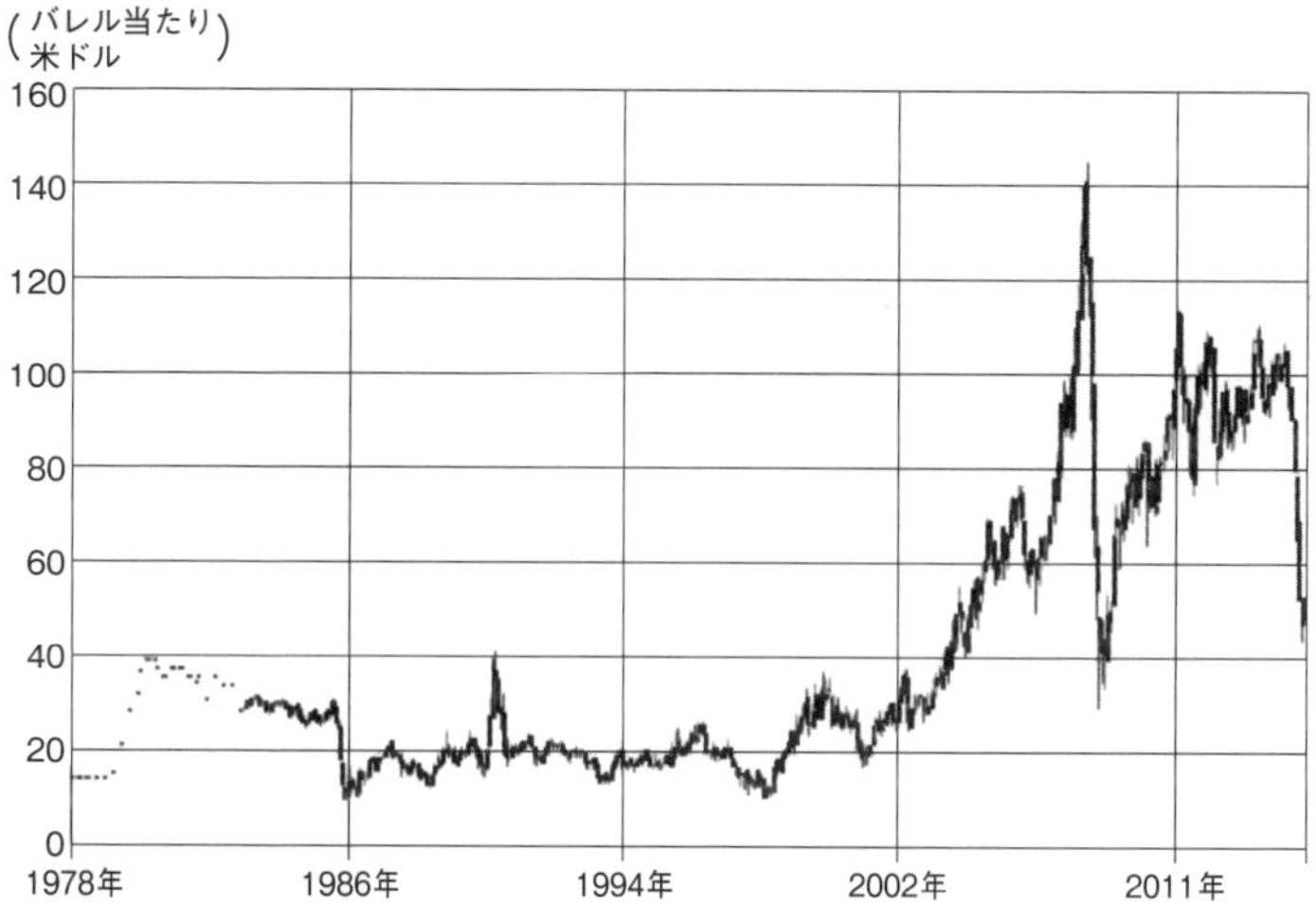

湾岸諸国累計経常黒字額と、その海外投融資先内訳（1978〜2013年）

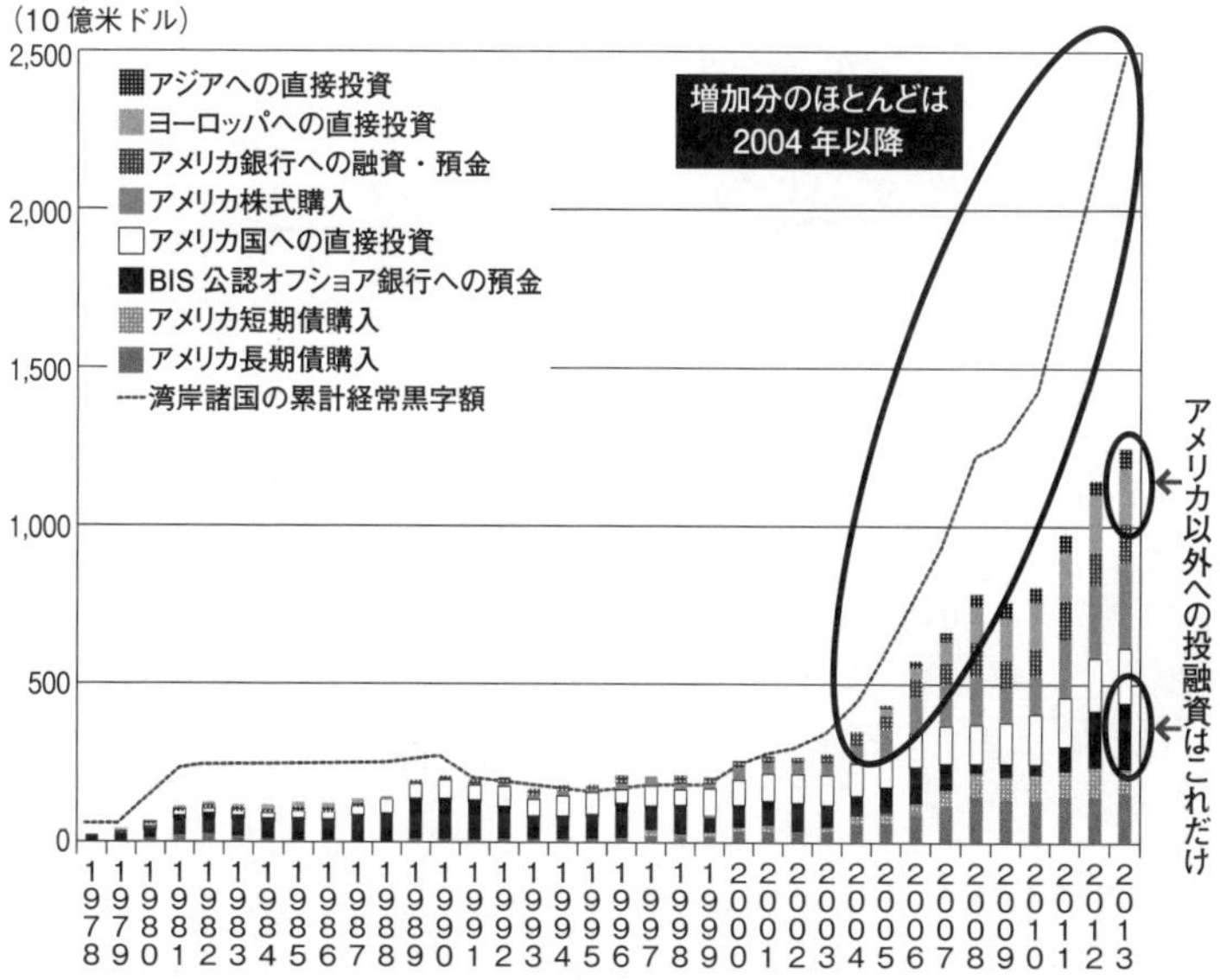

出所：（上）ウェブサイト『Trading Economics』、2015年2月10日、（下）『Zero Hedge』、2月7日のエントリーより引用

ではこの問題を解明していこう。はじめに結論を言ってしまうと、以下のとおりだ。じつは国内景気が画期的に回復していたわけではなかったアメリカ経済で、少なくとも企業利益と大富豪・超富豪の所得や資産だけが激増をつづけてきたのには理由がある。産油国の経常黒字をアメリカへの投融資に還流させる過程で、彼らがボロ儲けをしていたに過ぎないという現実が暴かれる。

しかも、「真相はこうだ！」という暴露記事が書かれることによってではない。今まで順調に還流していたオイルダラーがストップするどころか、アメリカから産油国へと逆流してしまう。このためアメリカの金融業界、エネルギー業界が深刻な流動性不足に陥るという事実によって暴かれるのだ。

アメリカの金融業界には、好景気のときに人間はいかに軽率に危険を冒すものかというたとえとして、「**潮が引いてみると、だれがすっ裸で泳いでいたかが分かる**」という格言めいたものがある。

これまでアメリカ国内への投融資として還流していたオイルダラーが産油国へ逆流することの深刻さは、たんに好況から不況へと大転換することにあるだけではない。過去10年あまりにおよんだアメリカ経済の「繁栄と活況」は、じゃぶじゃぶの金融緩和とオイルダラーの還流以外にほとんど好材料はなかった。いわばモノカルチャー経済における単一作物がいっせいに枯れしおれてしまう深刻さだ。

原油価格の低位安定は、アメリカ向けにこれまで投融資してきた大半のオイルダラーの、赤字を埋めるための資金回収段階に入ることを意味する。サウジアラビアを筆頭に気前よくばら撒き予算を立てていた産油国で、貿易赤字や財政赤字が定着する。「ばら撒きをやめればいいじゃないか」というのは、無責任な外野席からのヤジだ。サウジアラビアのように異常に厳格な宗教上の戒律で国民をがんじがらめに縛っている国では、不満を買い取るためのばら撒き予算は必要不可欠なのだ。

一例だけ挙げれば、サウジアラビアではいまだに女性が自分ひとりで自動車を運転できない。現行犯逮捕されれば、刑務所送りになる重罪である。この国では21世紀の今でも、夫が認めた男性運転手を丸抱えで雇えるほどの大金持ちの家でないと、女性は行きたいところに行く自由を許されていないのだ。

そこでばら撒き予算が不可欠な産油国としては、これまで拡大してきたオイルダラーによる海外投融資を取り崩してでも、国内でのばら撒き「福祉」を続けざるを得ない。しかしオイルダラーを資金とした海外投融資が縮小に転じたら、いったいどこの国が大きな打撃を受けるのだろうか。

「(ペルシャ)湾岸諸国」とは、ペルシャ湾西岸に位置するイラク、クウェート、サウジアラビア、バーレーン、カタール、アラブ首長国連邦、オマーンの7ヵ国を意味する。宗教的にも文明圏的にも異質な東岸のイランは湾岸諸国には入らない。

その湾岸諸国の経常黒字の累計額の推移を描いたのが図表4-1下段の折れ線グラフで、年次ごとの一本の縦棒を染め分けてあるのが、湾岸諸国による海外投融資の内訳だ。このグラフは、改めて経済を論ずるには実際の数字を確かめることが大事だと教えてくれる。

産油国による世界買い占め危機は幻だった

いまだに「産油国の大富豪がカネにあかして世界中の好立地の不動産や有望企業の株を買い占めてしまう」といった心配をしている人が多い。話題沸騰中のトマ・ピケティもそのひとりだ。関係個所を引用してみよう。

現在1バレル約100ドルとなっている石油価格は、2020～30年には1バレル200ドルに上昇する可能性があるという。これに対応してレントの相当部分（現在よりかなり大きい額）がソヴリン・ウェルス・ファンドに毎年投資されると、2030～40年にはソヴリン・ウェルス・ファンドが世界の資本の10～20パーセント以上を所有するというシナリオも想像できる。これを否定するような経済法則はない。……いずれにせよ、石油輸出国のソヴリン・ウェルス・ファンドが成長を続け、２０３０〜40年には、世界の資産に占めるシェアが少なくとも現在の2〜3倍大きくなることはほぼ避けられない——大幅な増加だ。

『21世紀の資本』、４７７ページ

棚ぼたで得られる利益に左右されている……石油レントによって、産油国は世界の他の地域（あるいはその大部分）を買い占めて、蓄積資本のレントで生活できるようになるのだ。

同書、４８０ページ

なおレントとはようするに不労所得のことで、「産油国が太古の昔から自分の国に埋まっていた資源を売るだけで巨万の富を得られるのはけしからん」という道義的な弾劾をこめた表現となっている。欧米の知的エリートの言動で、つねづね不思議に感ずることがある。自分が高い知的能力を獲得したのも、すばらしい教育制度の確立された国で、豊かで知的な両親のもとに生まれ育ったという**環境あってのことだという認識がみごとに欠如している**ことだ。

そういう背景はいっさい無視して、自分の知的能力はすべて自分ひとりで獲得したものだと信じこんで、アメリカなら蓄財に、そしてフランスなら社会的プレステージの向上にまい進する。それでいて、ほかの面では貧しい国々がたまたま天然資源に恵まれていたために豊かになると、こういう恐怖と憤激に満ちたなんくせをつける。しかも「人間の創意工夫より地下に埋まっていた資源のほうが高く評価されるのは我慢ができない」といった怒りによって、現実を見る眼が曇らされている。**困った人たちだ**。

しかもピケティの場合、自分で「経済事象を見るときには、歴史的な趨勢を理解しなければならない」と力説しているのだ。それなのにバレル当たり100ドル前後だったころの、短期動向をそのまま未来に延長してはしゃぎたてる200ドル倍増説にあっさり加担して、「これを否定するような経済法則はない」と大見得を切る。まあ、内容空疎な議論をしながら大見得を切るのは**フランス人の国民病**かもしれないが。

ピケティの学んだ経済学にはそういう法則はないかもしれないが、ふつうの庶民は常識を持っている。そして、「天然資源の開発による年間レント（売り上げによる収入と生産コストの差と定義）は、2000年半ば以来、世界のGDPの約5パーセントだ（半分が石油、残りはその他の天然資源によるレント。主にガス、石炭、鉱物、木材）。1990年代にはそれが約2パーセント、1970年代前半は1パーセント未満だった」（同書、476～477ページ）

などというべら棒な急上昇は絶対に持続不能だ。この程度のことは、常識さえあれば経済学談義をしなくても分かるはずだ。

グラフに戻ろう。1980年から2003年くらいまでは、湾岸諸国の累計経常黒字額は年間2000億〜3000億ドルのレンジにとどまっていて、とくに増加も減少もしていなかった。日本円にして24兆〜36兆円という数字はたしかに巨額だし、毎年これだけの資金を投下しつづけることになれば、ピケティの心配もごもっともだ。だが累計額でこの程度なら、国民経済同士のやりとりで、先進国の大事な資産が買い占められる心配をするには、あまりにも小さな数字だった。

その湾岸諸国の経常収支が異常なペースで伸び始めたのは2004年あたり。ちょうど中国の資源浪費バブルが派手に花開いたころだ。2010年の米ドルにして1兆5000億ドル（約180兆円）から、2013年の2兆5000億ドル（約300兆円）弱への増加は、「アラブの大富豪が先進諸国の優良企業や一等地不動産を買い占める」という恐怖に多少なりとも根拠を与えていただろう。だが、それもせいぜい2010年以降の4〜5年間だけのあだ花だった。

あとでくわしくご説明するが、中国の貿易指標が国民経済の規模で世界第2位の大国としては考えられないほど急激に縮小している。2015年1月の輸入総額はマイナス19・9％という**ものすごい縮小率**だった。中でも原油の輸入額はマイナス41・3％の大激減となっている。価格が1年前に比べて半減していたので、数量ベースはほぼ横ばいであることに救いを見いだす人もいるかもしれない。

だが、それは甘い。原油ほど価格が急落していない鉄鉱石が50・3％、石炭にいたっては61・8％も輸入額が減少しているのだ。中国はこれまでどおりの天然資源量を輸入しても使いきれないほど、**明らかに経済全体が収縮している**のだ。また、そういう中で、「原油価格がとくに大幅に下がっているから、現在使う予定はないが安いうちに買い溜めしておこう」という理由で輸入量を減らしていないとすれば、その過剰在庫がまたまた原油安の原因となることは眼に見えている。

産油国の運用資産取り崩しで最大の被害が出るのはアメリカ

これから先、中国のエネルギー・金属資源輸入量は大幅な減少が続く。中国への輸出拡大で潤っていた産油国は資源を売ることで溜めこんできた莫大な資金を取り崩して、経常収支や財政収支の赤字の穴埋めにてんてこ舞いとなるだろう。投資にしろ、融資にしろ、今まで投下しておいた資金を回収にかかるのだから、受け入れ先におよぼす影響は大きい。そこで**最大の被**

害を受けるのは、まちがいなくアメリカなのだ。

湾岸諸国は累計経常黒字額の約4割を国内に還元し、約6割は海外投融資に回していた。この海外投融資分の残高だけでも、2013年には1兆2000～3000億ドル（約144～156兆円）という金額に積み上がっていた。図表4-1の下段のグラフに歴然と出ているが、グラフ右端の2013年分の海外投融資の内訳について、海外への投融資中でアメリカ向けでないものだけ丸で囲っておいた。これでお分かりのとおり、湾岸諸国の海外投融資全体の約7割はアメリカ国公社債、アメリカ株、アメリカの銀行への融資や預金などというかたちでアメリカに投下されていたのだ。

アメリカ経済にはいろいろ不思議なところがある。そのひとつが資本勘定は毎年黒字＝受入超過、つまり海外からアメリカへの投融資のほうがアメリカから海外への投融資より大きい。それなのに、配当・利子収支ではアメリカの黒字、つまりアメリカが海外諸国から受け取る配当・利子のほうが海外諸国がアメリカから受け取る配当・利子より大きいということだ。

貿易収支や所得収支での黒字と、資本収支での黒字は、意味することが正反対だ。貿易黒字とは、輸出した財とサービスの代金マイナス輸入した財とサービスの代金がプラス、つまり稼ぎのほうが出費より多かったことを意味する。所得収支の黒字とは受け取り金利・配当マイナス支払い金利・配当がプラスということで、これもまた自国の投資や融資からの収益のほうが自国が受け入れた投資や融資に対する金利・配当支払い額より多いことを意味する。

逆に資本収支での「黒字（受入額のほうが支払い額より大きい状態）」とは、借金や国内への投資の増加額が、自国から海外への投融資の増加額より多いということなのだ。こんなことが長期にわたって続けば、ほぼ確実に将来の所得収支の赤字につながる要因となるはずだ。

ところがアメリカはこの資本収支の黒字が毎年続いているにもかかわらず、所得収支ではかなり多額の黒字を稼ぎつづけている。アメリカの投資家が海外に見いだす投資機会のほうが、海外の投資家がアメリカに見いだす投資よりずっと収益率が高い。こんなうまい話が2年や3年の短期的な現象ではなく、10〜20年にわたって延々と続いているわけだ。

この点に関しては、あちこちけなしておいたトマ・ピケティの着眼の鋭さをほめないわけにはいかない。産油国ソヴリン・ウェルス・ファンドに関して、こんなことも書いているのだ。

公文書によると、サウジアラビアのソヴリン・ウェルス・ファンドの平均収益が2〜3パーセントにすぎなかったのは、主に資金の大部分が米国国債に投資されていたからだ。……この選択の政治的、軍事的側面も考慮しなければならない。決して明記されてはいないが、サウジアラビアが自国を軍事的に守る国に低金利で貸し付けするのは、不合理ではない。

『21世紀の資本』、474〜475ページ

このくだりを最初に読んだときに「湾岸諸国があまり高い利回りを求めず、安全保障料のつもりでアメリカ国債、アメリカ株、アメリカ企業の社債を買って長期保有していたとすれば、資本収支の黒字がいつまで経っても所得収支の赤字につながらない」ということで謎はほぼ氷解したと思っていた。ところがいろいろ調べていくと、これはたんに「湾岸諸国では、対米投資の大半を利回りが非常に低い米国債に振り向けたまま塩漬けにしている」という他愛のない話ではないことが分かってきた。

第2章で解明したように、アメリカ経済の「好況」も史上最高額を更新しつづけるアメリカ企業の利益総額も、根っこにあるのはアメリカ企業が海外で稼ぐ収益の異常な大きさと、その割に低い海外企業のアメリカ国内での事業展開との差なのだ。だからこそアメリカが気前よく垂れ流す経常赤字を資本収支の「黒字（借金や投資受入額の増加）」で埋めるという、本来であれば長続きするはずのない対外収支構造がどんどん拡大再生産されてきたのだ。

産油国、資源国の中でも保守的な国々は今までの安全保障料のつもりで、気前よく低採算のアメリカ国債を買って持ちつづけることはできなくなる。だが、それだけではない。もっと積極的な運営をしていた国々のあいだでも、アメリカに投じていた資金を引き揚げる国が多くな

る。もともと積極投資を標榜していた産油国のソヴリン・ウェルス・ファンド（政府系ファンド）の運用実績が投資額に比べると、あまりにも低いのだ。

ノルウェー政府年金基金と並んで世界最大級のソヴリン・ウェルス・ファンドを運用しているアブダビ投資庁の公式発表では「1990～2010年の実質収益は年間7パーセント超、1980～2010年は8パーセント超」（『21世紀の資本』、474ページ）となっていた。一見、立派な数字に見えるが、これは規模に比べればどう考えても低い。『21世紀の資本』の465ページにはアメリカの大学基金の運用実績表が出ている。ハーヴァード、イェール、プリンストンというアイビー・リーグの中でも名門の3大学では同じ1980～2010年で10・2％に達していた。その下は資金総額別に、10億ドル以上なら8・8％、5～10億ドルなら7・8％、1～5億ドルなら7・1％、1億ドル未満なら6・2％と、みごとに資金量に応じた序列が付いている。

アブダビ投資庁の運用資産総額は、2012年の時点で約6270億ドルだった。それだけ莫大な資金を投じて、ハーヴァード、イェール、プリンストンはおろか、資金量10億ドル以上の大学基金一般にもおよばない運用実績では、**やはりカモにされているとしか思えない**。

オイルダラーの還流を受け入れていたアメリカの金融業界全体が、投下資本に対する運用利回りと同額程度の利益を元手要らずの手数料収入で得ていたのではないだろうか。アメリカの

ご購読ありがとうございました。今後の出版企画の参考に
致したいと存じますので、ぜひご意見をお聞かせください。

書籍名

お買い求めの動機

1　書店で見て　　2　新聞広告（紙名　　　　　　　　　）

3　書評・新刊紹介（掲載紙名　　　　　　　　　　　　）

4　知人・同僚のすすめ　　5　上司、先生のすすめ　　6　その他

本書の装幀（カバー），デザインなどに関するご感想

1　洒落ていた　　2　めだっていた　　3　タイトルがよい

4　まあまあ　　5　よくない　　6　その他(　　　　　　　　　　　)

本書の定価についてご意見をお聞かせください

1　高い　　2　安い　　3　手ごろ　　4　その他(　　　　　　　　　　　)

本書についてご意見をお聞かせください

どんな出版をご希望ですか（著者、テーマなど）

郵便はがき

料金受取人払郵便

牛込局承認

6893

差出有効期間
平成28年 3 月
31日まで
切手はいりません

1 6 2-8 7 9 0

東京都新宿区矢来町114番地
神楽坂高橋ビル5F

株式会社ビジネス社

愛読者係 行

ご住所 〒 TEL: ( ) FAX: ( )		
フリガナ お名前	年齢	性別 男・女
ご職業	メールアドレスまたはFAX メールまたはFAXによる新刊案内をご希望の方は、ご記入下さい。	
お買い上げ日・書店名 年 月 日 市区町村 書店		

個人投資家が投資信託を買って得られる利回りは、運用実績が6～7％に達しているときでも2～3％程度だったから、これは決してありえない話ではない。

とにかく今まで拡大傾向だった産油国の運用資金は今後、確実に縮小傾向をたどる。そうなったら企業部門、とくに**高収益である金融業界の海外事業依存度が異常に高いアメリカ経済は全体として衰退に転ずる**だろう。

掘れば出てくる資源で儲けている国はけしからんのか

アメリカ経済の謎を解明する前に、もう少し原油価格の動向にこだわってみたい。「埋まっていた資源を掘って売るだけで出てくる利益が、有能な人材の労働の成果より高く評価されるのはけしからん」というピケティの悲憤慷慨《こうがい》は、いかに的外れかをきちんと確認する必要があるからだ。

たかだか3～5年の短い過去の動向をそのまま未来に延長する程度の投機屋と違って、年季の入った商品相場のプロなら、異口同音に「原油は高値が短期間しか続かないのに、いったん下落すると延々となべ底のような低価格に居座ってしまう、クセの悪い商品だ。だから原油を買いから入るのは禁物だ」と教えてくれるだろう。

バレル当たり147ドル27セントという史上最高値を付けた2008年の原油価格のパフォーマンスがいかに悲惨だったか、ご存じだろうか。年初から7月中旬までに50％を超える値上がりで最高値を付けたまではよかったが、年末までの半年弱のうちに78％も下がった。年初来の下落率でも60％となっていたのだ。この年の前半にも、きっと「原油価格はバレル当たり300ドルになる」とか、「500ドルになる」とかはやし立てていた連中がいたのだろう。この年はSP500もひどかったという記憶があるが、実際には年初来ほぼ半年横ばいで、その後4割弱下げただけだった。とうてい原油の暴落ぶりの敵ではなかった。

もっとすさまじかったのが、乾いていてかさばるものを大量輸送するときの船賃を示すバルチックドライ海運指数の下げ方だ。世界的な設備投資の収縮で鉄鉱石、石炭、銅鉱石、ボーキサイトなどの資源全体が動かなくなるという予測によって、同じく2008年5月の1万1793という市場最高値から、じつに93・5％の大暴落となっていた。

破綻寸前の企業の株価や社債価格、あるいは特定国の国債が90数％も下がってほとんど無価値になるのはそれほど珍しいことではない。だが特定の海運会社の株や社債ではなく、特定の事業全体の指数が90％を超える下げを演ずるのは前代未聞だ。ほとんどの商品は飛行機で運んでペイするほど重量当たりの価値が高いわけでもなく、長距離を貨物列車やトラックで運んだのでは、あまりにもエネルギー効率が悪い。だから人類が滅びないかぎり大量運搬に適した海運事業そのものが消滅することはありえないのに、こんなに下がってしまったのだ。

絶対になくなるはずのないサービスである海運業の指標にもかかわらず、バルチックドライ指数は半年あまりで9割を超える下げ方をした。実際のデータを見ることもなく「世界の総人口は増えつづけ、1人当たりの所得は伸びるのだから、埋蔵量が有限な資源の価格は上がるに決まっている」といった単純で粗雑な思いこみで、経済を判断することの怖さが骨身にしみて分かる実例ではないだろうか。

とにかく「天然資源依存度の高い国民経済は、資源価格の暴騰・暴落に突き動かされて右往左往するだけのかわいそうな存在だ」と知ることは、ピケティのような資源羨望症の重症患者にぴったりの特効薬なのだ。だが彼は鼻先にデータを付きつけられれば、自分の理論のほうがまちがいだったと認めるだけの謙虚さを持ち合わせているだろうか。

図表4-2の中でも、1900～2012年という超長期にわたる原油実質価格と1日当たり生産量を比較した上段のグラフが、「なべ底は長く、高値は一瞬だけ」という原油価格のクセの悪さを如実に示している。

漠然たる印象とは正反対のことがこのグラフから分かる。19世紀初頭には高かった原油価格は、自動車の実用化とともにじりじり下がっていった。そして第一次大戦直後に最初のピークを迎え、その後1970年代末から80年代初めの、いわゆる第二次オイルショックのピークま

図表4-2　第一次オイルショックは需要主導、第二次は供給主導だった

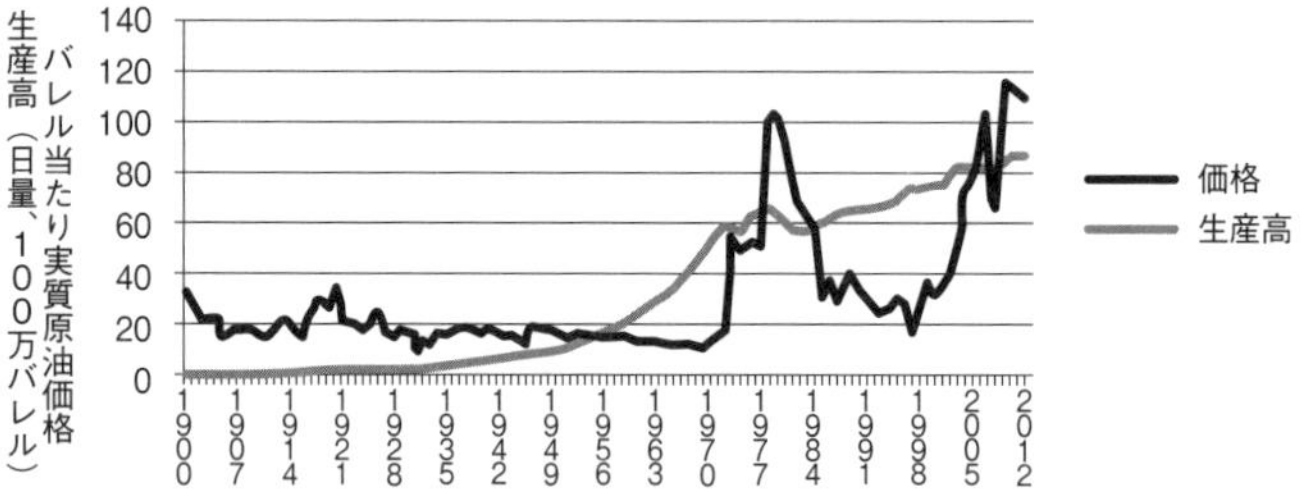

そして現在は、量的緩和主導になっている

出所：ウェブサイト『Econ Matters』、2015年2月7日のエントリーより引用

で原油は約50年間ずっと低位安定だったのだ。

生産量との兼ね合いで見ると、第一次オイルショックのときは、その前の約20年間にわたって増産に次ぐ増産でも供給が追い付かないほどの需要増に支えられて値上げが定着した。だが第二次オイルショックは、亡命から戻ったホメイニ師を中心として1979年に勃発した革命によるイラン国内での生産途絶のもたらした、供給ショックによる値上がりだった。

一方で、需要は第一次オイルショックにいたるような指数級数的な伸びをしていなかった。そういう情勢の中で価格が急騰したのだから、その後約20年間の歳月はかかったものの、実質ベースで見れば第一次オイルショック前の水準まで値下がりしてしまったわけだ。これは、当然の成り行きだった。

原油価格高止まりの2要因

図表4-2の下段は2000年から直近までの短期的な値動きとなっている。2010年末から2014年半ばまで、原油価格が5年近くも高値圏でがんばるというめずらしい光景にここで初めて出くわすわけだ。グラフ内のコメントにもあるようにその一因は、この間連邦準備制度理事会が量的緩和を続けていて、実体経済への投資に展望を見いだせない資金が金融市場とともに商品相場に滞留していたことだった。

金融政策がどんなにジャブジャブのマネーストック増加に傾こうと、それだけでは商品価格は上がらないし、高値を維持することもない。株や債券だけがどんどん値上がりして、過剰な資金を吸収することもできるからだ。原油という商品が2008年半ば以降の大暴落から史上最高値に再挑戦するところまで戻して、しかもその水準で高止まりしたことについては、実体経済面での要因もあった。ちょうどこのころ中国の資源浪費バブルが最後の大輪の花を咲かせていたのだ。

中国は1990年代初めまでは原油の純輸出国だった。輸入も輸出もしているが、差し引きでは輸出のほうが多かった。それが90年代半ばから急激に輸入量を増やし、現在ではアメリカに次ぐ世界第2位の原油輸入大国となっている。２０１３年時点でアメリカが日量６６０万バレルを輸入していたのに対して、日量６２０万バレルの輸入というところまで迫ってきた。２０１４年を通じてアメリカは、生産コストの高いシェールオイルで輸入原油を代替するというバカなことをしつづけていたので、２０１４年には逆転していたかもしれない。ちなみに日本は日量４４０万バレル。かなり大差の付いた3位だった。

２００８年後半の原油価格暴落が半年のうちに価格が3分の1にまで下がったのは、当時の中国が原油価格の低下とともに輸入量を減らした影響も大きかったと言われている。北海ブレント原油の価格で見ると、２００８年6月にバレル当たり１４０ドル台で天井を打った価格は、11月末には最高値の約3分の1に過ぎない45ドル台まで下落していた。中国の輸入量も同年10月には下落に転じていた。

一方、２００９年から直近にいたるブレント原油価格と中国の輸入量を見ると、２０１４年7月以来の価格急落の中で、同年いっぱい中国はむしろ輸入量を拡大していた。今回の下落率が今のところ１００ドル前後から50ドル前後への約5割にとどまっているのは、中国が買い支えてくれているからだという説もある。それというのも過去約30年間の原油消費量は、先進諸国ではほぼ横ばいだった。世界全体で伸びていたのは、中国の輸入量が激増していたからこそだった。

　2005年以降の世界の原油消費量の伸びは、中国の輸入量の激増が大部分を占めていたのだ。だが消費がGDPの40％にも届かず、投資が45％を超える中国経済は、明らかに持続不能なほどの投資過剰状態にある。とうとう中国の実体経済がすさまじい勢いで収縮しはじめた。

　中国の2015年1月の輸出は前年同月比で3・3％の微減だったが、輸入は19・9％というすさまじい激減となっている。とくに減少率が高いのが天然資源だ。すべて輸入額ベースで原油が41・3％、鉄鉱石が50・3％、石炭にいたっては61・8％も減少していた。中国の場合、1週間の休みとなる春節（日本で言えば旧正月に当たる）が1～2月のどこに来るかが毎年違うので、1～2月の統計数値は暴れる傾向がある。

　2014年の春節は1月30日～2月5日までと、1月最後の2日間が休みだった。それに対して今年の春節は2月18～24日と、まったく1月にはかかっていない。今年のほうが1月の実働日数は2日間多いのだ。それだけにこの資源輸入額の激減はほんとうに深刻だ。中国資源浪費バブルは、もう崩壊したと考えるべきだろう。中国資源バブルの崩壊とともに、世界中の天然資源価格は1980年代後半から90年代にかけて低迷していた水準に下がっていく。

中国資源浪費バブル崩壊の影響はどう出るのか

この資源価格下落が中東諸国やオーストラリア、カナダといった資源国におよぼす影響は、だれでも想像の付くところだろう。

トマ・ピケティの心配とは正反対に、今後エネルギー資源大国は世界中の資産を買いあさるどころか、自国経済が火の車になる懸念が大きい。そうなったとき、アメリカ金融業界の海外収益に依存した好調もまた一挙に暗転するだろう。図表4-3の上段はアメリカのエネルギーセクターの全米経済に占める地位を示したグラフだ。

SP500採用銘柄は全体の8％前後と多いのに、銀行業界の信用がなくてこれだけハイイールド債を乱発している業界もめったにないだろう。雇用やGDPに占めるシェアとは不釣り合いに大きな債務総額をしょいこんでいる。その上、ハイイールド債発行残高に占めるシェアが約16％と異常に高い。こうした危ない資金で事業を始めたり、拡大したりしたプロジェクトの収益が何とかあがっていれば、問題はない。だが掘削すればするほど赤字がかさむ低価格では、いずれ高金利に耐えきれずに破綻する。

下段の償還予定表を見ると、ここ1～2年はどうにか乗り切れるかもしれない。ただし

図表4-3 エネルギーの業界はとくにハイイールド債の起債が多い

さまざまな指標で見るエネルギー業界の位置づけ

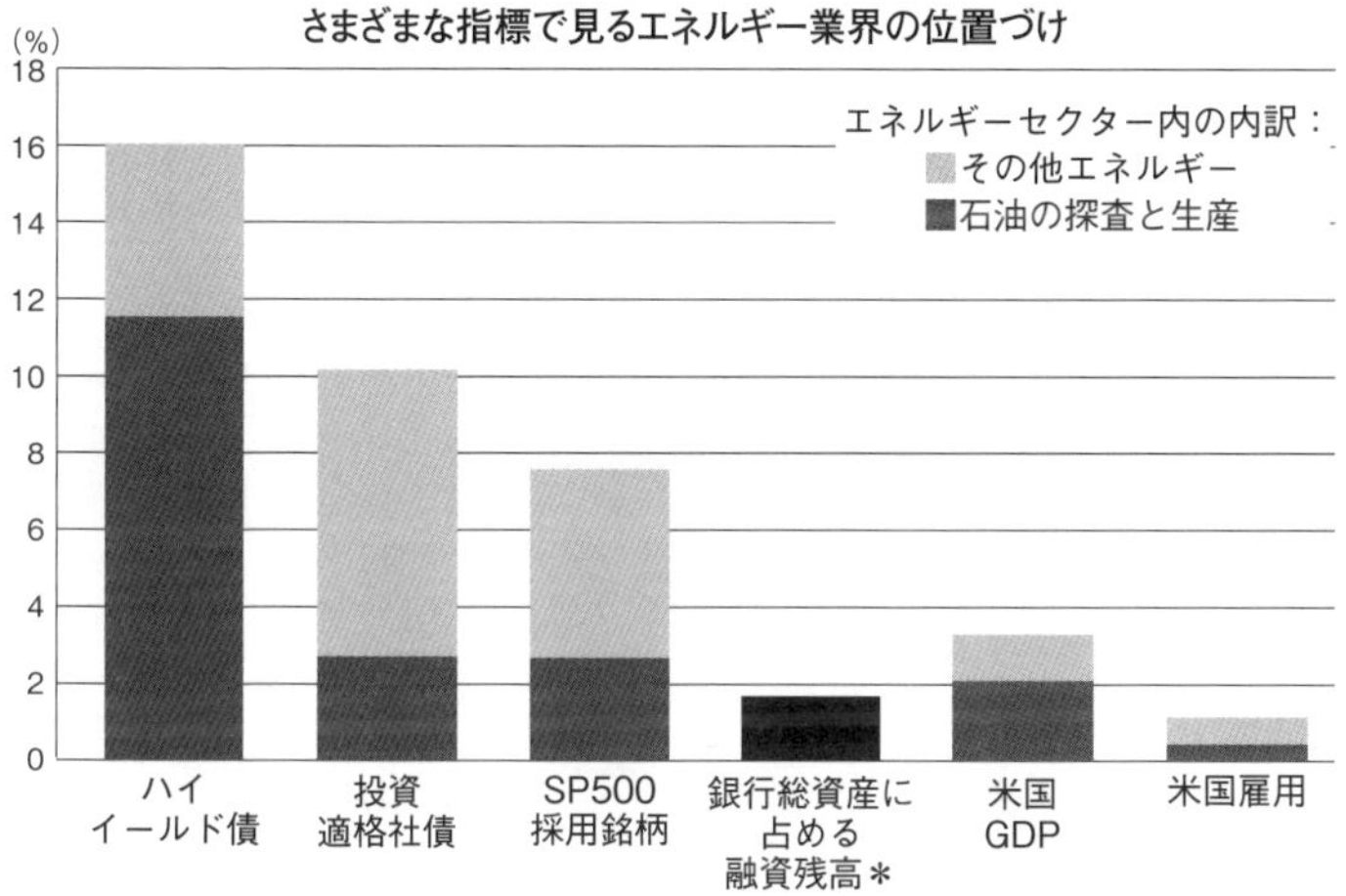

＊）内訳は不明

原資料：米連邦財務省、商務省、労働省、連邦預金保険公社、ブルームバーグ

アメリカエネルギーセクターの償還年次別債務総額内訳（2015～26年）

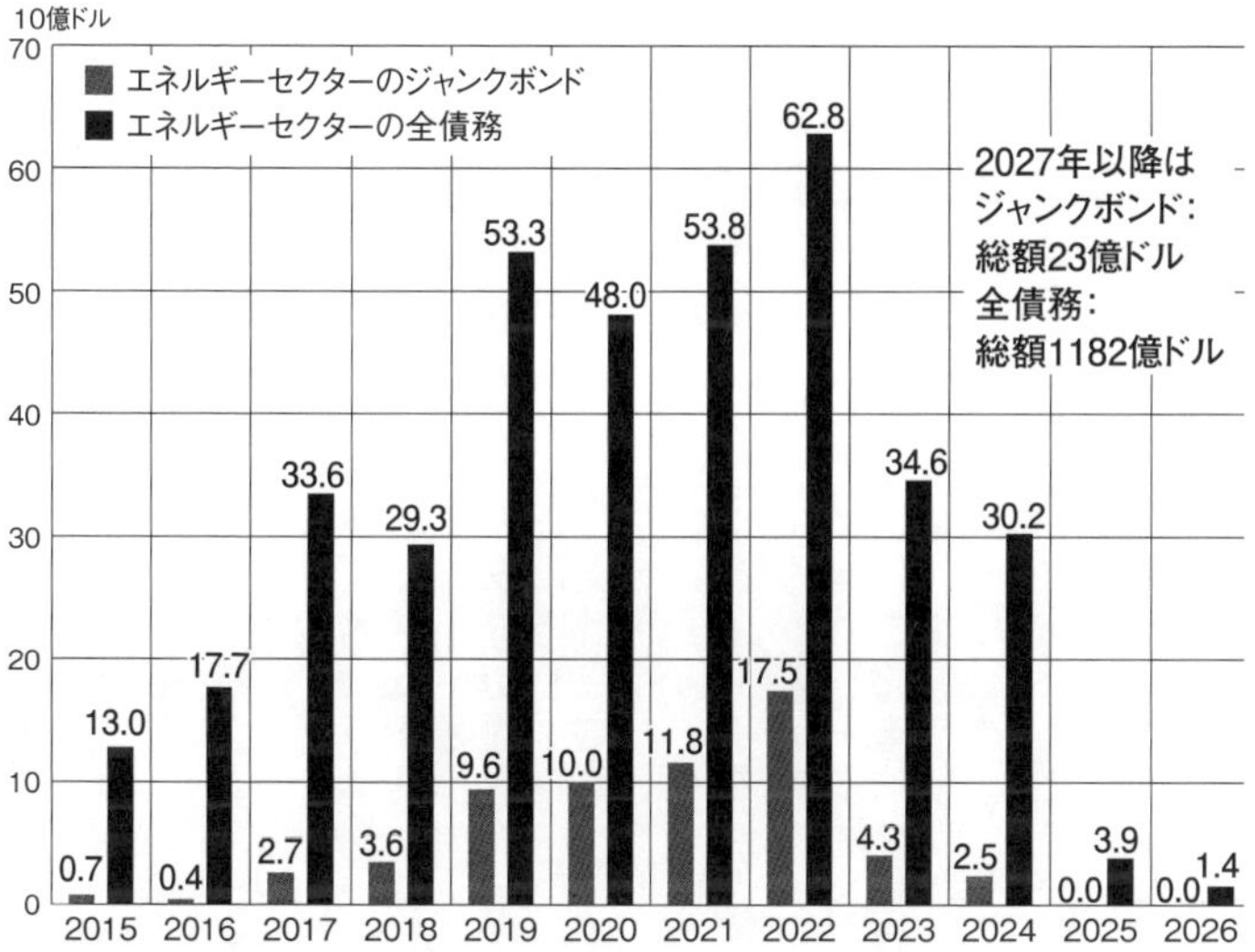

原資料：Casey Research

出所：（上）ウェブサイト『Business Insider』、2014年12月22日、（下）『Safe Haven』、2015年1月31日のエントリーより引用

2017年から336億ドル（約4兆円）の償還が予定されている。628億ドル（約7兆5000億円）の償還が予定されている2022年までに、ほぼ確実にどこかでエネルギー大手の破綻が起きるだろう。エネルギー業界でジャンクボンドやハイイールド債ではない起債ができるのは、ほとんど大手だけだ。積み上がっている投資適格債を発行していたのも大手のはずだ。

実際にエネルギー大手が破綻するまでの比較的平穏な期間でも、エネルギー資源大国からの資金還流をほぼ一手に引き受けている一種の独占利益が剝げ落ちて、アメリカ金融業界の海外事業利益ははるかに低水準となるはずだ。そうなったら金融業界の海外事業がアメリカ企業部門の利益総額を積み増しするどころか、足を引っ張ることにもなりかねない。

日本はほとんどエネルギー資源を持っていないばかりか、輸入大国としての存在感さえ希薄だった。この歴史的経緯は今後のエネルギー資源全面安の展開の中でむしろ何のコミットメントもせずに、そのときどきで安いところから買うスタンスを取りやすい。この意味で、**けがの功名**だったのかもしれない。

結局のところ過去20年間の欧米株式市場の好況を牽引してきたのは、エネルギー価格の慢性的な値上がり期待だった。それを証明しているのが、あらゆる金融資産の過去20年間の平均収益率比較だ。トップは年率平均で12％強も上昇していたエネルギー株だった。続いてヘルスケア株、情報テクノロジー株、日用消費財株、小型バリュー株が確実に平均年率で2ケタの収益を持続してきた。ドル建ての新興国国債がほぼ正確に10%、その下のラテンアメリカ新興国株以下は1ケタの収益率となっている。

過去20年間一貫してインフレ率より低い収益率、つまり実質ベースではマイナスの収益率にとどまったのは、日本株だけだった。日本の勤労世帯にとってじわじわ実質所得の上昇する悪くない環境だったが、金融業界にとって悪夢のような20年間、まさに「失われた20年」だったことが分かる。これは米ドルに換算した評価で、日本国内ではデフレ傾向が続いていたから、年率2%弱の上昇率でも問題はないとは言えない。金融市場はグローバル化している。米ドル換算の運用実績がこんなにお粗末では、ほとんど海外資金を呼びこめなかったのは当然なのだ。

だからこそ金融業界としては「どんなに日本国民の実質所得が下がろうと、絶対インフレにする」という現安倍内閣のスタンスをほぼ全面的に支持しているわけだ。

エネルギー株に話を戻そう。もしこのまま原油や天然ガスの値下がりが続くとしたら、いったいどんなことが起きるのだろうか。エネルギー価格全般が下がりつづければ、当然のことながらエネルギー産業大手各社の企業収益は悪化する。そうなれば、過去20年間株式市場を支えてきた最大の稼ぎ頭が収益増を牽引するどころか、足を引っ張る展開に変わるのだ。

とくに旧ソ連・東欧圏のエネルギー供給に対する依存度の高かったヨーロッパ各国でさえも、

エネルギー価格を中心とするディスインフレ（インフレ率の低下）やデフレの傾向が見られるのは要注意だ。２０１４年春以降のヨーロッパは、地政学的にはエネルギー価格が上がって当然という環境になっていたからだ。

「ウクライナ中央政府」対「ロシア語を母語とする人々とロシアの連合勢力」による東ウクライナの帰属をめぐる武力紛争は、下火になりながらも続いている。ユーロを導入した18ヵ国、EU加盟28ヵ国は、ロシアに貿易などでもっと強力な制裁措置を課したいが、そうすると自国のエネルギー確保がむずかしいという苦渋の選択を迫られている。EU加盟諸国がどれほど大きくロシアからの天然ガス供給に依存しているかをざっと見渡しておこう。

スウェーデン、フィンランド、バルト3国、ブルガリアは、天然ガスを全量ロシアから買っている。チェコ共和国も、全消費量の3分の2以上をロシアから輸入している。ほかにも3分の1から3分の2をロシアに依存している国が9ヵ国もある。つまりEU加盟28ヵ国中の57％に当たる16ヵ国は、自国で消費する天然ガスの少なくとも3分の1をロシアからの供給に頼っているのだ。これらの国々は、ロシアからの天然ガス供給が全面的に閉ざされればもちろんのこと、大幅に削減されただけでもエネルギー価格が急上昇する危険を抱えている。戦争危機をあおればエネルギー価格を上げやすいという環境は整っていたのだ。

にもかかわらずユーロ圏で２０１４年8月にエネルギー価格が急落した。これはもう戦争の危機をあおる程度ではカバーできないほど、世界的にエネルギー資源の需給がゆるんでいることを示している。いったい何がこれほどエネルギー資源の需給をゆるめているかと言うと、アメリカが脱クルマ社会化していることと、中国で資源浪費バブルが崩壊していることが主因だ。どちらも何十年、いやひょっとすると一世紀に一度しか起きない変化だが、それがほぼ同時に進行している。

戦争と原油価格の一筋縄ではいかない関係

そもそも「戦争危機→エネルギー価格高騰」という図式は、ほんとうに経済関係の実態を反映していたのだろうか。図表4-4にご紹介するのは、2013年米ドルで実質化した原油価格を1861～2014年という超長期で追ったグラフだ。

必要に応じて、原油価格の上下に寄与した経済・政治・社会的な事件が記載されている。このグラフを漠然と眺めただけで、何かお気づきになることがないだろうか。ヒントを差し上げるとすれば、1947年の戦後ブームまでの記述と、1956～57年のスエズ危機以降の記述の質的な差だ。

1947年まで戦争が原油価格変動の理由に挙げられたケースは、たった一度だけだった。

図表4-4　「戦争・国際緊張＝原油価格急騰」は、第二次大戦以降の常識

原油価格（2013年米ドルで実質化）と国際緊張の推移（1861～2014年）

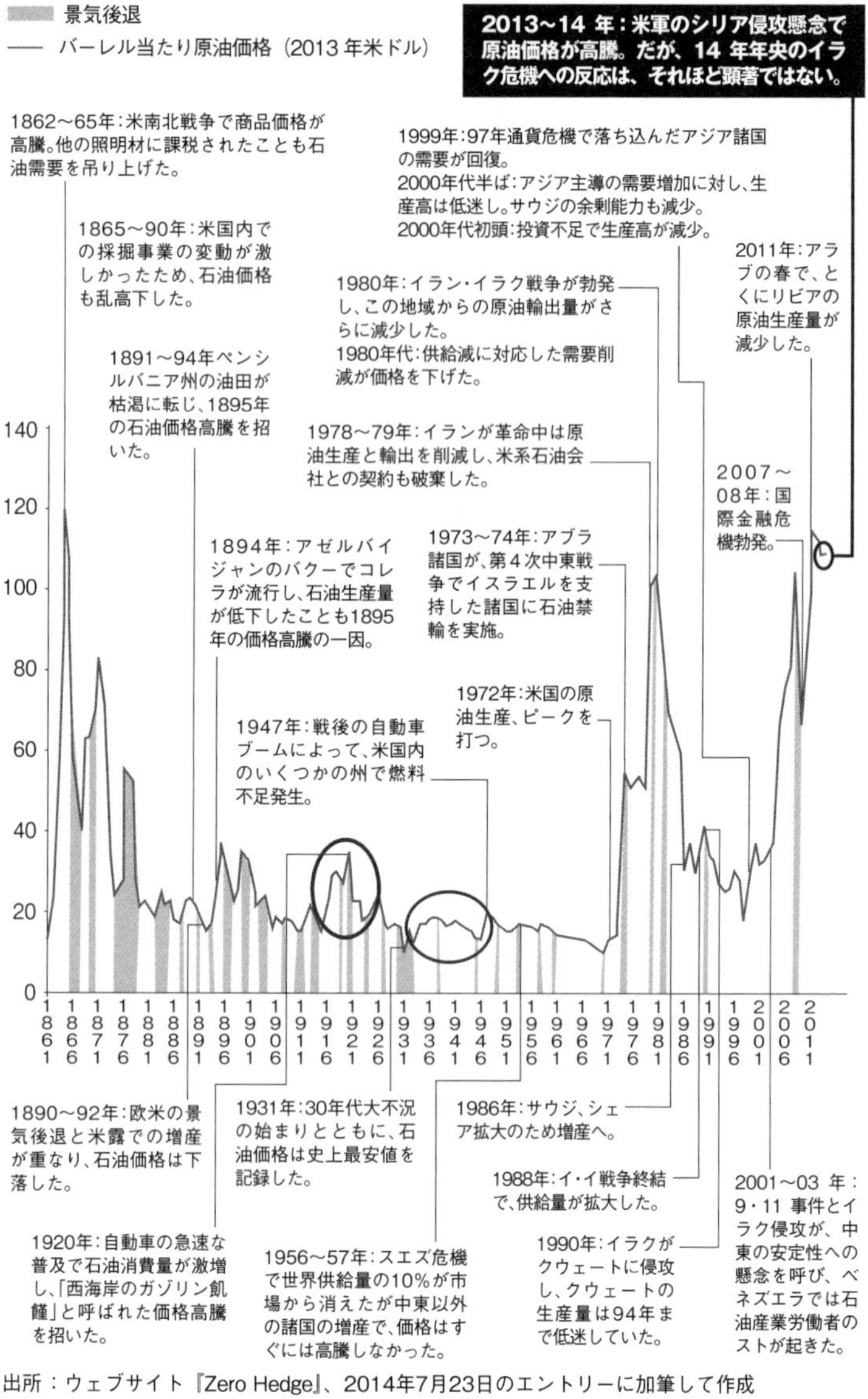

景気後退
バーレル当たり原油価格（2013 年米ドル）
2013～14 年：米軍のシリア侵攻懸念で原油価格が高騰。だが、14 年年央のイラク危機への反応は、それほど顕著ではない。
1862～65年：米南北戦争で商品価格が高騰。他の照明材に課税されたことも石油需要を吊り上げた。
1865～90年：米国内での採掘事業の変動が激しかったため、石油価格も乱高下した。
1891～94年ペンシルバニア州の油田が枯渇に転じ、1895年の石油価格高騰を招いた。
1894年：アゼルバイジャンのバクーでコレラが流行し、石油生産量が低下したことも1895年の価格高騰の一因。
1947年：戦後の自動車ブームによって、米国内のいくつかの州で燃料不足発生。
1972年：米国の原油生産、ピークを打つ。
1973～74年：アブラ諸国が、第４次中東戦争でイスラエルを支持した諸国に石油禁輸を実施。
1978～79年：イランが革命中は原油生産と輸出を削減し、米系石油会社との契約も破棄した。
1980年：イラン・イラク戦争が勃発し、この地域からの原油輸出量がさらに減少した。
1980年代：供給減に対応した需要削減が価格を下げた。
1999年：97年通貨危機で落ち込んだアジア諸国の需要が回復。
2000年代半ば：アジア主導の需要増加に対し、生産高は低迷し。サウジの余剰能力も減少。
2000年代初頭：投資不足で生産高が減少。
2011年：アラブの春で、とくにリビアの原油生産量が減少した。
2007～08年：国際金融危機勃発。
140
120
100
80
60
40
20
0
1861 1866 1871 1876 1881 1886 1891 1896 1901 1906 1911 1916 1921 1926 1931 1936 1941 1946 1951 1956 1961 1966 1971 1976 1981 1986 1991 1996 2001 2006 2011
1890～92年：欧米の景気後退と米露での増産が重なり、石油価格は下落した。
1931年：30年代大不況の始まりとともに、石油価格は史上最安値を記録した。
1986年：サウジ、シェア拡大のため増産へ。
1988年：イ・イ戦争終結で、供給量が拡大した。
2001～03 年：9・11 事件とイラク侵攻が、中東の安定性への懸念を呼び、ベネズエラでは石油産業労働者のストが起きた。
1920年：自動車の急速な普及で石油消費量が激増し、「西海岸のガソリン飢饉」と呼ばれた価格高騰を招いた。
1956～57年：スエズ危機で世界供給量の10％が市場から消えたが中東以外の諸国の増産で、価格はすぐには高騰しなかった。
1990年：イラクがクウェートに侵攻し、クウェートの生産量は94年まで低迷していた。

出所：ウェブサイト『Zero Hedge』、2014年7月23日のエントリーに加筆して作成

それも1862〜65年と非常に早い時期のことで、「南北戦争で商品価格一般が高騰したために、原油価格も連れ高した」と書いてある。そのあとは47年に「戦後の自動車ブーム」で燃料不足が生じ、原油価格も上がったと指摘しているところまで、戦争に関する言及は皆無なのだ。47年の記述も戦後のブームを対象としたもので、戦争が直接原油価格におよぼす影響を指摘しているわけではない。原油価格に関するかぎり、まるで第一次世界大戦も、第二次世界大戦も起きていなかったかのような話になっている。

もちろん1870〜1940年代に戦争がなかったわけではない。それどころか1914〜19年には第一次世界大戦、1939〜45年には第二次世界大戦という、戦死者数でも経済的なコストでも人類史上最悪の大戦争がこの期間内に起きていた。

ただ第二次世界大戦については、何の記述もないことが納得できる気もする。横長の楕円で囲った部分をご覧いただけば分かるとおり、同大戦中の6年間を通じて原油価格は下がりつづけていたのだ。まさか「第二次世界大戦があったので原油価格が下がった」とは書けないだろう。軍事行動が平和な経済活動よりはるかに多くの原油を消費するのは、まちがいのない事実だからだ。かと言って、「第二次世界大戦があったのに原油価格は下がった」と書くのもおかしい。なぜ下がったのかについて、まったく説明になっていないからだ。

だが縦長の楕円で囲った部分を見ると、第一次世界大戦のときには原油価格は急騰していた。

こちらは、すんなり「第一次世界大戦があったので、原油価格が高騰した」と書けるはずだ。だが、ここでも戦争の原油価格におよぼす影響は無視されている。

一方、1956〜57年のスエズ危機に関する項目以降、大多数が戦争か武力紛争がらみの原油価格変動を指摘している。いったいなぜ、スエズ危機を境に原油価格に関する内容がこれほど大きく変わってしまったのだろうか。

最大の変化は主として旧スタンダードオイル系で、その他イギリスやオランダの植民地経営企業の系譜を汲むオイルメジャーたちが「原油からどうやって儲けを稼ぎ出すか」という戦略を転換したことだろう。1950年代までのオイルメジャーの戦略は、基本的に産油国からできるだけ安く買い叩いた原油を消費者が受け入れるかぎりで少しでも高く売って、儲けを最大化するというものだった。

石油の採掘、精製、販売という分野は、19世紀末になってから本格的な大企業化が起きた非常に若い産業であることだ。そして覚えておく必要があるのは、消費者がどの程度の価格を受け入れるかについては、おっかなびっくり試行錯誤を続けていたという事実だ。第二次世界大戦のころまで業界全体として強調したかったのは、「なるべく安く産油国から買い入れる（あるいは、なるべく安い採掘権料で生産する）」という方向で、あまり大胆に「消費者がどの程度の価格まで受け入れるか」を試しに行く勇気は持っていなかった。

だからこそ第一次世界大戦中の原油価格高騰については、だんまりをきめこんだのではないだろうか。「世界で最初の近代国家同士の総力戦で、参戦諸国の国民は異常なほど愛国心を高揚させていた。そういう時期だったからこそ、平時なら受け入れないような原油価格の高騰も受け入れたのかもしれない。だが二度、三度と同じような状況になったら、初回と同じくらいの熱気で受け入れるとはかぎらない。こちらから『戦争で原油価格が上がる』と触れ回って寝た子を起こすようなマネをして、もし消費者が受け入れなかったらどうするのか。わざわざ業界全体の利益を危険にさらす必要はない」と判断したのだろう。

そして第二次世界大戦中に原油価格がジリ安基調で推移したのを見て、ホッと胸をなでおろしていたに違いない。だがオイルメジャーのスタンスは1950年代半ばごろから、微妙に変化していった。たぶんカナダをふくむ北アメリカ大陸独自の現象と思っていたクルマ社会化が、どうやら西ヨーロッパ諸国にも伝播しそうだと見極めがついたのだろう。このころから消費者はかなり高い価格でも石油を買わざるを得ない立場にあるはずだという、押しの強さが目立ってくる。

もちろんどんな状況でも、競合各社よりは低価格で原油を仕入れられたほうが得だ。だが産油国側が強い結束をもってどこの国のどの企業にも高く売るというのであれば、無理に買い叩いて買えなくなってしまう危険を冒すより産油国の言い値で買ったほうが得だ。早い話が同一のマージンで利益を乗せて売れるものなら、仕入れ価格や売上総額が大きくなったほうが利益総額も伸びるからだ。

そして「戦争の危機が迫ることによって、原油価格も上昇傾向に入る」といった記述も、オイルメジャーにとって「寝た子を起こす愚行」から、効率のいいセールストークへと大変貌を遂げる。だからスエズ危機以降は、原油の価格動向について戦争がらみのコメントが激増したのだろう。

その意味でオイルメジャー各社は、1973～74年の第四次中東戦争に端を発した第一次オイルショックを待ち構えていたと言うこともできる。1978～79年のイランにおけるホメイニ革命から第二次オイルショックにいたる経緯も、むしろ渡りに船と思っていたかもしれない。

この「戦争危機のあおり立て↓原油価格高騰」という基本的な構図に、少しずつだが変化が見受けられるようになってきた。2011年の「アラブの春」に際しては、リビアでの減産をはやして、一時は実質価格で2008年初夏の最高値を抜くほどの暴騰となった。

2013年にはシリア空爆直前まで危機感をあおり立てたのだが、2011年ほどの上昇はなかった。2014年2月以降、ウクライナ・クリミア危機、イラク内戦の激化、イスラエル軍によるガザ地区在住のパレスチナ人の大量虐殺と、矢継ぎ早に戦争・武力紛争関連のニュースが出ていたにもかかわらず、原油価格は前年のシリア危機ピーク時にも達しなかった。

2013～14年の戦争危機を口実とした原油価格上昇は、6月末から7月初めのイラク最大の製油所所在地バイジをめぐる攻防で完全に終わった。その後は、どんなに米ロ両国政府やオイルメジャーが危機感をあおり立てても、まったく「戦時」らしい原油価格の高騰は見られなくなっている。バイジをめぐる軍事情勢が好転したわけではない。むしろドロ沼化していると言ったほうがいい。それでも原油価格はずるずる下げているのだ。

日本はもちろん原油安、資源安、そして物価全般が安いほうが得をする

最近、やっと原油の国際市況が暴落して、原油が安く輸入できるようになったことが日本経済にとってプラスだという当たり前のことが当たり前に言える雰囲気になってきた。だが、いまだに「せっかくインフレが定着しようとしているのに、原油価格の値下がりでインフレ率が低下するのが心配だ」と公言している「経済学者」を見ると、自分の理論と国民の生活とでは、どちらが大切かということさえ分かっていないのではないかと思える。

ただしこの原油価格の暴落も、日本経済には資源を輸入している側の諸外国ほど実質的な恩恵をおよぼさないことも指摘しておかなければならない。なぜなら天然ガスは熱量単位当たり

でバレル当たり100ドル以上していた時期の原油価格の3～5分の1という低価格で国際市場では買えるのに、日本は旧通産省、現経産省のご指導よろしきを得て、いまだに熱量単位当たりで原油とほぼ同額、すなわち国際市況の3～5倍の高値で輸入させられているのだ。

円高と円安でどちらが日本経済に対する被害が大きいかは、企業倒産統計にはっきり出ている。2009～11年の円高がピークに達した丸3年間の累計でも、円高による倒産件数は150件程度で済んでいた。一方、本格的な円安に転じた2013年年初から2014年秋までの1年と3四半期では、円安を理由とする倒産件数が約350件に達している。

円高で苦労するのは、輸出産業の中でも価格くらいしか競争手段を持ち合わせない、できの悪い企業だけだ。ところが、日本国民の中に輸入品をまったく消費せずに生きていける人はほとんどいない。だから円高に比べて円安の被害のほうがはるかに大きいのは、当然すぎるほど当然のことなのだ。日本経済の実態がどんどん惨めに収縮していることは、さまざまな経済統計に表れている。

工業生産・出荷・在庫統計がほんとうに威勢よく伸びていたのは2013年下半期だけで、2014年に入ってから縮小に転じている。しかも生産以上に出荷が落ちこんでいるので、在庫がふくれ上がっている。生産が拡大している時期に在庫が増えるのは、それほど気にしなくてもいい場合もある。だが生産が縮小している中で在庫が積み上がっているのは、**疑問の余地**

図表4-5　ついに日経が1面トップで「円の実力」40年で最低と認めた

実質実効相場は1973年以来の円安

── 円の対ドル相場（月中平均）右軸　------ 円の実質実効為替レート（2010年＝100）左軸
1ドル＝円
過去40年以上の経済成長の成果を、安売りしなくても売れる輸出品の安売りで諸外国にプレゼント
95年の「超円高」
ドルが80円を割りこんだ円高ピークでも、円は10%強割高に過ぎなかった
変動相場制に移行
第一次石油危機
円の購買力は 2010年比でも 3 割下がり、第一次オイルショック時並み
プラザ合意
↑円高
円安↓
リーマン危機
円相場が戦後最高値を記録
日銀が量的・質的緩和を開始
ドルで買うものはすべて3割も余計に円を払わされている!!

日本の世帯所得推移（2012年5月～2014年11月）

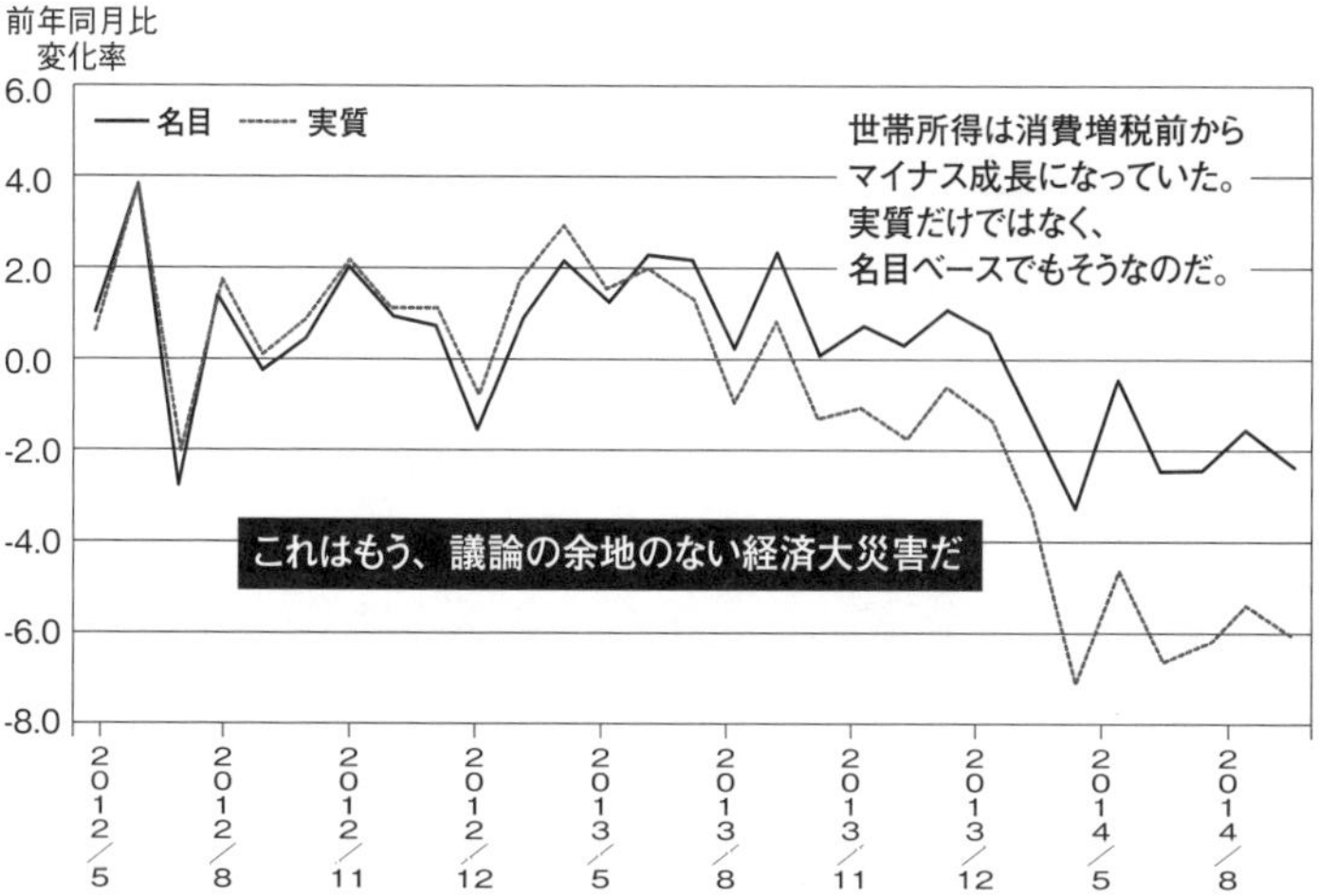

前年同月比変化率
── 名目　------ 実質
世帯所得は消費増税前からマイナス成長になっていた。実質だけではなく、名目ベースでもそうなのだ。
これはもう、議論の余地のない経済大災害だ

2014年11月の実質賃金は前年同月比▲4.3%で、ロシア国債危機と東アジア通貨危機が同時発生していた1998年12月の▲4.8%以来最悪の数字。アベノミクスは21世紀の世界各国で消費者にとってもっとも過酷な経済環境を実現することに成功した。

出所：（上）日本経済新聞、2014年12月7日付記事、（下）ウェブサイト『Zero Hedge』、12月31日のエントリーより引用

のない赤信号だ。

なぜ工業生産が縮小しているかと言えば、耐久消費財の出荷がすさまじい激減となっているからだ。今では新聞・テレビといった大手メディアがまったく安倍政権の大政翼賛会と化しているから、こういうつごうの悪いニュースはまったく報道されない。だが耐久消費財の出荷が丸1年も経たないうちに指数ベースで100から80割れまで暴落するのは、ごくふつうにデータを読み取る能力を持っている人間が見れば、「たんなる景気後退ではなく、不況入りした」と判断するほど深刻な落ちこみだ。

消費増税後の世帯実質消費額調査を見ても、もちろん今回の5％から8％への消費税引き上げの影響は、1997年の3％から5％への引き上げのときより大きい。背景はこの上なく明瞭だ。前回は世帯可処分所得が、1996年春の103というピークから2年近い期間をかけて1998年春の97あたりまでゆるやかに下がった程度だった。これに対して、今回は2013年春の101から2014年春までの1年間で、93まで急激に減少していたことが最大の原因なのだ。

そして消費額が実質可処分所得ほど大きく減少していない理由も分かりやすい。ついに2013年度（2013年4月～2014年3月）には史上初めて、日本の個人家計の貯蓄率がマイナス1・3％となってしまった。日本国民は消費水準の落ちこみ幅を狭めるために過去の貯蓄を取り崩していたのだ。

これだけの犠牲を日本国民に強要しながら、現政権と黒田総裁の指揮する日銀は情け容赦なく円安政策を推進している。図表4‐5の上段のグラフは、現政権の通貨政策がいかに異常な経済環境をもたらしたかを暴露している。

直近の日本円の実質実効レートは1973年の第一次オイルショックのころ、まだ日本が世界一資源価格の高騰に弱い先進国だったころと同水準にまで落ちこんでいるのだ。そして1ドル80円だった2011〜12年には円は10数％割高だったが、直近では約30％割安となっている。この当時は海外からモノやサービスを買うたびに10数％得をしていたものが、現在は海外から何を買っても約3割高い買いものをさせられているのだ。

下段は、日本の世帯実質所得の前年同月比変化率を示している。名目ベースで見てもほんのわずかながら上がっていたのは2013年半ばから2014年第1四半期までで、その後は名目でさえ下がりつづけているのだ。実質では2014年半ばから5〜7％の激減となっている。これはGDPに占める輸入総額の比率が15〜17％で、その輸入に2012年までと比べて1米ドルが80円から120円になったための約1・5倍の円コストがかかっている。この15〜17％の3分の1に当たる5〜6％の所得の目減りが生じている計算とぴったり符合している。

また2014年10月まで実質賃金ベースで見ると実質世帯収入ほど高い減少率ではなかった

のだが、同年11月にはついに実質賃金もマイナス4・3%と世帯実質収入とほぼ同じペースで下がっている。勤労世帯の生活がますます脅かされることは、まちがいない。

失われた20年も資源価格高騰が元凶だった

そもそも日本経済が1990年代から2000年代にかけて実質成長率の低下を余儀なくされたのは、経済環境がデフレになったこととほとんど関係がない。日本経済の成長率低下の元凶は90年代末から中国の資源浪費経済の余波でエネルギー資源、金属資源の国際市況が軒並み暴騰し、輸入原材料価格が高騰するのに、輸出品価格は上がらない状態が持続したことなのだ。

図表4-6の上段は、94~2014年という長期にわたって、輸出品価格を輸入品価格で割った数値である交易条件がどう変化したかを示したグラフだ。ご覧のとおり、90年代半ばからゆるやかなサイクルを描きながら、徐々に山のピークが下がっていく程度だったものが、2003年あたりから急落に転じ、2005年以降は延々と交易条件が悪化しつづけている。

そして右下のほうのグラフは、1995~2013年の実質GDPと実質国内総所得の推移である。2012年まではほぼ一貫してゼロインフレからデフレという時期だったが、2008~09年の国際金融危機に直撃された2年間以外、実質GDPは伸びつづけていたの

図表4-6　日本の交易条件推移（1994年Q1～2014年Q3）

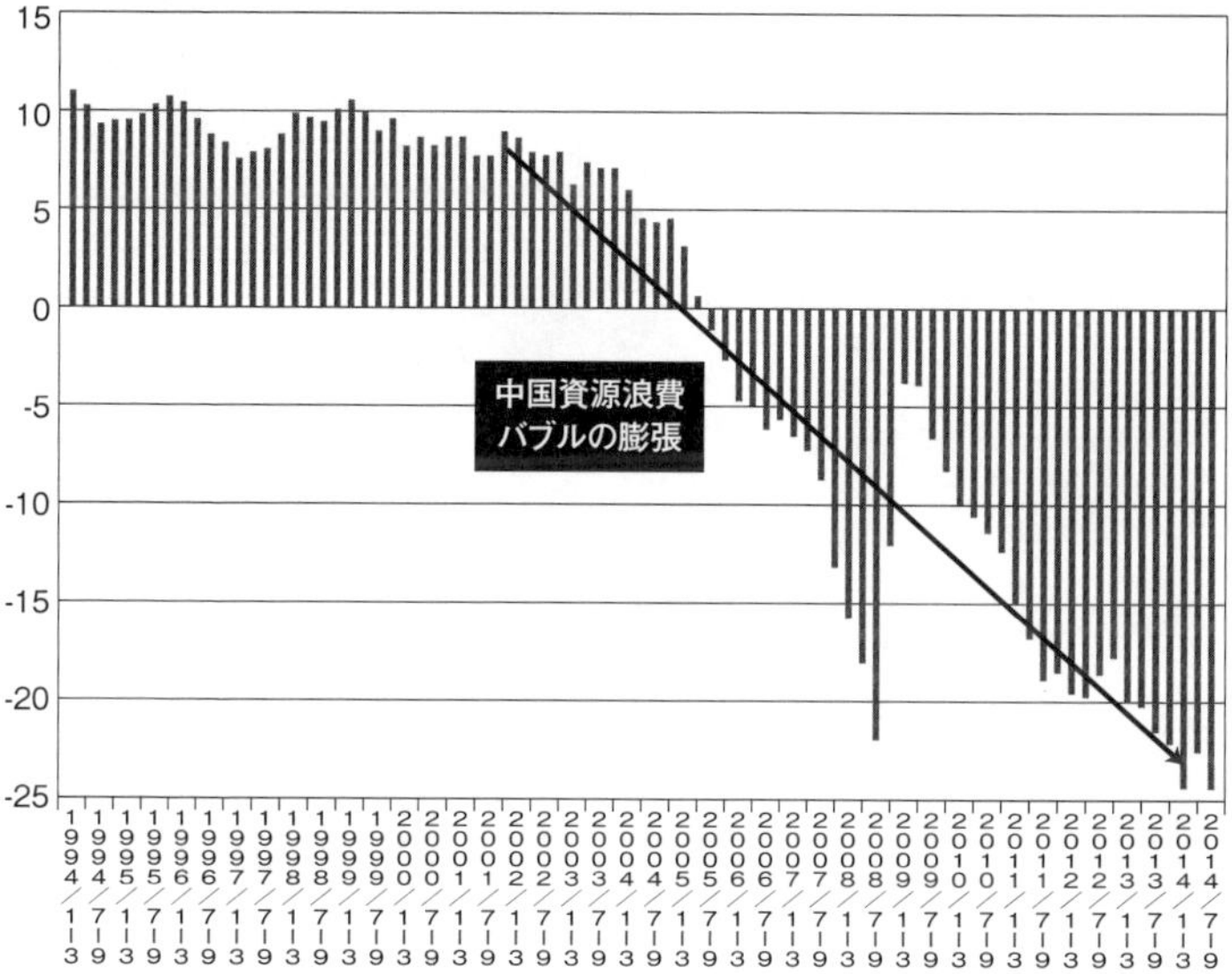

円安の恩恵・負担の比較（国内生産額比）

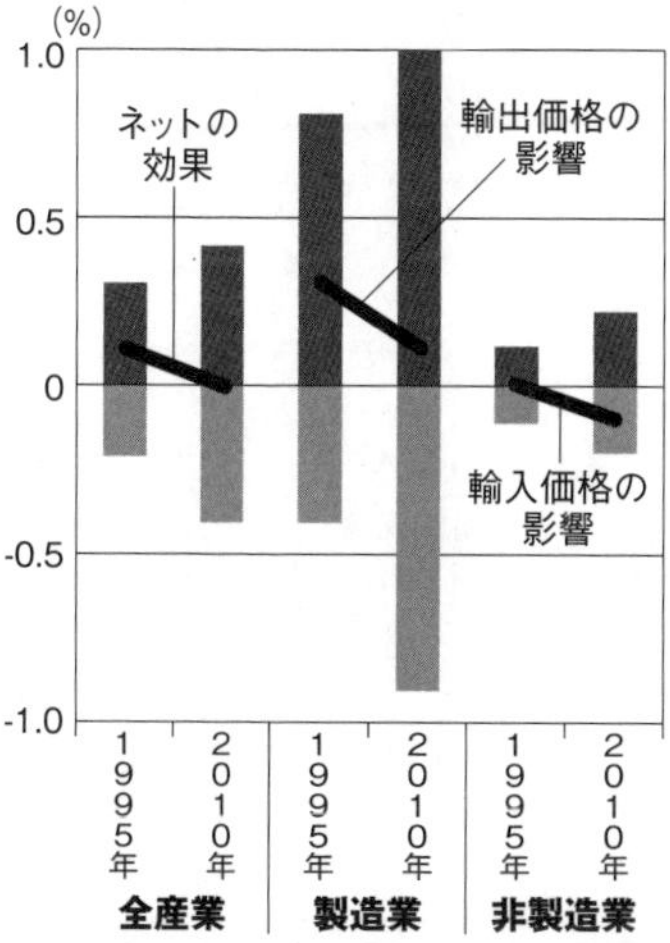

注：円安幅は1割。2010年は原発ゼロの仮想ケース

実質国内総生産（GDP）と実質国内総所得（GDI）

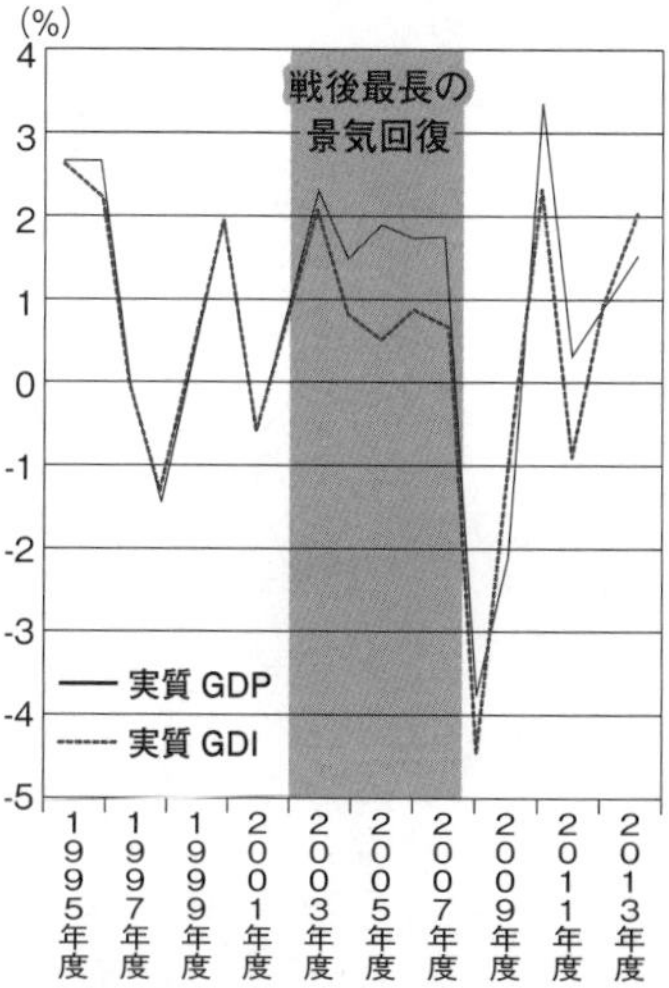

出所：（上）富士通総研 HP、2014年12月16日のエントリー、（左下）日本経済新聞2015年1月21日付記事、（右下）同紙2014年12月9日付記事より引用

だ。東日本大震災とタイの大洪水に見舞われた2011年でさえ、実質国内総所得は減少したが、実質GDPは伸びていた。

突発的な事件さえなければ、デフレ期の日本経済は中国発の資源価格暴騰にもかかわらず、安定成長を維持できていたのだ。その理由は皮肉にも、円高を容認する経済・金融施策だった。2003～08年にかけても110円台から100円に向けてのゆるやかな円高が持続していたからこそ、日本国民にとっての資源価格高騰は国際市況に比べれば緩和されたかたちで済んでいたのだ。

左下に掲載したのは、産業連関表を使って算出した円安の恩恵と負担を分析したグラフだ。全産業ベースで見ると、1995年には円安は恩恵のほうが負担より大きかった。だが、2010年には恩恵は微増だったのに対して負担は2倍以上になり、全体として恩恵より負担のほうが大きくなっている。製造業だけを見れば同年でもわずかながらネットで恩恵のほうが大きいのだが、非製造業ではネットで負担のほうが大きくなっている。産業規模から言えば、非製造業は製造業の3・5倍以上となっているので、製造業で約0・1%の恩恵、非製造業で約0・2%の負担は、日本経済全体にとってはかなり顕著なマイナスなのだ。

こうした日本経済の構造をきちんと理解する意思も能力も持ちあわせていない連中が寄ってたかって「モノは安くすれば売れるんだから、円安にすれば輸出産業が潤うに違いない」とい

った お粗末な固定観念で、強引に円安・インフレ政策を推進しつづける。しかも、そういう連中のかなりの部分が一応は経済学で修士号や博士号を取っているのだ。中でも傑作なのは、「円安にすれば輸出産業が活気づく」と主張する連中にかぎって、内需に関しては「デフレでモノの値段が下がると、消費者はもっと安くなると思って買い控えるから、縮小再生産の悪循環に陥る」と真顔で主張することだ。

同じ価格低下という市場でのシグナルに対して、日本人と輸出先諸国の国民では正反対の行動を取るというのだろうか。それとも自分の主張に輸出産業向けと内需向けで明らかな矛盾があることに気づく知的能力さえ持っていないのだろうか。

日本の消費は円安・インフレ政策のおかげで、まちがいなく冷えこんでいる。物価上昇分ほど名目賃金が上がらなければ、人は買いたくても今までどおりの買いものはできなくなる。当たり前のことだ。逆にこれから先、中国で資源浪費バブルが崩壊したことによるエネルギー資源や金属資源の価格低下は、資源を買って人間の労働や創意工夫を売る日本経済の体質にすばらしい経済環境となるのだ。

いや、日本ばかりではない。先進諸国全体が国民経済に占める第三次産業、つまり小売り、サービス、余暇接客、金融、不動産、教育、医療といった分野の比重をどんどん高めている。製造業の中でも、原材料そのものにはあまり依存せず、加工技術や製品に組みこんだソフトの付加価値に依存する分野が伸びている。すなおに考えれば、輸入資源の価格下落で得することはあっても、損をすることはないはずなのだ。

もちろん資源価格の長期低迷の中で「産油国が豊富な資金で世界中の一流企業の株や、好立地の不動産を買い占めてしまう」などという恐怖をあおる言説には、何ひとつ現実の根拠がないことが明らかになっていくだろう。

第5章

歴史重視を訴える
当人の主張が意外に
超歴史的で、非歴史的

ピケティは再三にわたって、経済学者は抽象的な理論モデルばかりに拘泥せず、歴史をきちんと把握する努力をするべきだと唱える。**この議論には100%賛成したい。**金融業界では、「3年前は古代史、5年も前のことになると先史時代でよく分からない」という風潮が蔓延している。理論経済学の世界でも、たかだか20～30年前のことすらきちんと勉強せず、世紀単位での動向となるとまったくお手上げという人が多すぎる。

しかしピケティ自身がしっかりとした歴史の研究を踏まえた議論をしているかとなると、残念ながらそうでもない。むしろ自分の主張が先にあって、その主張に合わせるために歴史的な事実をご都合主義的に切り貼りする傾向が目立つのだ。

移民歓迎論に経済的な根拠はあるのか

たとえばピケティは移民を受け入れつづけてきたことを、世界的な富の再分配に対するアメリカの偉大な貢献と称賛する。この主張については少なくとも18～19世紀のアメリカ経済史を考えるかぎり、何ひとつけちゃもんをつける気はない。だが次のような文章を読むと、「おい、おい。いったいいつの時代の移民のことを言ってるんだい?」と尋ねたくなる。

移民は米国をまとめあげているセメントであり、蓄積資本がヨーロッパのような重要性を持つのを防いでいる安定力だ。これはまた、米国でますます増大する労働所得格差を政治的にも社会的にも容認できるものにしている力でもある。所得分布の下半分にいる米国人のうちかなりの部分にとって、こうした格差は二次的な意義しか持っていない。というのも彼らの出身国はずっと貧しかったし、おかげで自分の所得は上昇しつつあるのだと感じられるからだ。さらにそれにも増して、貧困国に生まれた個人が富裕国に引っ越すことで生活水準を上げられるという移民を通じた再分配の仕組みは、米国だけでなくヨーロッパでも最近になって重要な要因になってきたことにも注目。この点で、旧世界と新世界との区別は、かつてほど大きなものではないかもしれない。

『21世紀の資本』、565ページ

残念ながら現代のアメリカ移民はアメリカをまとめ上げるセメントどころか、国を分裂させる火種になってしまっている。この事実は移民の出身国の内訳を見れば、簡単に確認できる。約4割が東アジア・東南アジア諸国で、約4割がラテンアメリカを中心とするスペイン語を母国語とする諸国（移民後はヒスパニックと呼ばれる人たち）だ。残る2割がその他全世界からとなっている。

彼らの移民後の社会的・経済的成功度は、単一の文明圏を維持することが可能かと疑いたくなるほど違う。アジア系は勤勉で、第一世代は荒れ果てた都心の小売店経営などのあまり恵まれない職業についても、しっかり子どもたちに良い教育を授ける。その結果、アジア系の第二世代は教育水準も専門職に就く比率も高く、平均所得は白人の平均所得より高くなっている。

一方、ヒスパニックはスペイン語の通じる地域社会には統合されるが、全体としてのアメリカ文明にはほとんど統合されない。第二世代になっても第三世代になっても、平均所得は白人の約3〜4割。平均資産は白人の約1〜2割という水準で、人種・民族系統グループとして黒人と最下位争いを続けている。

ヒスパニックが黒人と並んで万年低所得・低資産層となってしまった最大の理由は、はっきりしている。1960年代の民主党リベラル派全盛期に、「スペイン語圏から来た人たちが母国語を使えず、英語を学ばなければならないのはかわいそうだから、初中等教育を英語・スペイン語のバイリンガルに変えよう」というとんでもない議論が通ってしまったからだ。スペイン語圏からの移民はスペイン語で初中等教育が受けられ、スペイン語の通じる地域コミュニティに住み着いているかぎり、英語ができなくても不自由を感じない環境がつくられたのだ。

雇う側から言えば、志願者の中に英語のできる人間とスペイン語しかできない人間がいれば、英語のできる人間を優先して採用するに決まっている。こうしてヒスパニックの最下層階級化が定着してしまったわけだ。

共和党の保守派には、自分で起業して中流の上にのし上がったという人が多い。それに対して民主党リベラルには親代々大富豪で、一流私立大学でいい教育を受け、大企業の幹部となり重役となることが初めから約束されているような人生を送ってきた人が多い。ヒスパニックにはスペイン語だけで生きていける生活圏をつくってやるという「善政」は、**黒人だけでは足りない最下層でこき使える労働者のストックを増やす陰謀**だったのではないかとわたしは感じている。

だからといって、何かしら事件が起きるたびに大都市中心部の商店で略奪をしている黒人やヒスパニックの行動を肯定する気も奨励する気もない。それはまぎれもない事実であって、彼らは「ますます増大する労働所得格差を政治的にも社会的にも容認できるもの」とはまったく考えていないのだ。

ピケティは、ヨーロッパでもどんどん移民の受け入れが進んでいることを歓迎している。だがコロンビア大学地球研究所の調査で『2012年度　幸せな国ランキング』第1位に輝いたデンマークでさえも、「16歳から64歳までの就業率は、国全体の73％に対して、西欧以外からの移民は47％と低い。……（イスラム系移民の集中するある地区では）住民の86％が移民系で46％が失業中」（2015年2月23日付朝日新聞）といった記事を読むと、彼のことばも空虚に響く。

「経済成長のために積極的に移民を受け入れる政策は有効か」という議論の本筋に戻ろう。マッシモ・リヴィ-バッチ著『人口の世界史』（2014年、東洋経済新報社）の169～171ページに実際の歴史は移民歓迎論とは反対だったことを示すデータが収録されている。

アメリカ、カナダ、オーストラリアはともに旧イギリス植民地で、世界中でもっとも積極的に移民を受け入れてきた国々だ。この3ヵ国では人口は自然増だけではなく、海外からの移民という社会増も加わるので、1870～2000年という長期にわたる人口増加率が先進諸国の中で突出して高かった。だが『人口の世界史』によれば、移民受け入れは安易に経済規模を拡大できるので、1人当たり国内総生産の伸び率や労働1時間当たりの生産性を低いままにとどめる傾向がはっきり表れている。

まず1人当たりGDP成長率を比べてみよう。日本が年率2・6％と突出して高い。オーストラリアは1・4％と最低だ。アメリカの1・9％やカナダの2・0％はオーストラリアに比べればマシだ。オーストラリアと同率最下位のイギリスは論外としても、ヨーロッパ諸国でアメリカ・カナダより1人当たりGDP成長率が高かったのは、2・2％を達成しているフィンランドとノルウェーだけだ。一見、やっぱり積極的に移民を受け入れてきた国のほうが成長率は高かったと思いたくなる。

だがヨーロッパ諸国では、年間総労働時間がかなり顕著に低下していたことを忘れてはいけない。ヨーロッパ諸国のGDP成長率は軒並み低めに出ているのだが、これら諸国では過去130年間で大幅に労働時間を短縮し、勤労者が長い余暇を過ごせるようになっていたのだ。

そこで労働1時間当たりの生産性に眼を移すと、こちらも日本が3・0％で断トツの首位、オーストラリアが1・6％でビリという構図は変わらない。それにつけても有り余る資源を持ち、どんどんヨーロッパからの移民を受け入れて急激に発展していたように見えるオーストラリアの停滞ぶりは目立つ。自国のことをLucky Countryと呼びならわす習慣があるが、ほんとうに幸運に恵まれた国は努力を怠るものだということが正直に数字に出ている。

結局のところヨーロッパ諸国でアメリカの2・1％やカナダの2・2％より時間当たり労働生産性の伸び率が低かったのは、すでに衰退期に入っていた往年の経済覇権国家、イギリスの1・9％、オランダの2・0％という2ヵ国だけなのだ。

ようするに移民を積極的に受け入れることで人口成長率を加速することは、経済成長にプラスではない。移民の受け入れで1人当たりGDPの成長率を比較的低水準にとどめる傾向がある。しかもより的確な経済全体の効率性の指標である1時間当たりの労働生産性の伸びを例外なく抑制するのだ。

昨今、移民労働力の受け入れを主張している人たちのあいだで、移民がどれほど生産性の向上に貢献するかという点について、論理的に明快な主張をしている人も、歴史的にその主張をバックアップするようなデータを示している人も見たことがない。みんな「低賃金でこき使える労働力が増えれば、大企業の利益が増える。そして大企業の利益が増えることは国民全体にとって幸せなことだ」という、まったく事実とは正反対の議論を錦の御旗として振りかざしているだけなのだ。

ゼロ・インフレは不労所得生活者を増やすから好ましくないという議論

ピケティはまた昨今の大多数の経済学者同様、デフレのみならずゼロ・インフレも避けるべきだと主張する。その論拠は以下のとおりだ。

たしかにインフレ率が事実上ゼロだった19世紀から、インフレ率2パーセントの20世紀後半、21世紀前半への推移は、純粋な資本収益率のわずかな低下につながったとも言える。ゼロ・インフレ下（過去に蓄積した富が、物価上昇でだんだん減るリスクがない）のほうが不労所得生活者になりやすいのに対し、現代の投資家は最良の投資戦略を実現するため、さまざまな資産カテゴリーへの富の振り分けに手間暇をかけなくてはならない。

『21世紀の資本』、220ページ

ここでもまたピケティが対象としている人間集団は運用するための資本を持っている人たちだけであり、判断の基準は資本収益率の高低だ。ピケティがインフレ、ゼロ・インフレ、そしてデフレの利害得失を論ずる際に資産を持たない勤労者、あるいは銀行預金という資産しか持たない勤労者の視点はごっそり抜け落ちている。

資本を持っている人たちが不労所得生活者になりやすいか、積極的に資産を運用する模範的資本家になりやすいかだけで、インフレ対ゼロ・インフレの損得勘定を決めることなどできるのだろうか。いや、もう少し正確に表現しよう。多少の資産は持っていたとしても、怠惰だからではなく、ポートフォリオ分散ができないほど少額だから、銀行預金くらいしか実用的な運用手段はないという人々の損得は無視していいのだろうか。

もう一度、毎年のGDP成長率が1～2%、それに対して毎年のインフレ率が2～3%という経済をお考えいただきたい。もし自分の年収分の貯蓄はあるが、借金はほとんどないという勤労者が実質GDP成長率並みの年収増加にあずかっていたとしたら、この人の年収プラス貯蓄は実質ベースで増加しているだろうか。年収増加分が1～2%なのに貯蓄元本のインフレによる目減り分が2～3%だから、確実に減少しているのだ。

こんな経済環境で得をするのは、巨額の借金をしょっている信用力の高い大金持ち、企業、国だけではないだろうか。インフレ率が高まるほど、そして返済年限が長期化するほど借金元本の返済負担が目減りするからだ。

もうひとつ大きな問題がある。インフレ率が高くなるほど「借金はなるべく長期間にわたって返すほうが得だ」というインセンティブが働くので、いったん肥大化した債務はなかなか減少しない。

逆にデフレの世の中では、借金は長期にわたって抱えていればどんどん元本返済負担が拡大するので、借金をなるべく早く返そうというインセンティブが働く。実際にアメリカ政府が南北戦争時の債務を大幅に削減したのも1873～96年の長期デフレ時代だった。またイギリス政府がナポレオン戦争のころから肥大化していた国家債務をかなり大幅に削減したのも、やはり長期デフレ時代だった。

ここは資本家＝資産家の眼ではなく、勤労者の眼で見たデフレとインフレの得失を検討すべきだろう。前の章にも書いたが、アメリカの製造業は19世紀後半から第一次世界大戦直前まで、非常に高い成長率を維持していた。

長期デフレの続いた1873～90年には工業生産の年間増加率が4・7％となっていた。その前後の1850年代～1873年の6・2％、あるいは1890～1913年の5・3

%に比べればやや低い。ただし同時代のヨーロッパ5ヵ国、具体的にはドイツ、イギリス、フランス、イタリア、オーストリア・ハンガリー帝国はどの時期であってもアメリカが1873～90年に維持した4・7%に匹敵する年間平均増加率を達成したことはないのだ。たとえデフレがアメリカ国民経済の発展にとって制約要因だったとしても、それは非常にゆるやかな制約でしかなかったことが分かる。

それではアメリカに比べると工業生産の拡大でだいぶ見劣りのするヨーロッパ諸国は、この間の国民経済全体の成長において、どんなパフォーマンスをしていたのだろうか。とくに各国の国民1人当たり実質GDPの10年累計成長率に注目してみよう。

たとえばイギリスの国民1人当たり実質GDPは1830～40年の10年間の累計で13・9%成長していた。年率に換算すると約1・3%となる。この数字は高いのだろうか、低いのだろうか。経済成長が常態で停滞していたり、縮小していたりすれば異常事態となる産業革命以後の世界に生きる我々にとって、年率1・3%の実質成長はどちらかと言えば低めと感じる。だがこのような成長率を10年間も維持できるということは、産業革命前には考えられなかった。

年平均成長率が1・5%だと10年間累計成長率は16%となり、2・0%だと10年間累計成長率は22%となる。1人当たり実質GDP成長率でこの範囲に到達している国は、産業革命後の世界でも優等生の部類に入る。1830～90年の60年間という長期にわたって安定してその範囲を外れなかった国はめったにない。結局、ヨーロッパではイギリスとドイツだけがほぼ安定して年率1・5%以上の成長を半世紀以上にわたって維持していた程度だ。ドイツ、イギリスに次いで成長率が高かったのはフランスだが、1860～70年の10年間以外はなかなか年率1・5%の壁を越えられなかった。

逆に成長率の低い国も見ておこう。イタリアの場合、1850～60年の10年間累計1人当たり実質GDP成長率は8・7%に上がっていたが、それ以外の時期はほぼ一貫して産業革命以前とさほど変わらない低成長が続いていた。統一国家がなく、中世以来の有力都市国家が集合離散をくり返し、なかなか国民経済と呼ぶに足る市場が形成されなかったのが、この低成長の主な原因だろう。

ロシア帝国はもっと極端だ。1860～70年の10年間だけは40・4%という驚異的な高成長を示した。1861年発布の農奴解放令の経済効果だったのかもしれない。だが、その後の20年間は、前半がマイナス6・7%、後半がマイナス18・8%で、1860年代の成長をほぼ完全に吐き出してしまった。1877～78年の露土戦争、ナロードニキやアナーキストなどによる社会騒擾《そうじょう》、そして農奴解放を発布したアレクサンドル二世の暗殺死など騒然とした世相が経済活動の円滑な発展を阻害したということだろう。

デフレはほんとうに経済成長を妨げるのか

さてデフレの国民経済に対するコストという議論に移ろう。１８７０～80年、そして１８８０～90年の１人当たり実質ＧＤＰ成長率はその前の40年間に比べてパフォーマンスが落ちていたのだろうか。ロシア帝国をのぞく５ヵ国（英独仏伊オーストリア・ハンガリー帝国）がそろって１８７０～80年の10年間に最低の成長率を記録し、ロシア帝国もマイナス６・７％とかなり大きなマイナス成長となっている。これを見ると、この10年間はたしかにデフレという共通要因による成長鈍化があったようだ。

引き続き欧米全体がデフレ環境下にあった１８８０～90年の10年間は、まったく様相が違っていた。ロシアのようにマイナス18・８％という極端に大きなマイナス成長や、イタリアのように10年間でまったく成長なしというケースもあった。それでもドイツ、イギリス、オーストリア・ハンガリー帝国、フランスはかなり高い成長率を回復している。ドイツの場合、21・２％というのは回復というよりそれまでで最高の10年累計成長率になっていた。

結局、インフレやデフレという国境を越えて広がる金融現象が各国経済の成長率をいっせいに高めたり、いっせいに抑制したりしていた形跡は希薄だ。どこまで国民経済の名に値する市場統合ができているか。そして科学的な発見や技術開発が市場によって試される中でどこまで発達したり、淘汰されたりしているかといった要因のほうが、はるかに大きく成長率を左右していた印象が強い。

1870～80年代を通じてデフレは続いていた。だが1870年代には共通して成長率の鈍化が見られたが、80年代には回復傾向とマイナス成長率の拡大傾向へとはっきり2極化している。この事実をもって、デフレ・スパイラルは経済一般に対する脅威となっていないことを示している。健全な経済圏はデフレが長期化してもプラスの実質成長を維持できるし、加速させることさえできる。だが末期帝政ロシアのように政治・経済・社会に難問を抱えた経済圏では、長期デフレがマイナス成長率の一層の拡大を招くのかもしれない。

さてアメリカは19世紀後半を通じて、傑出した工業生産力の拡大と1人当たり実質GDP成長率の高さを誇っていた。当時のアメリカの金融環境はどうだったのだろうか。アメリカのインフレ率とマネーストックの10年累計増加率を、それぞれ1750～1990年代について概観してみよう。

アメリカは1800～10年代半ば（ヨーロッパで言えばナポレオン戦争期に当たる）の約15年間と、クリミア戦争特需や奴隷制論争が激化していた1850年代後半から南北戦争を戦っていた1860年代前半の約10年間をのぞけば、19世紀のほぼ4分の3をデフレの中で成長してきた国だった。

このことひとつを見ても、「デフレでは経済成長ができない」という議論がいかにウソのかたまりかが分かる。成長ができないどころではない。20世紀の大半を通じて経済覇権国家として君臨するアメリカが最強の国民経済を育てたのは、まさに19世紀の大半を通じて経験してきたデフレのまっただ中でのことだった。

10年代ごとのマネーストック増加率を見ると、75％を中心に20〜150％という範囲で推移していたので、貨幣の供給量自体は潤沢だったと思いこみがちだ。だがアメリカの場合、子どもの出生率も高めで、移民の純流入数も多かった。だから10年間の累計で平均75％、年率に換算すれば5・5〜6・0％という程度の伸びでは、モノやサービスの値段が上がるどころか下がる年のほうが多かったわけだ。

当時の政治家、官僚、そろそろ出没しはじめていた経済学者はこの万年デフレ状況を真剣に克服すべき課題だと考えていたのだろうか。どうも、そういうフシは見受けられない。アメリカは、当時から経済を良好な成長環境に置くための政策を意図的に推進してきた国だった。だが金利やマネーストックを操作する金融政策や、赤字国債の発行による公共事業の遂行といった財政政策が議論の焦点ではなかった。

19世紀アメリカの経済活性化は「土地と鉄道」が主役だった

アメリカで当時最大の政策効果を期待されていたのは、大陸横断鉄道の両側の土地を中心にした国有地の払い下げだった。

1815年に終結したナポレオン戦争と1861〜65年の南北戦争のちょうど中間点あたりの1836年に、年間で約2000万エーカー（約8100平方キロ——日本の国土面積の47分の1に当たる）と史上最大の払い下げ面積を記録した。その後、インフレに転換する直前だった1854年に2番目に大きなピークである約1300万エーカー（約5300平方キロ）、さらに長期デフレも末期に差しかかった1888年に3番目のピーク、約800万エーカー（約3200平方キロ）となっていた。

この国有地売却がデフレ対策ではなかったことは、1830年代に次いで大きな面積を払い下げた1854〜60年の7年間が19世紀アメリカでは珍しいインフレ期に当たっていることでも分かる。むしろ東海岸の政治・経済分野のエリートたちが徐々に開拓されつつあった西部諸州を奴隷制プランテーションが支配的な地域ではなく、小規模自作農の地盤にしたいという思惑で推進した事業だった。

逆に言えばデフレという金融環境は、克服すべき課題としての優先順位がかなり低かったわけだ。そしてデフレが長期にわたって放置されていたことによる実害は、何ひとつなかった。「デフレでは借入金の返済負担は年を追って重くなるから、融資が伸びない。だからデフレでは経済成長が進まない」というのも、よく聞くデフレ警戒論だ。実際にどうかと言うと、1830～50年代のアメリカの経験は正反対だった。

1820～60年のアメリカの銀行数と融資残高の推移を調べると、銀行数との比較でとくに融資残高の伸び率が目立つのが1832～37年だった。この融資残高急増の一因は、1830～36年の国有地払下げ面積の急上昇だった。ようするに事業のための資金需要があって事業の持続可能性に成算があれば、借金の返済負担が毎年目減りするか、それとも拡大するかというのは、それほど大きな問題ではないのだ。

2番目のピークは、預金プラス流通中現金の総額に対して銀行が保有する正貨の比率が最低となった時期に一致している。これもまたまだインフレ期には入っていないが、国有地払い下げのピークに呼応して、資金需要が高まった時期と一致している。そして、1850年代末からアメリカ経済がデフレを脱却してインフレに転換していくのは、マネーゲームのおかげではなく、国有地の払い下げが創出した大勢の小規模自作農の資金需要の積み重ねがきっかけとなっていた。

さらに文字どおりの意味でドロ臭い小規模自作農たちの資金需要を支えていたのは、当時アメリカで急激に営業総延長を拡大していた鉄道網の普及だった。

アメリカの人口はイーブンペースで淡々と伸びていた。淡々と言っても1830年の約1200万人から1890年の6000万人へと60年間でほぼ5倍増だから、いわゆる旧大陸諸国では考えられないような急成長だ。一方、鉄道総延長は1830年には取るに足らない数字だったものが、1890年には約17万マイル（約27万キロ）へと激増している。このすさまじい勢いでの普及を支えていたのが、技術革新の成果をストレートに反映したレール価格の下落、とくに丈夫で加工が容易な鋼製レールの慢性的な価格低下、つまりデフレだった。

1867年にはトン当たりで鋳鉄製レール約80ドルの2倍以上の170ドル近い価格だった鋼製レールが1882年にはどちらもトン当たり50ドル未満で、鋳鉄製のほうがやや安いだけだった。とくに鋼製レールの値下がり率の高かった1870年代半ばから末の時期は、鉄道総延長の伸びがとくに急角度に立ち上がりはじめた時期だった。

まだまだ群雄割拠だったこの時代に「鋼製レールの価格はもっと下がるから、下がりきるまで設備投資は抑制しておこう」と考えた鉄道会社の経営者がいたら、とうてい競争に伍して生き延びることはできなかっただろう。どちらがどれほど早く、どれだけの市場シェアを占めるかという競争のさ中に、そんな悠長なスタンスで設備投資計画を策定できるわけがないのだ。

そして鉄道総延長の拡大に鋼製レール価格の急落が大いに貢献し、アメリカ国内のあらゆる物品の輸送コストを着実に押し下げていた。

アイオワ州の生産地とニューヨーク市とのあいだで小麦を輸送するコストは、1870年には小麦の農場渡し価格よりやや高いくらいだった。ウィスコンシン州はアイオワ州よりニューヨークにかなり近いので、輸送コストは小麦価格の約60％に抑えられた。だが60％もそうとう大きな負担だ。それが1910年にはアイオワ・ニューヨーク間でも40％未満、ウィスコンシン・ニューヨーク間なら10％台半ばまで低下した。

また水上交通でも、アメリカは蒸気船の実用化でイギリスにも先行するほど進んでいた。最初に商業的な成功を収めた蒸気船は、1809年にアメリカ人であるロバート・フルトンが取得した改良特許にもとづく汽船だった。こういう交通技術の画期的な進展があり、それが広い国土の大部分にわたって実用化できたからこそ、あれだけ広大な土地が一握りの大地主に集中することもなく、分散した小規模自作農によって経済的にペイする農作物の栽培ができていたのだ。

高くなったモノの売れ行きは落ち、安くなったモノの売れ行きは伸びていた

じつは長期デフレの最初の年である1873年にいたる2年間は、異常な素材価格の急騰が見られた時期だった。石炭価格も銑鉄価格も1871～73年の2年間で2倍以上に急上昇していた。1865年に『石炭問題』という本を執筆して、「石炭不足によって人類文明は滅亡する」と主張したスタンレー・ジェヴォンズは短期予測としてなかなかいい線を行っていたわけだ。

現代商品市況における中国のように、この時期に商品や素材を買いあさっていた分かりやすい悪玉がいるわけではなさそうだ。だが、この1871～73年の素材価格のすさまじい上昇ぶりがその後20年以上にわたる先進諸国のデフレを準備したのかもしれない。

そしてデフレ期の大底となった1895年には、石炭がかろうじて1871年と同水準に踏みとどまったほかは、銑鉄も鉛も亜鉛も1971年より低い価格まで落ちこんでいた。素材が安く手に入るから、割安価格で大量にモノをつくることができる。さらに大きな需要を開拓するという好循環が形成されていた。

ところが依然として1871年価格の半額強の安値だった鉛を例外として、1895年に底

打ちした素材価格はその後上昇に転じ、1910年にはいずれも1871年価格を上回る水準に上がっていた。我々は、第一次世界大戦前と後で非常に大きな変化があったことばかり意識しがちだ。だが少なくとも商品市況においては、1910年にはもう物価の下落と大量生産と需要拡大の好循環は断ち切られていたことに注意しておく必要がある。

あまりにもアホらしい議論なのでついつい真面目に取り合う意欲を失いがちだが、「デフレ・スパイラル」論の核心は以下のとおりだ。いったん価格下落が始まると買い手は「もっと下がる」という期待で買いの手をひっこめる。売り手は期待していたほど数量がさばけないので、さらに価格を下げる。こうして価格低下→売上数量減少→さらなる価格低下という悪循環が形成される。

こういう愚劣な屁理屈をこねる連中には現実の歴史を見ていただきたいものだ。長期デフレの1870～90年代に石炭や銑鉄といった基礎資材の価格が低下したことは、需要量を押し下げただろうか。まったくそうではなかった。石炭や銑鉄で価格低下と需要の増減を確認しておこう。

希少性が高く、価格も高い無煙炭はこの1870～90年代を通じてほぼ均等ペースで生産高が拡大しつづけていた。希少性も低く価格も低めの瀝青炭《れきせいたん》は1870年代末までの価格高騰期にはやや低迷していたが、その後高すぎた価格水準が訂正されると需要が急激に伸びていった。

また銑鉄も１８７０年代初めの価格急騰の影響が残っていた１８８０年代初めあたりまでは需要も低迷していたが、その後価格が本格的に低下した80年代半ばからは生産高の拡大ペースが高まっていった。いったい、どこを見ると「価格が下がると売上＝生産高が縮小する」などという議論ができるのだろうか。

逆に価格が上がれば需要量が下がり、経済が収縮するという証拠は歴然として存在する。１８７１～73年に工業資材価格が急騰し、その後１８７０年代末まで高止まり傾向にあったことは、すでにご紹介しておいた。その影響は実質ＧＮＰ（国民総生産）の数値にはっきり表れている。つまり１８６９～78年の10年間は総額で見ても国民１人当たりで見ても、実質ＧＮＰが横ばいだったのだ。

これが世界的視野で見た場合にも、１８７０年代のパフォーマンスが１８８０年代のパフォーマンスに比べて顕著に悪かった大きな理由のひとつだろう。１８７０年代の経済成長率の低さは、「デフレ期に突入したばかりで、うまく適応できなかったから」というより、その直前にアメリカでかなり急激なインフレが起きていたから、生産活動が収縮したことに起因する。

さらに第二次産業の代表的なサブセクターの１８７２～76年の5年間累計成長率を見ると耐久財産業がマイナス30％、銑鉄・鋼鉄がマイナス45％、建設業がマイナス30％、第二次産業全体でもマイナス10%と、かなり深刻な収縮を示している。とくにたった2年間で価格が2倍になってしまった銑鉄をふくむ、鉄部門の落ちこみが激しかった。安いものは多く買うし、高いものは少ししか買わないという当たり前の価格メカニズムはつねに働いているのだ。

19世紀後半のアメリカ実体経済の拡大と成長に、鉄道が多大の貢献をしたことはまちがいない。それなら、株式市場での鉄道各社のパフォーマンスが良かったかというと、そうでもない。ここが経済全体と金融市場との大きな差だ。だからこそ金融業界は経済全体が潤うことより、金融資産の価格を上げるような政策をゴリ押しする傾向を持っている。

1866〜1900年のアメリカ株式市場における鉄道株のパフォーマンスをふり返ってみよう。1866年1月に85くらいだった鉄道株指数は1871年5月には120を上回った水準で天井を打ってしまい、その後1881年の130まで新高値が取れない状態で低迷していた。この株価的には低迷していた時期が鉄道総延長の伸び率という点では画期的な加速があった時期だった。もちろん鉄道各社間の競争は激しく、安定して高収益を確保できる企業などほとんどなかった。

1874年1月の40から出発した別の鉄道株指数は、長期デフレ期をほぼ完全にカバーした上で1900年で終わっている。1877年6月の23くらいまで下落したあと、1881年6月にこの観察期間全体の高値である60弱まで急上昇する。だがその後は1896年8月の33か

34あたりまで、ほぼ15年間にわたってずるずる下がっていった。

つまりアメリカで鉄道業という事業がいちばん華やかだった1880〜90年代には、鉄道株はほぼ全面的に下げつづけていたことになる。そもそも株価は特定の産業や企業の経済全体に対する貢献度の指標ではないのだから、当たり前だと言ってしまえばそれだけのことだが。

排外主義が移民という金の卵を殺してしまった

1870〜90年代のアメリカ国民は、さまざまな面でおっとり構えていて、政府にあれやこれやのデフレ対策を要求することもなかった。たとえば1870〜90年代は毎年のアメリカへの移民の流入数もかなりの高水準で推移していた。そして、移民たちがアメリカン・ドリームを追求する際の障害も比較的低かった。

1880年代は1900年代に次いで史上2番目に多くの移民がアメリカ国内に流入した10年間だった。だが当時のアメリカでは「我々の賃金や給与がなかなか上がらないのは、移民が低賃金で仕事をさらっていくからだ。移民を制限せよ」という運動はあまり活発にはならなかった。

そうした排外主義的な運動が力を持つのは、第一次世界大戦での主としてドイツとのきびしい戦闘に身をさらした経験をしてからのことだった。そして1920年以降は、次々に移民に対する制約を強化する立法措置が取られていった。その結果、1900年前後には年間で100万人を超えていたアメリカへの移民数は、30年代大不況期には年間3000人程度まで激減してしまった。

これに対して完全失業率の推移は非常に皮肉な現実を示している。アメリカ国民が移民に対する警戒心をほとんど持っていなかった第一次世界大戦前の失業率は水準として非常に低かった。それなのに移民制限法を矢継ぎ早に成立させた1920年代以降、第二次世界大戦終了までの失業率はアメリカ史上もっとも高いものとなってしまった。

お釈迦様の垂らしてくれたクモの糸ではないが、「こんなにか細い糸にみんなが群がったらオレまで落ちてしまう。みんな手を離せ」と言った瞬間に、ほんとうに雇用環境が悪化してしまったのだ。移民はたんに低賃金でよく働くばかりではなく、自分たちのアメリカ生活の基盤を確立するために積極的にモノを買う消費者でもあったのだ。だから彼らを締め出せば経済全体が収縮するのは分かりきったことだったのだが。

長期デフレの1870～90年代の失業率を見ると、1870年代半ばに直前のインフレ率急騰の影響で一過性の急上昇はあったが、それ以外だいたい3～5％の範囲内に収まっていた。ここにもまた「デフレは経済を委縮させ、雇用を悪化させる」という議論が実際のデータにもとづかない観念論だということが露呈している。

実質所得の推移は、デフレこそ勤労者の味方だと教えている

さらに実質所得の推移を見ておこう。特定の所得でどの程度のモノやサービスが買えたのか、ようするにどの程度豊かな暮らしができたのかを直接教えてくれるデータが実質所得だ。

長期デフレが始まる2年前の1871年までは70億ドル台の下のほうで停滞していたアメリカの実質所得は、長期デフレの開始とともに上昇に転じ、1879年には150億ドルに迫る。たった8年間で2倍も増えていたのだ。

そして1879年の150億ドルから、1896年の250億ドル近くまで上昇していた。この間に物価は明らかに下落していた。だが名目所得はゆるやかながらも上昇基調を維持していたので、実質所得はさらに大きく伸びていたわけだ。

同じことを10年代ごとの国民総生産（GNP）と国内総生産（GDP）で示すと、以下のとおりとなる。国民総生産とは世界中どこであれ、アメリカ国民が稼ぎ出した富の総額を示している。国内総生産とはどこの国の国民であれ、アメリカで稼いだ富の総額を示している。

実質国民総生産も実質国内総生産も1869〜78年の10年間に対して、1879〜88年の

10年間の平均値は倍増に近い大幅な伸びとなっている。これはまだインフレ基調だった1869～78年の10年間に対する、デフレ基調が定着してからの1879～88年の10年間のアメリカ経済のパフォーマンスの改善ぶりを示している。

消費者物価指数が一貫して下落していた長期デフレを通じて、アメリカの実質GDPは上昇しつづけた。そしてアメリカの実質1人当たりGNPは長期デフレの始まった1873年には2009年価格で約5000ドルだったが、長期デフレの終わった1896年には約7200ドルまで上がっていた。

今度は1870～2014年という超長期での米ドルの購買力の変動を見てみよう。1913年に創設され、翌14年に窓口を開いた連邦準備制度（Fed）は本位貨幣としての金あるいは銀の裏付けもなく、根拠となる資産のない純然たる借用証として米ドル札を配布することを平然と許されている。Fedが創設されてからは、創設以前のような安定した貨幣価値を米ドルに求めることはできなくなってしまった。1873～96年の長期デフレの時期を通じて購買力がほぼ正確に2倍に上昇していた米ドルはその後購買力を失いつづけ、現在では1872年当時の米ドルに換算すれば5セント分の価値しかなくなっている。

長期デフレの1873～96年を通じて、アメリカ経済にふたつの大きな変化が生じていた。

ひとつ目は、商品価格指数は南北戦争末期の190というピークから1890年代末の70の大底までで、ほぼ3分の1に激減していた。だが生活費指数は同じく南北戦争末期の100強のピークから、1890年代半ばの75前後の大底までで、約25%目減りした程度だった。この下落率の大きな差は、何を意味しているのだろうか。

もうこの時期からアメリカ経済では、大量生産によって価格を下げやすい商品から、量産も価格圧縮もモノほど簡単にはできないサービスに消費の中心が移行しはじめていたということだ。中長期的に見れば、商品価格は下がり、人間の消費に占める商品の比率も下がる。それが、世界経済の趨勢なのだ。

ふたつ目の大きな変化は金と銀の価格推移が違ってきたことだ。金価格が南北戦争中の高値こそ維持できなかったが、長期デフレ期にも南北戦前の水準は安定して維持していたのとは対照的に、銀の実質価格は南北戦争前の1850年代のトロイオンス当たり135ドルという高値から、1900年代には50ドルに低下していた。この間に銀は金と並び立つ本位金属という地位を失い、その他の金属と同じようにインフレ期には値上がりするがデフレ期には値下がりするふつうの商品に変わったということだ。

住宅価格の急騰は庶民のインフレ対策だったのではないだろうか

アメリカには長期デフレの出口である1890年代末に記録した実質最高価格を結局20世紀を通じて上回ることができなかったが、2000年代に入って、あっさりその2倍近い水準まで急上昇した極端な値動きの商品がある。住宅だ。

なぜ住宅ばかりがこんなに値上がりしたのだろうか。サブプライム住宅ローンという、危険きわまる信用力の低い個人世帯への住宅ローンが普及したのも一因だっただろう。

だが結局のところ、延々とインフレの続いたアメリカでは一般大衆にいたるまで、インフレの世の中ではなるべく大きな借金を長期にわたってしつづけるのが得だと分かっていることが最大の理由ではなかっただろうか。庶民が大金を借りられるのは、なるべく少ない頭金と大きなローンで家を買うときだけだ。だから、少しでもインフレ経済の余禄にあずかりたい庶民がいっせいになるべく大金のローンを組んで家を買ったので、こんなにすさまじい値上がりとなったのだろう。

そして2009年春ごろまでは、2006～08年の急騰局面をそっくり折り返したような急落だったが、そのころアメリカ経済が底打ちしてからは、さすがに上昇はあまりしていないが下落もしなくなっている。つまりアメリカにはいまだに適正価格をはるかに上回る価格で組んだローンが払い終わっていない住宅がかなりあるのに、新規ローンで似たような価格帯の住宅が売られているのだ。今度金融市場が崩れ始めたら、住宅市場も連れ安するだろう。

こういうさまざまな問題をかろうじて食い止めていたのが、年率2％程度の「おだやかなインフレ」の持続だった。それを支えていたのが金融面では連邦準備制度委員会による量的緩和というマネーストックの増加であり、実物経済では中国による資源浪費だった。だが中国はもう今までどおりに世界中から資源を買いあさる資金が循環できなくなってきた。1980～90年代は市況商品の万年不況と言われた時代だったが、マネーストックの増加と中国の資源買いあさりによって、商品不況は2000年代に入ってから中断していた。

だが世界中の国民経済が、どんどんモノよりサービスが売れる方向に変化している。商品不況はすぐにも再開されるだろう。そうなって初めて世界中の知的エリート集団が国、一流企業、大手金融機関、そして大金持ちへの親近感から何とか守り抜こうとした慢性インフレも払拭され、勤労者にとって望ましい物価の上がらない時代が戻ってくるだろう。

第6章

世界統一累進資本税は、格差解消の妙薬か

市場の力に任せていたのでは、すさまじい金持ち間格差問題が解消できないと信ずるピケティは税制に救いを求める。

所得税でも相続税でも失敗した累進課税が資本税なら成功するのか？

まず所得税率の累進性を高めるという正攻法から検討していこう。

図表6-1の上段は欧米4ヵ国の最高限界税率の推移だ。ピケティは結局高い限界税率が適用できたのも戦時の熱狂の中だけであって、平和とともに累進性はどんどん下がってきたと考えている。だが、とくに第二次世界大戦直後にはドイツ、フランスの累進性が比較的低くて、アメリカ、イギリスの累進性が高かったことを考えると、これは戦時の熱狂というより冷戦対策だったのではないかという気がする。

国民全体に社会主義運動に対する免疫があったドイツやフランスでは、それほどソ連東欧圏からの国際社会主義運動の脅威を感じなかったので累進性も極端に高くしなかった。だが国民のあいだで社会主義運動に対する免疫がほとんどなかったアメリカやイギリスでは、いいとこのお坊ちゃんたちがソ連東欧圏の影響下に取りこまれてしまうのを防ぐために、思いきった累進課税を導入したというわけだ。だからこそ下段で見るように勤労所得と不労所得とのあいだ

図表6-1　欧米4ヵ国の最高限界所得税率推移（1900～2013年）

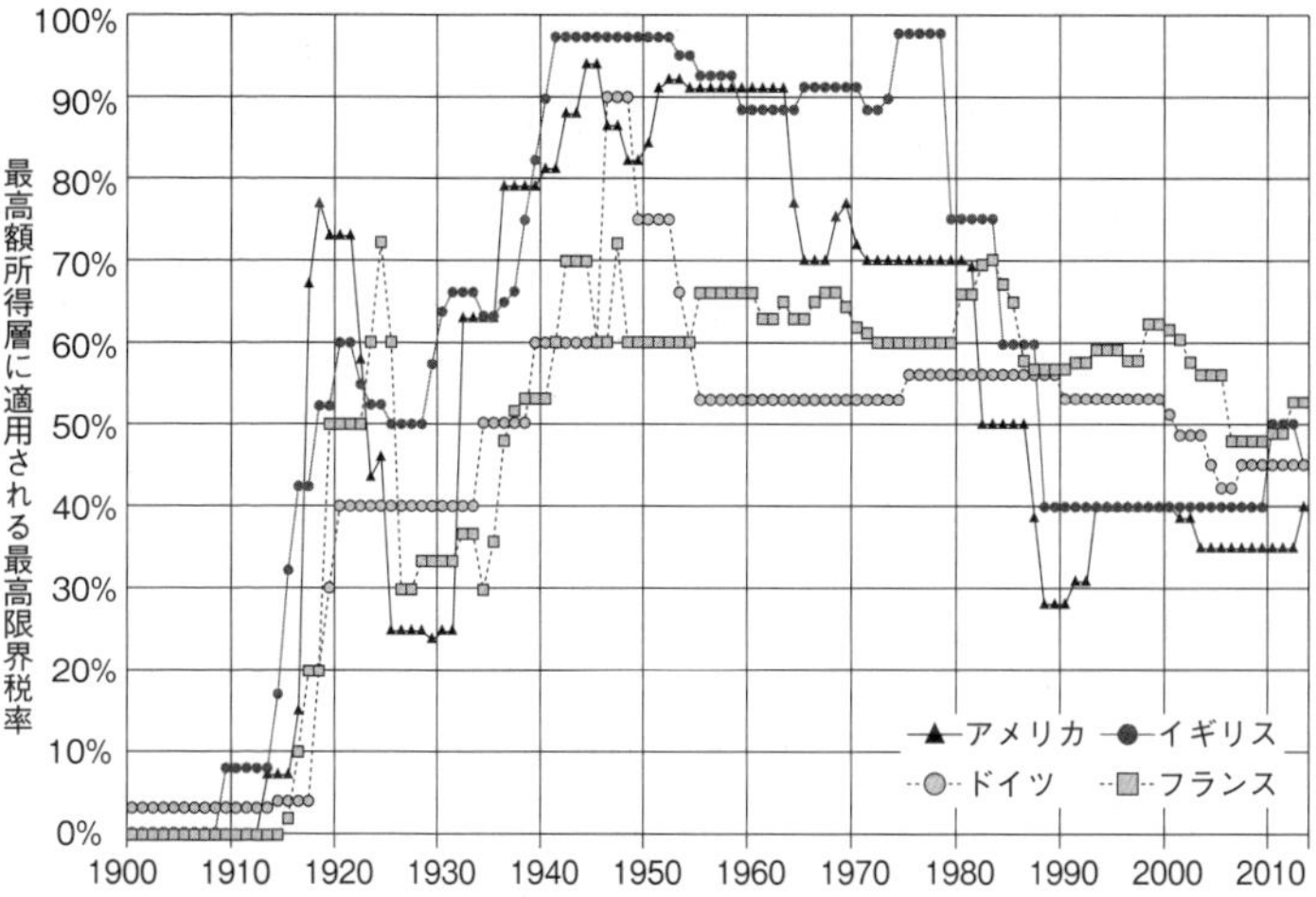

アメリカの（最高額所得層に適用される）最高限界税率は1980年の70%から、1988年の28%まで下がった。

英米の勤労・不労所得別最高限界所得税率推移（1900～2013年）

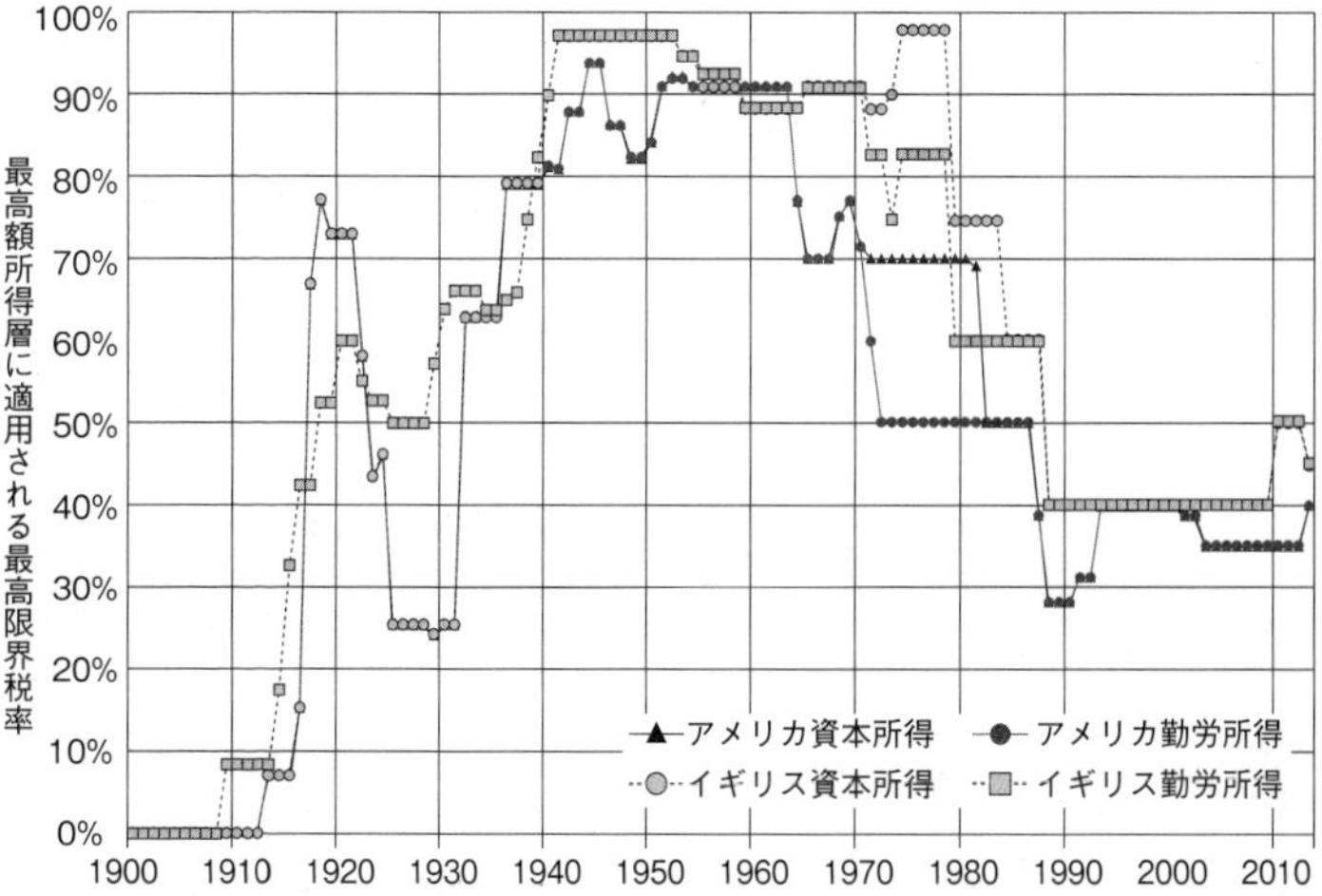

1970～80年代のアメリカとイギリスでは、資本所得に適用される最高限界税率のほうが勤労所得に適用される成功限界税率より高かった。

出所：ピケティ『21世紀の資本』、（上）521ページ、（下）ウェブ版付録75ページより引用

で最高限界税率に差を付けるというような細かい芸当もやってみせたのだろう。

そして最高限界税率が急激に下がったのも、戦時の熱狂が冷めた時期と言うよりは1980年代以降、ソ連・東欧圏の知的エリートに対する影響力が激減した時期だった。ピケティの戦時熱狂説を取るにしても冷戦対策説を取るにしても、所得税の累進性を高めた政策は戦時の税源を拡大するためというより政治的な思惑が先行したと考えられる。

「先進諸国の財務・税務官僚は、ほんとうはなるべく公平性の高い税制を実施したいと思っている。だが、各国が競争で優良企業や高額所得者を招きよせるような税制競争をしているので、その競争に負けないように、心ならずも実際には大企業や金持ちに有利な税制へと改悪を続けているのだ」というピケティの主張は、**あまりにも官僚性善説に立ち過ぎ**だろう。同じような累進課税の腰くだけ状態は、相続税でも歴然としている。

図表6-2の上段は、相続税制でも社会主義運動に対する免疫のない英米が1980年代初めまで極端な累進課税を採用し、免疫のある独仏は冷戦期にはあまり累進性を高めず、むしろ最近になってからやや高めていることが分かる。そして下段には、富裕国全体として国家支出がどんどん拡大するのだから、税収総額は第一次世界大戦前のような国民所得の10％というわけにはいかず、少なくとも国民所得の30％は必要になっている事実が示されている。

どんどん拡大する国家による支出をまかなわなければいけないのに、所得税も相続税もなか

図表6-2　欧米4ヵ国の最高相続税率推移(1900〜2013年)

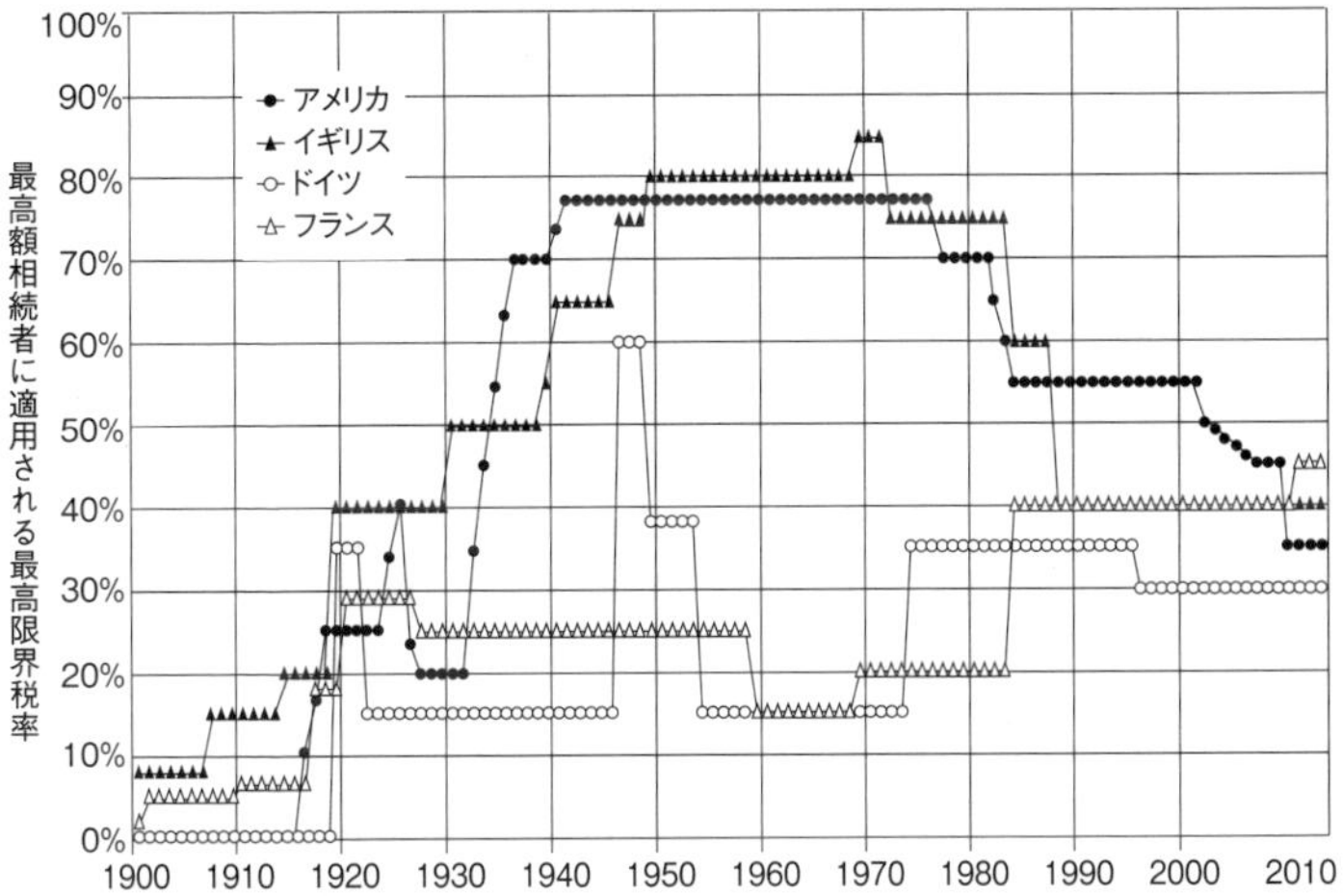

アメリカの(最高額相続者層に適用される)最高限界税率は1980年の70%から、2013年の35%まで下がった。

富裕国の税収総額推移(1870〜2010年)

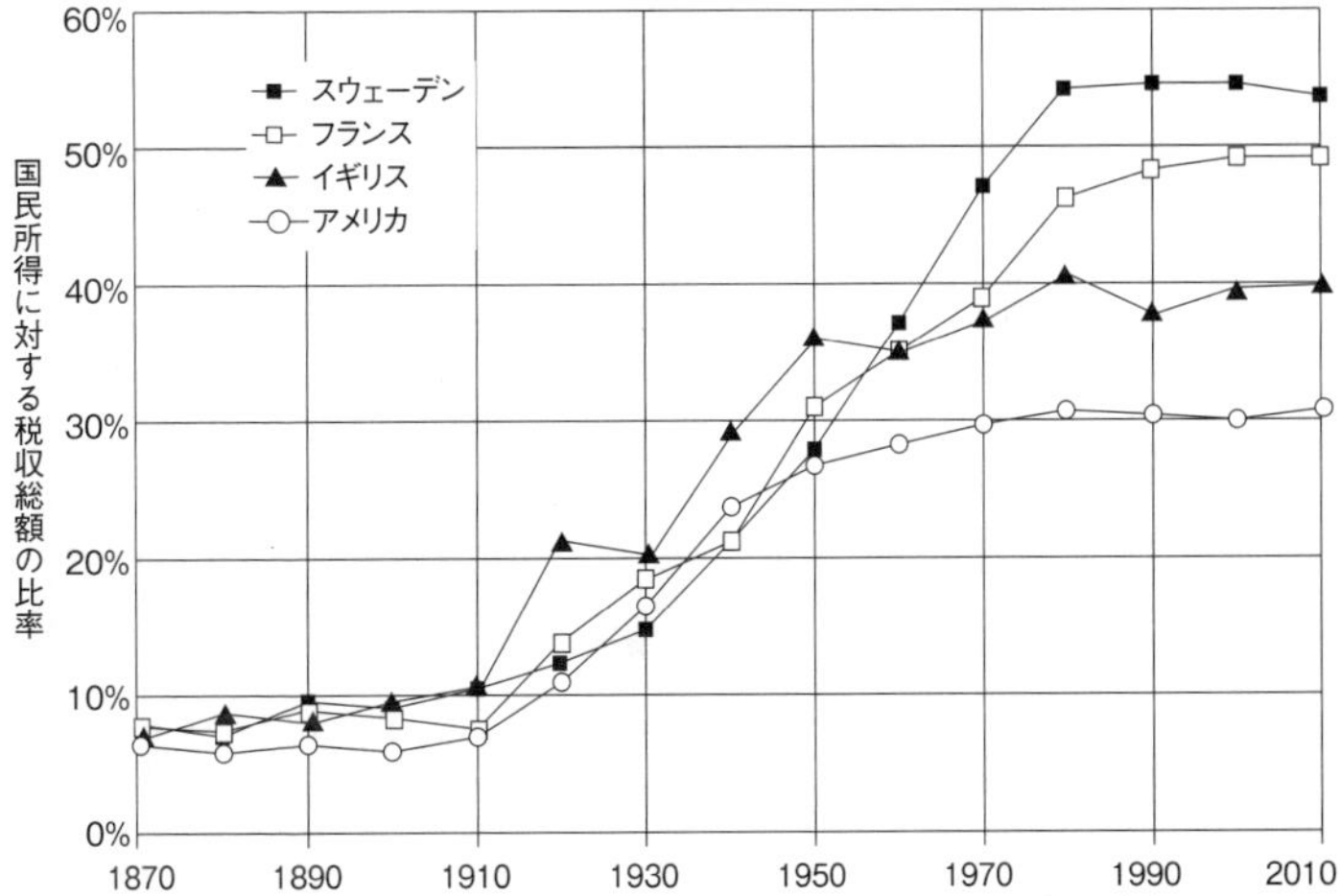

富裕国の税収総額は、1900〜10年代までは10%未満だった。2000〜10年の時点では30%から55%までと数値がばらけている。

出所：ピケティ『21世紀の資本』、(上) 525ページ、(下) 494ページより引用

なか累進性を高められないし、法人税にいたってはむしろ各国競争で税率を下げている。結局、ピケティは「それなら高額の資産保有者だけを対象に、かなり累進性の高い資本税という新税を各国共同で導入して抜け駆けの税率引き下げ競争を防ぐしか手はない」という結論に達する。

まあ、これだけの大著の結論としての政策提言としては、いささか軽量級の感は否めない。既存の税制では低率化競争にふけっている各国財務・税務官僚が新税制なら同じような引き下げ競争をしないはずだというのは、あまりにも論拠があいまいだからだ。

フランスの実例は「重い国家」の非効率性を示す

さらに問題なのは、国家が経済に果たす役割は拡大の一途をたどるという見通しだろう。むしろフランスの実情を見ると、そうなった国は経済が劣化している。なるべく国家が関与しないように努力した国が比較的健全な経済を維持できるという説のほうが有力だと思えるからだ。図表6-3の上段はフランスの政府総債務の対GDP比率だ。2012年の時点でもう85%とかなり高い水準にあったものが2013年には89・2%、2014年には92・2%とさらに上昇している。まあ、ここまでは「すでに230%を超えている日本に比べれば、まだマシだ」という見方もできる。

図表6-3　政府介入の拡大がまったく無意味だったフランス経済

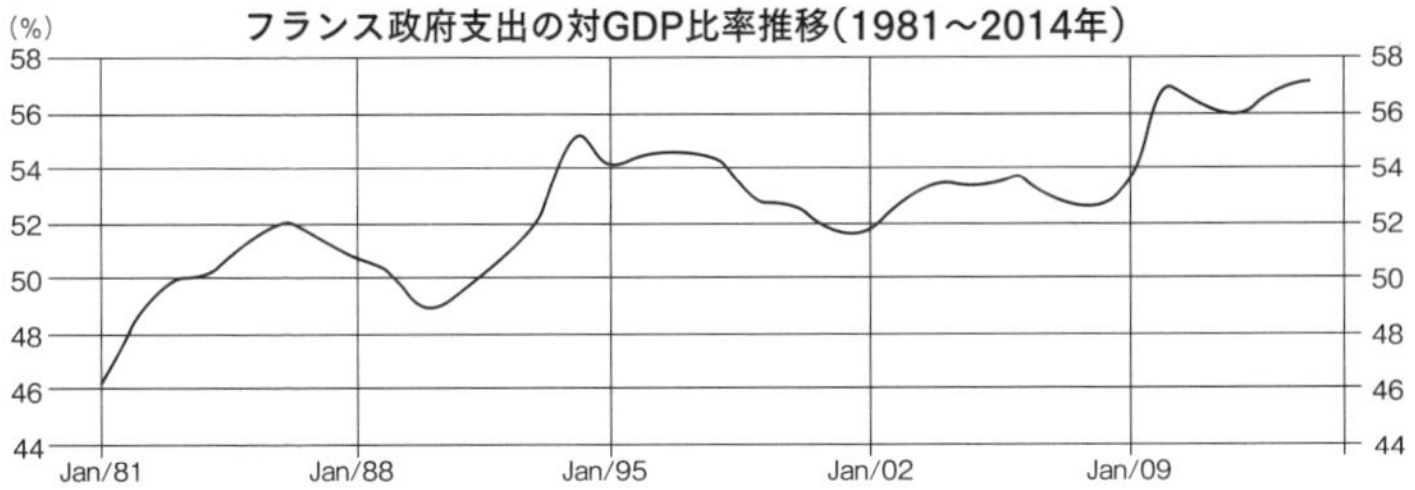

原資料：Trading Economics,EUROSTAT

出所：ウェブサイト『Contra Corner』、2015年1月5日のエントリーより引用

だが、この政府総債務の拡大にもかかわらず、GDPは2013～14年度とほぼ一貫して横ばいにとどまっているのだ。つまり政府が総債務を拡大して実施したはずの景気刺激策はほとんど何の効果も発揮していない。これもまた最近では日本も似たような状況であるのも事実だが。

しかし下段を見ると、政府支出のGDPに対する比率が1981年の46％から2014年には57％へと、こちらはほぼまちがいなく世界の富裕国の中でもいちばん「社会主義化」の進行した比率となっている。問題なのは、こうして政府の経済に占める役割だけは膨張を続けているフランス経済はユーロ圏諸国の中で唯一、ユーロ導入前も悪かったし、導入後も不振が続いて

図表6-4　ユーロ前、ユーロ後、どちらも悪いフランス経済

ユーロ導入前の工業総生産高変化率（1990〜99年）

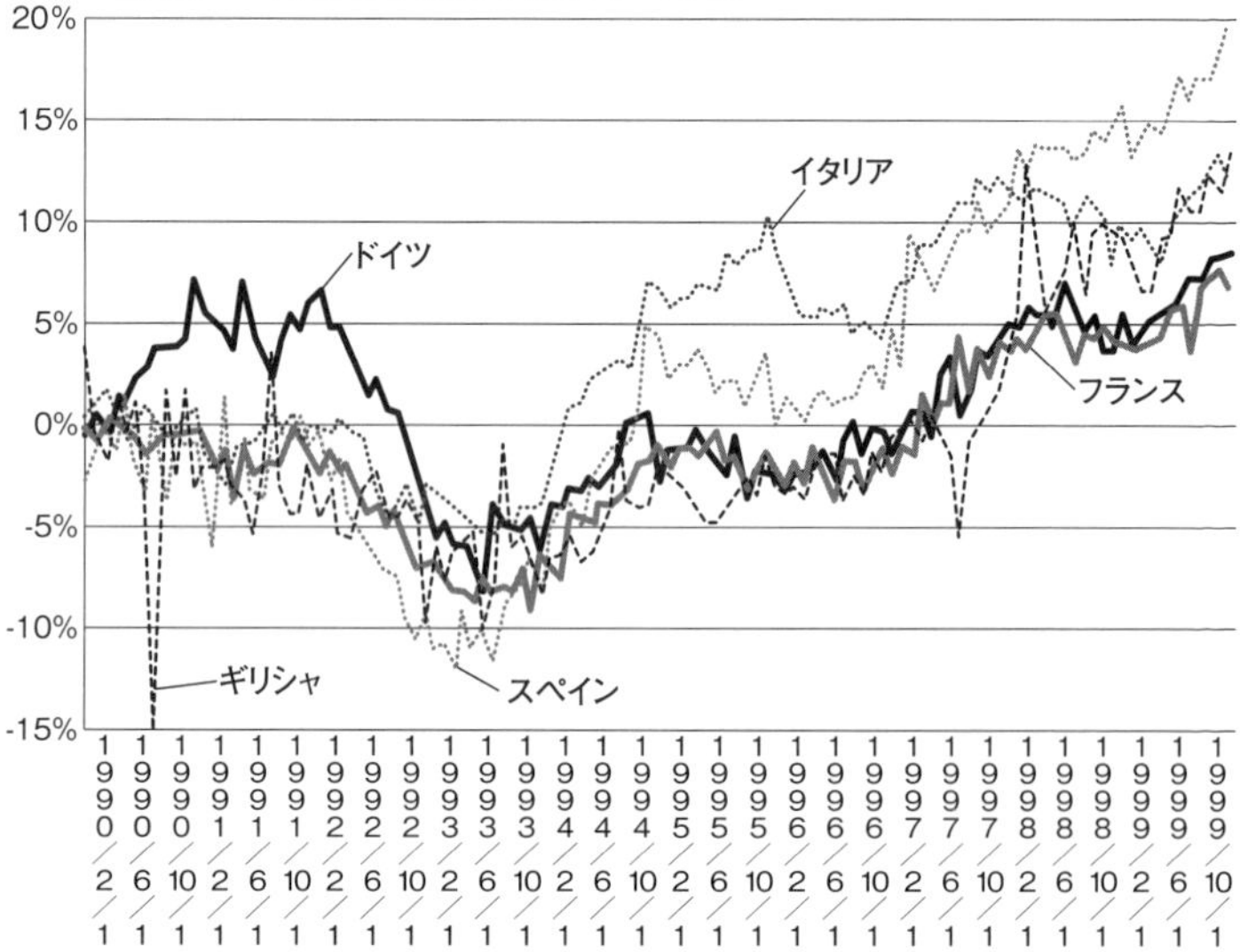

ユーロ導入後の工業総生産高変化率（2000〜14年）

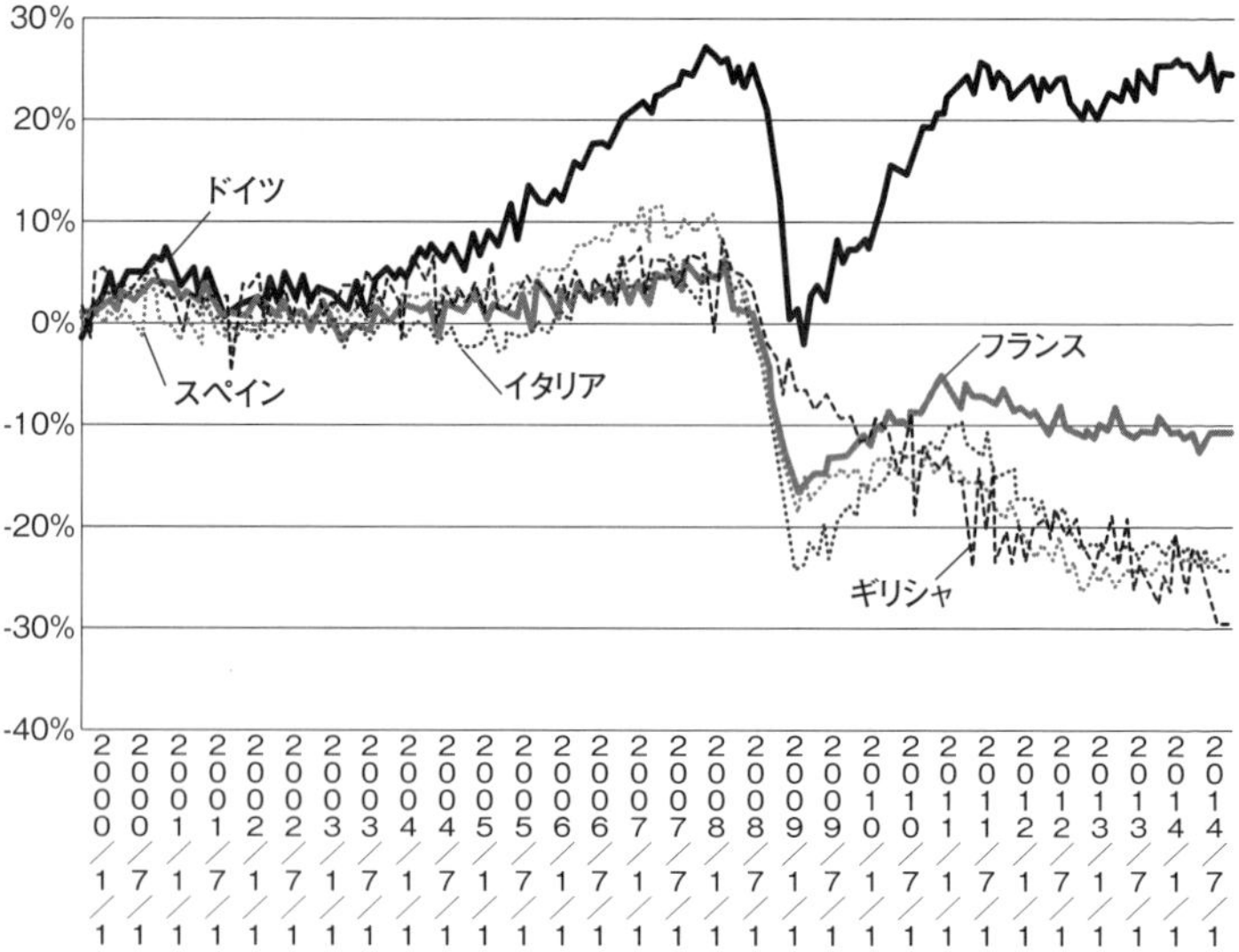

出所：ウェブサイト『First Rebuttal』、2015年1月25日のエントリーより引用

いる事実だ。

図表6-4でご覧のとおり、ユーロ導入以前、イタリア、スペイン、ギリシャの工業生産高の伸び率が比較的高かったころ、フランスはドイツの9年間の累計で約8%より低い約7%で、5ヵ国中最下位にとどまっていた。そしてユーロ導入以降は導入前好調だったイタリア、スペイン、ギリシャがマイナス成長に転落する一方、導入前に苦戦していたドイツは14年間の累計で約25%成長という様変わりの大躍進となった。

だがユーロ導入前最下位だったフランスは14年間の累計でマイナス10%と、マイナス20~30%のイタリア・スペイン・ギリシャほどひどくはないが、はっきりとマイナス成長に落ちこんでいる。この5ヵ国でフランスだけユーロ導入以前も以後も経済不振が続いているのだ。

ピケティは市場の力に任せておくより自分と同じように明晰な頭脳を持ち、自分と同じようにグランゼコールを優秀な成績で卒業した高級官僚に任せたほうがうまくという理屈以前の信念を持っているようだ。だが、それはどう考えても経済格差解消の妙手にも、フランス経済活性化にもつながらない袋小路でしかないだろう。

税制いじりは抜け穴を通じた経済全体の非効率化を招く

アメリカの法人税制では、アメリカを本拠地とする企業が海外の子会社で得た利益は本国に還流しないかぎりいっさい課税されないことになっている。その結果、2008年時点でもアメリカ生まれの多国籍企業全体の利益のうち、43%がバミューダ、アイルランド、ルクセンブルク、オランダ、スイスといった法人税率が低いか、法人税が存在しない海外拠点に設立された子会社・関連会社で稼ぎ出したことになっていた。

第2章で詳述したとおり、大手金融機関の海外収益はほんとうに利益率が高かったと思われるが、製造業などで実際に海外業務の利益がこんなに大きかったのかについては疑問が残る。むしろそのうちの一部は、租税回避のための帳簿の上の利益付け替えだったのではないかという疑いがある。

とにかく2014年春の段階ではGE、マイクロソフト、ファイザー、メルク、アップル、IBM、ジョンソン・エンド・ジョンソン、シスコ、エクソンモービル、シティグループといった錚々《そうそう》たる企業が莫大な利益を海外法人の内部留保として溜めこんでいる。最上位10社だけの大ざっぱな集計でも6000億ドル、日本円にして72兆円を超えているだろう。

これはアメリカ政府が自分たちの企業に有利に作ってくれた税制を利用して、本則どおりの法人税に対してはるかに低い税負担で済ませている点で、明らかに国家にたかる行為だ。貧しい人々が国の支援によってかろうじて生計を維持しているのと比べて、はるかに経済全体に対するロスが大きいたかり行為なのだ。

生活保護のような貧しい人々への支援は生きていくための経費、つまり消費活動として経済に還流している。だがアメリカの一流企業が海外で溜めこんだ現預金は、ほとんどまったく経済に還流することのない完全な死蔵資産だ。たとえば800億ドルを超える海外現預金を持っていたアップル。2013年末から2014年初めにかけての自社株買いや配当の原資を全額社債の新規発行でまかなった。海外の手元現預金にはまったく頼っていない。

今回の自社株買いや増配だけ、たまたまそうしたわけではない。海外の内部留保をアメリカに還流させればアメリカでの法人税率が適用されるし、内部留保を使った自社株買いや配当には何の税制上の恩典もない。だが借金でやれば利払い分は税額控除ができるから、アップルとしては同じような株主優遇策のたびに、社債発行で資金を捻出したほうが財務効率がいい。そうアップルは確信してやっているのだ。莫大な海外での内部留保には手を付ける必要はない。

そもそも800億ドル、日本円にして10兆円弱という手元流動性はたとえアップルのような巨大企業でも、ふつうに設備投資や研究開発で使い切ることができる金額ではない。アップルという企業の寿命がどれほど長いかは不明だが、結局この莫大な金額の内部留保は、どこかで発生したすさまじい欠損を埋めるため以外に役に立つことはない、床の間の置物で終わるだろう。

それはたんにアップル1社の問題ではない。有力なロビイストを使って、自社ないし自分たちの属する産業に有利な法律や制度を政府に作らせ、その恩恵を受けて利益を拡大しつづけてきたアメリカの基幹産業に属する有力企業全体の問題なのだ。

2008年の経済危機後に発行された新発社債の87%が設備投資や研究開発ではなく、自社株買いと増配という株主優遇策のための資金調達だった。こうしてアメリカ企業の財務・税務方針が「内部留保のための内部留保」「株主優遇のための社債発行」に傾斜していくにつれて、アメリカの資本ストックがどんどん老朽化してきたことも数量データで立証されている。

つまり貧困者に対する国家支援が受給者の生活を支える経費として経済に還流しているのに比べると、大企業や金融機関に対する支援は海外でまったく使途のない現預金を積み増しすることと、国民全体から見れば一握りの大口株主同士で利益を分け合うことだけのために浪費されているのだ。

非効率だから企業収益は上がっても、経済成長率は下がる

自由競争の市場経済というのは精妙な仕組みになっていて、アメリカ政府や一流企業群がこれだけバカをやりつづけても、本来であればうまくいくようにできている。一流企業が海外で現預金を溜めこみつづけて何の用途にも使わなければ、世界中で、とくにアメリカで資本財として消費されるはずの商品の売れ行きが落ちて価格が下がる。そこで意欲的な中小企業や新興企業が新しいプロジェクトに取り組みやすくなり、経済成長が加速される。海外でムダに現預金を溜めこんでいる一流企業は資本財価格を下げるというかたちで、間接的ながらちゃんと経済成長に貢献することになるはずなのだ。

だが現代アメリカのように、ひっきりなしに金融政策や財政政策で政府が市場に干渉している経済では、それさえうまくいかない。ジャブジャブの金融緩和によってカネが供給されつづけるので、資本財価格が低下して新規事業への投資や事業拡大が容易になるという経路までふさがれてしまうのだ。逆に言えばこれだけジャブジャブの金融緩和をしていながら、アメリカのインフレ率が低水準にとどまっているのは一流企業による海外現預金の溜めこみの持つデフレ効果が強大だからだ。このデフレ効果のおかげで、本来であればハイパーインフレを招きか

ねない現在のＦｅｄの政策とのあいだで最悪の均衡状態を達成してしまっているという見方もできる。

政府による介入が大規模化・高頻度化し、金融業が肥大化するにつれてアメリカ経済の成長率は下がっていった。

金融肥大化が始まる前、１８８０～１９８０年という1世紀を通じてアメリカの長期実質ＧＤＰ成長率は３・３％だった。それが金融肥大化の始まった１９８０～２０００年には２・８％に下がり、２０００～14年では１・４％とさらに半減している。

アメリカ経済の底流にある長期成長率が低下すればするほど、政策当局は金融や財政の刺激策を拡大することによって、短期的には高い成長率を達成する。だがそれは刺激が切れてしまえば、政策を実施する前よりもっとひどい状態を招くので、どんどん刺激を強烈にしなくてはならない。これは経済全体の政策に対する依存度を高めるという袋小路に自分から突っこんでいく過程に過ぎない。

比較的税負担の大きな国々でも資産格差は千差万別

スイスの銀行業界大手であるクレディ・スイス社が毎年、非常におもしろくて、しかも信憑《しんぴょう》性《せい》も高い資料を刊行している。『世界の富　データブック（Global Wealth Databook 20xx）』というタイトルで、２０１４年10月に刊行されたばかりの最新の２０１４年版では、世界38ヵ国の個人世帯の資産分布を十分位ごとに切り分けた詳細なデータが収録されている。

十分位ごととというのは、全世帯を保有資産の金額順に上から下まで並べて、いちばん下からちょうど10％目に当たる世帯まで、さらに10％を超えて20％目までと、10のグループに分けるということだ。なおこの十分位ごとの資産保有額の世帯総資産に対する比率に加えて、上から５％目まで、そして上から１％だけの保有資産の総資産に対する比率も収録されている。

もちろん２０１３年現在で国連加盟国数が１９３ヵ国もあるのに対して、わずか38ヵ国のサンプルなので限界はある。また一般論としてのサンプル数の少なさ以上に、アフリカからは南アフリカだけ、中東からはイスラエルだけとなっている。どちらも近隣諸国と比べてかなり特異な国がそれぞれ１国しか入っていない。アフリカ・中東地域では、この２ヵ国以外には十分位ごとの切り分けができるほど精度の高い保有資産データがないのかもしれない。アフリカ大陸や中東諸国の実態は、ほとんど反映されていないと考えたほうがいいだろう。だがここに集積されたデータはこれらの深刻な問題点を理解した上で、それでもていねいに分析する価値のある「宝の山」と言える。

まず38ヵ国を１枚の表にすると、縦にしても横にしてもかなり読み取りにくくなってしまう

図表6-5　貧富の格差が激しいほうの19ヵ国一覧

国名	下から5割	下から8割	下から81%目～90%まで	上から1割	トップ1%	世界平和指数（GPI）順位	暴力抑止産業（VCI）の対GDP比率	税＋社会保障の国民負担率OECDのみ	シャドー経済の対GDP比率	国内市場の競争環境のきびしさ
ロシア	**1.9%**	**9.4%**	**5.9%**	**84.8%**	**66.2%**	**152**	**9.5%**		**52.0%**	**5.0**
アメリカ	**1.3%**	**13.2%**	12.1%	**74.6%**	**38.4%**	**101**	**10.2%**	*30.9%*	*9.0%*	*5.9*
インドネシア	**3.4%**	**13.9%**	**8.9%**	**77.2%**	**50.3%**	54	*2.1%*		20.9%	**5.3**
デンマーク	**-4.2%**	**15.5%**	*18.0%*	**67.5%**	**29.3%**	*2*	*2.6%*	**67.8%**	19.0%	5.4
南アフリカ	**2.8%**	**15.6%**	12.5%	**71.7%**	**40.1%**	**122**	**8.6%**		**31.7%**	5.5
スイス	**3.7%**	**15.9%**	12.2%	**71.9%**	30.9%	*5*	*1.9%*	*33.2%*	*9.1%*	5.7
ブラジル	**3.1%**	**16.1%**	10.7%	**73.7%**	**45.7%**	**91**	**7.3%**		**43.0%**	**5.3**
タイ	**3.9%**	**16.2%**	**8.9%**	**75.0%**	**50.5%**	**126**	3.6%		**57.2%**	5.4
インド	**4.5%**	**16.6%**	**9.4%**	**74.0%**	**49.0%**	**143**	3.6%		25.6%	**4.8**
スウェーデン	**3.7%**	**17.2%**	14.3%	**68.6%**	30.8%	*11*	4.3%	**58.9%**	20.4%	5.4
ノルウェー	**3.8%**	**19.7%**	14.6%	**65.8%**	28.9%	*10*	4.3%	**55.4%**	20.2%	**5.3**
チリ	**4.5%**	20.4%	10.8%	**68.9%**	**41.1%**	30	3.7%	28.1%		5.6
チェコ共和国	5.0%	21.5%	11.4%	**67.3%**	**38.6%**	*11*	3.2%	**52.5%**	21.2%	5.7
コロンビア	**4.4%**	21.2%	13.6%	**65.2%**	32.8%	**150**	**9.7%**			**5.2**
オーストリア	**2.6%**	21.7%	11.6%	63.8%	29.3%	*3*	*2.1%*	**59.9%**	*10.1%*	*5.8*
ドイツ	**2.7%**	22.3%	*16.0%*	61.7%	28.1%	*17*	3.8%	**50.5%**	16.7%	*5.9*
メキシコ	5.0%	22.4%	13.2%	64.4%	33.7%	**138**	**9.4%**	*22.2%*	**31.3%**	**5.1**
イスラエル	6.1%	22.5%	11.5%	**67.3%**	**38.3%**	**149**	**8.1%**	47.4%	23.0%	**4.2**
ポーランド	5.1%	24.3%	12.9%	62.8%	33.0%	23	3.4%	43.4%	29.1%	**5.3**

出所：クレディ・スイス社『Global Wealth Databook 2014』などより作成

ので、独断と偏見でこの38ヵ国を資産格差の激しい19ヵ国（図表6-5）と、資産格差の小さい19ヵ国（図表6-6）に分けてみた。何を基準に振り分けるのかが非常に重要だが、単純で分かりやすい数値として第1分位から第8分位まで、つまり全世帯中の下から8割を合計すると、世帯総資産の何％を占めるかということに決めた。

この数値はたんに直観的に分かりやすいだけではなく、いわゆる「20：80の法則」が現実社会に適合しているのかどうかをチェックする意味でも興味深い振り分け基準となっている。つまり、世の中のさまざまな仕事について、「全体の上から20％に属する人たちが全員の業績の80％を稼ぎ、残りの標準的から落ちこぼれまでの80％を合わせても、20％の稼ぎにしかならない」という経験則だ。

当然、振り分け基準は下から8割の世帯を合わせて20％未満の資産しか持っていない国を「資産格差の激しい国」、20％台の資産を持つ国を「平均的な国」、そして30％以上の資産を持つ国を「資産格差の小さい国」と分類する。この順番に並べていって、資産格差の激しいほうから19ヵ国を示したのが図表6-5だ。

なお図表6-6の数字は太字、細字、イタリックに分けられている。すべて、太字は悪い（方向への変化）、細字は良い（方向への変化）、そしてイタリックは中立（大きな変化なし）を意味する。

図表6-6　貧富の格差が小さいほうの19ヵ国一覧

国名	下から5割	下から8割	下から81%目〜90%まで	上から1割	トップ1%	世界平和指数（GPI）順位	暴力抑止産業（VCI）の対GDP比率	税＋社会保障の国民負担率OECDのみ	シャドー経済の対GDP比率	国内市場の競争環境のきびしさ
ベルギー	***9.5%***	***36.6%***	***16.2%***	***47.2%***	***17.3%***	***9***	4.2%	**61.8%**	23.1%	***6.0***
カナダ	***13.3%***	***35.6%***	***16.2%***	57.0%	***24.4%***	***7***	***2.1%***	42.6%	16.6%	5.5
日本	***9.7%***	***34.6%***	***16.9%***	***48.5%***	***17.9%***	***8***	***2.2%***	***38.5%***	***12.1%***	***6.4***
オーストラリア	***10.2%***	***34.0%***	14.9%	***51.1%***	***21.1%***	***15***	4.0%	***36.6%***	15.0%	***6.0***
イタリア	***8.4%***	***33.3%***	***15.1%***	***51.5%***	***21.7%***	34	***2.9%***	**62.0%**	27.4%	**5.2**
スペイン	***9.7%***	***31.2%***	13.2%	55.6%	27.0%	26	***2.3%***	46.2%	23.1%	5.5
ギリシャ	***8.8%***	***30.6%***	13.4%	56.1%	26.7%	**86**	4.4%	48.3%	**31.0%**	**5.1**
イギリス	***7.6%***	***30.6%***	***15.4%***	***54.1%***	***23.3%***	47	***4.9%***	47.3%	***13.2%***	***6.1***
フランス	5.2%	***30.5%***	***16.4%***	***53.1%***	***21.4%***	48	***3.8%***	**60.0%**	15.7%	5.5
オランダ	**4.2%**	28.9%	***16.3%***	***54.8%***	***22.7%***	***20***	***3.0%***	**54.5%**	***13.2%***	***5.9***
ポルトガル	***7.4%***	28.5%	13.4%	58.3%	27.1%	***18***	3.7%	**51.4%**	22.5%	**5.1**
フィンランド	**3.8%**	28.3%	***16.6%***	***54.5%***	***22.0%***	***6***	4.2%	**57.9%**	19.2%	**4.6**
アイルランド	6.0%	27.6%	14.0%	58.5%	27.3%	***13***	***2.9%***	46.2%	16.4%	**5.2**
ニュージーランド	5.7%	27.2%	***15.9%***	57.0%	***23.9%***	4	***2.9%***	48.3%	***13.6%***	5.6
台湾	***7.6%***	26.8%	12.7%	62.0%	32.7%	28	3.7%			***6.1***
シンガポール	5.9%	26.4%	14.2%	59.6%	28.6%	25	5.4%		***14.0%***	5.7
ルーマニア	5.8%	26.0%	13.4%	61.0%	30.8%	35	***2.9%***			**4.4**
韓国	6.2%	24.9%	12.4%	62.8%	33.9%	52	5.2%	***33.6%***	29.4%	***5.9***
中国	***8.7%***	24.7%	11.2%	64.0%	**37.2%**	**108**	3.7%		***14.3%***	5.4

出所：クレディ・スイス社『Global Wealth Databook 2014』などより作成

ここには資産格差の激しい11ヵ国と、平均的な国の中では資産格差が激しいほうの8ヵ国が収録されている。国名の右から5列が今回の資産分布調査の結果で、その右の5列はわたしが資産格差に影響をおよぼしそうだと考えた10要因のうち、計量的に比較しやすい5つの要因を列挙してある。

この表でいちばん分かりやすいポイントして浮かび上がってくるのが、資産格差の激しいほうの19ヵ国の中には第10分位、つまりトップ1割の世帯の資産が総資産の60%未満という国は1国もないという事実だ。図表6-6をご覧いただくと分かるが、下から8割の世帯が総資産の30%以上という資産格差の小さな国では、逆に1国もトップ1割の資産が60%以上の国はない。平均的な国の10ヵ国のうち4ヵ国で、トップ1割が総資産の6割を超えているだけだ。

トップ1割で総資産の60%以上を占める状態を考えてみよう。毎年の勤労収入が安定して平均的な勤労収入の6倍とか7倍という人がどれほどいるものだろうか。あまり多くはなさそうだ。たとえば平均的な勤労所得が約500万円の国で、3000万円以上の勤労所得を稼ぐ人はそうとう珍しい存在だ。大企業の経営幹部とか、優秀な医者や弁護士、金融機関のスタープレイヤー、著名な芸術家、芸能人の中でも売れっ子といったところが中心になるだろうが、勤労者全体の5%どころか2~3%にもならない印象がある。

ようするに、勤労所得だけで平均の6倍に達するような世帯が全世帯の10%に達するとは思えない。ということは資産格差の激しい国では、トップ1割の世帯には金融資産や不動産資産が自動的に資産を稼いでくれる境遇の人が多いのではないかと想像がつく。つまり、ピケティが言う「不労所得生活者」的な金持ちのことだ。

この推測の傍証となるのが、国民全体が10人としたときに上から2番目に当たる人、全体の統計の中では第9分位、下から80％超で90％以内という世帯の資産が示す傾向だ。ちょっと直観的な印象と反するかもしれないが、10人中で資産規模が上から2番目の人の資産は、資産格差の激しい国では小さめであり、資産格差の小さな国では大きめに出てくる傾向がある。

図表6-5の資産格差の激しいほうの19ヵ国で見ると、明らかに福祉国家化しているデンマークでは10人中で上から2番目に当たる人の保有資産が総資産の18・0％。そして同様の傾向が見られるスウェーデンとノルウェーがともに14％台となっていた。それ以外は資産格差の激しい国で資産順位が80％台の世帯の資産は、ほぼ13％台以下にとどまっている。つまり10人中なら上から2番目の人でさえ、「資産が資産を生む」ほどの大きな資産を持っている人はあまりいないということだ。

逆に図表6-6の資産格差の小さいほうの19ヵ国の表でご確認いただけるように、資産格差の小さな国9ヵ国（ベルギーからフランスまで）では、軒並み10人中上から2人目の資産は総資産の13％以上で、16％台が4ヵ国といちばん多い。格差の激しい社会とは結局のところ上から1割対残りの9割のあいだで非常に大きな資産規模の断絶がある国のことなのだ。

少し先回りして言ってしまえば、格差を縮小するためには有能な人が自分で稼いだ所得を税や社会保障料として取り上げて貧しい人々のあいだで分配する必要はない。むしろ、そういう方針を実行している国は上に紹介したデンマーク、スウェーデン、ノルウェーの例で分かるとおり、意外に資産格差が大きくなっている。

ピケティの提唱する「資産が資産を生む所得だけに集中的に重税を課す」という手もうまく運用できればいいかもしれない。だが、少なくとも主要先進国がいっせいに実施するという条件を付けなければ、むしろタックス・ヘイブンをますます繁盛させる結果になるのではないか。不安のタネだ。

やはり借金でレバレッジを高めて運用すれば、借金の元本価値目減り分だけでも大儲けできる慢性的なインフレという経済環境を、デフレから物価上昇率ゼロ以内にとどめるのが、正攻法ではないだろうか。レバレッジでも儲けが増えるし、借金の元本価値の目減りでも儲かるという仕組みがあまりにも金持ちに有利すぎるのだ。インフレを脱却できれば、資産格差はかなり顕著に圧縮できるはずだ。

今度は税制と資産格差の関係を見てみよう。税＋社会保障負担がGDPの50％以上という国だけに限定しても、図表6-7でお分かりいただけるように資産格差の激しい国も小さい国も、

図表6-7　税+社会保障負担が高い国の貧富の格差はバラけている

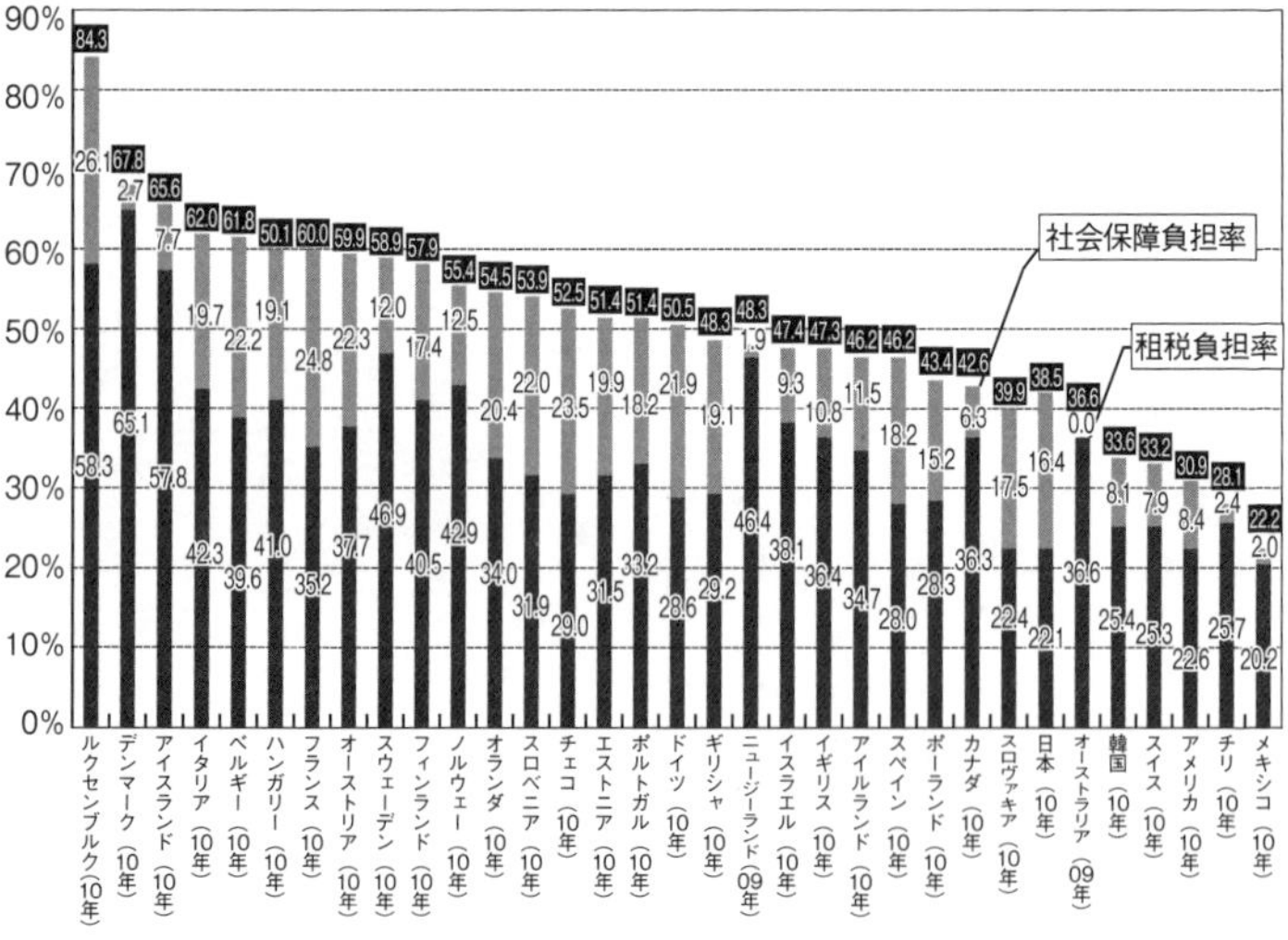

出所：財務省ホームページ『OECD諸国の国民負担率』のエントリー

その中間の国も入り乱れている。

だがこのグラフ、じっくり見ているとある法則性の存在にお気づきにならないだろうか。高負担で貧富の格差が大きな国々は例外なく自前の通貨を守っている国だ。高負担なのに貧富の格差が小さくて済んでいる国々は、例外なくユーロ圏に統合された国なのだ。

具体的には、税＋社会保障負担がGDPの50％を超えるデンマーク、スウェーデン、ノルウェーはそれぞれ昔からの自国通貨を守っているが、資産格差が激しい11ヵ国のグループに入っている。また下から8割の資産が総資産の20・4％とぎりぎり2割台に乗せたが、かなり貧富の格差の大きいチェコ共和国も依然として独自通貨を使っている。

一方、税＋社会保障負担がＧＤＰの50％を超えているのに貧富の格差が小さい国としてはベルギー、イタリア、フランスの3ヵ国があり、オランダ、ポルトガル、フィンランドもこの負担が50％を超えているが、貧富の格差は比較的小さいほうに入っている。この6ヵ国すべてがユーロ圏に入っている国々だ。

これはいったい何を意味しているのだろうか。おそらく高負担は貧富の格差を拡大するのだ。だからデンマークやスウェーデンやノルウェーのように昔からの自前の通貨で正直な勝負をしている国では、高福祉・高負担が貧富の格差を拡大するというすなおな結果が出ている。

「理想の福祉国家」とも呼ばれるデンマークの資産格差は異常だ

それにしても、理想的な福祉国家として崇拝する人も多いデンマークという国の資産格差の激しさは尋常ではない。クレディ・スイス社で集計している資産保有分布調査のサンプルユニバース38ヵ国の中にも、いちばん下の10％の世帯の純資産がマイナスという国は19ヵ国と、ちょうど半分となっている。そしてデンマーク以外は、マイナスと言っても0コンマ数％からオランダの2・0％どまりだ。ところがデンマークだけはマイナス4・7％という大きさになっている。

ほかの国は下から10％を超えて20％目までという第2十分位になると、純資産がマイナスの国はなくなる。それでもデンマークだけは第2十分位がマイナス1・0％、第3十分位がマイナス0・4％と、じつに下から30％の人たち全体で世帯総資産の6・1％分に当たる純債務を抱えている。この純債務を第4十分位、第5十分位の世帯の保有資産、それぞれ総資産の0・1％と0・9％で埋め合わせることができないので、下から半分の世帯全体としても総資産の5・1％分の純債務状態になっている。下から半分という数は、まだ働き始めたばかりの若年層世帯だけではないことは言うまでもないだろう。

もちろん、この状態は担保がなくても借金ができる。あるいは持っている担保価値を上回る借金ができることを示しているので、悪いことばかりではない。だが、それにしても資産規模で上から半分の世帯だけで世帯総資産を上回る資産を持つ一方、下から半分を合計すると純債務状態というのはやはり異常だ。純債務状態の下から3割の世帯、そして取るに足らないほど小さな資産しか持っていない下から30％台、40％台の世帯は、「もっと豊かになりたい」とか「富を蓄積したい」といった致富衝動を持たずに円満で平和な暮らしをしているのだろうか。

まったく根拠のない憶測にすぎないが、どうもそうではなさそうだ。人間は安易な方向に流れてしまう動物だ。「もっと稼ぎたい」とか、「なるべく早く借金を返したい」とか「貯蓄をしたい」とか思っていても、福祉プログラムが充実した国では「とりあえず今はこのままやっていってバリバリ稼げる環境になったら、うんと働いて借金も返し、貯蓄もしよう」と思っているうちにどんどん年を取ってしまう人が多いような気がする。資産がなくても、とりあえず食っていける手厚い福祉の存在が、低所得層一般の貯蓄意欲を大幅に削いでいるのではないだろうか。

今ツケを払わされているユーロ圏バブル

それではユーロ圏に加入した国々ではデンマークと似た高負担・高福祉政策を実施しているにもかかわらず、比較的小さな貧富の格差にとどまっている理由はなんだろうか。ユーロを共通通貨とすることに、何か貧富の格差を縮小させるような利点があるのだろうか。直観的にはありそうもない話だが、実際にはあったのだ。しかも財政基盤が弱く、財政政策の規律も弱い国ほど、棚からボタ餅的な金融利益が大きく膨らんでいくといううますぎる話が。

1998年に帳簿の上だけの仮想通貨として導入され、その後2002年からは現実の通貨として流通しているユーロが導入されたことで、経済の弱体な国ほど大きな余禄が生じた。ユーロが流通しはじめたころから、ユーロ圏各国の国債がドイツやオランダのようにしっかりした財政運営をしている国の国債と同じくらい低金利（＝高価格）で流通するようになったのだ。もともとスペイン、イタリア、ギリシャといった財政規律のルーズな国の発行した国債はドイツやオランダの国債に比べてはるかに高い金利を付けなければ、うまく市場に吸収されなかった。ところが２０００年代前半あたりにこの国債間の金利差が、ユーロ圏で最低の金利で流通するドイツ国債の方向に向けて急激にサヤ寄せされていった。アメリカでサブプライムローン・バブルが満開だった２００５〜08年は、ヨーロッパでもこの国債バブルが花開いていた。

イタリア政府、スペイン政府、ポルトガル政府、ギリシャ政府は従来の何分の１かの金利負担で大量の国債を増発することができた。低い金利負担で調達した資金によって、国民福祉のレベルを向上させた。ギリシャでは年金プランがあまりにも充実しているので、国家・地方公務員の大半が50代半ばくらいには引退して悠々自適の生活に入るというような話が出たころのことだ。

そもそもユーロ圏の国債金利が、いちばん優秀なドイツ国債にサヤ寄せするかたちで低下したのが不健全な動きだった。「ユーロ圏内では通貨や関税の障壁が完全になくなるので、それぞれの地域が比較優位にもとづく生産物に特化をする。だから経済規模も拡大し、圏内各国の成長率も加速する。そしてユーロ圏全体とその他諸国との貿易も、アメリカとその他諸国との貿易よりはるかに活発な状態が続き、アメリカの約１・５倍の規模を持ちながらアメリカより成長率の高い超大型経済大国が出現する」という幻想にもとづく金利低下であり、国債価格上昇だった。

しかし現実は正反対だった。ユーロ圏諸国の世界経済に占めるシェアは、ユーロ導入以前から低下傾向にあった。それなのにユーロ導入以後は回復に転ずるどころか、シェアの低下が加速しているのだ。つまり共通通貨ユーロ導入をきっかけにユーロ圏の経済成長が加速するという期待は金融市場にバブル的な繁栄をもたらしただけで、実体経済への恩恵は空振りに終わったのだ。

怖いのは、このバブルが2011～12年のユーロ圏ソブリン（国債）危機以降もはじけるどころかますます膨らんでいることだ。さすがに事実上の債務不履行に追いこまれたギリシャ国債だけは、その後高金利（＝低価格）に水準訂正された。だがイタリア債、スペイン債といったところは、2015年の春までソブリン危機直前より低い史上最低金利圏（＝最高価格圏）で取引されている。

結局のところ、自前の通貨でがんばっている国々を見ると、デンマークを筆頭に高負担だけで高福祉を実現する政策は、貧富の格差を拡大してしまっていることが分かる。福祉で高負担をしている一方で、ユーロ圏国債バブルによる棚ボタ的な金融利益が加わっていた国々では今までのところ高負担・高福祉を実現しながら、貧富の格差を小さくとどめていられたわけだ。

だがイタリアやスペインのような国々の国債がドイツ国債並みの低金利で流通する状態はどんなに長く続いても、しょせんバブルに過ぎない。むしろ長く続けば続くほど、破裂したあとの反動が怖い。イタリア、スペイン、ベルギー、フランスには、そうとう悲惨な未来が待ち受けているはずだ。

どんな国の資産格差が大きいのか？

格差の激しい19ヵ国と格差の小さい19ヵ国について、定性的な要因に話を進めることにしよう。図表6-8でご覧いただくように、金融業界の対GDPシェアの高さ、資源リッチな先進国かどうか、そして開発独裁の影響に絞って考えてみた。

まず金融業界の国民経済に占めるシェアだが、これはデータさえそろえば定量的に観察すべき要因だ。だが、まだサンプル38ヵ国の金融業の対GDP比率の一覧表を見つけることができていない。そこで不本意ながら、2009年の時点ですでに金融業界がGDPの8％以上になっていたことが確認できる4ヵ国について✓マークをつけ、共通性や特徴を考えてみた。

上の表にご紹介したとおり、格差の激しい国でアメリカとスイス、そして格差の小さいほうの国でイギリスとアイルランドの計4ヵ国に✓が入っている。根拠としては、淵田康之「経済

図表6-8　貧富の格差に影響する定性的な要因

国名	資産シェア 下からの順位	金融業の対 GDP 比率が 8%超	資源リッチな 先進国	開発独裁の 影響大
ロシア	1位			✓
アメリカ	2位	✓	✓	
インドネシア	3位			✓
デンマーク	4位			
南アフリカ	5位			
スイス	6位	✓		
ブラジル	7位			✓
タイ	8位			✓
インド	9位			
スウェーデン	10位			
ノルウェー	11位		✓	
チリ	12位			✓
チェコ共和国	13位			
コロンビア	14位			
オーストリア	15位			
ドイツ	16位			
メキシコ	17位			
イスラエル	18位			
ポーランド	19位			

国名	資産シェア 上からの順位	金融業の対 GDP 比率が 8%超	資源リッチな 先進国	開発独裁の 影響大
ベルギー	1位			
カナダ	2位		✓	
日本	3位			
オーストラリア	4位		✓	
イタリア	5位			
スペイン	6位			
ギリシャ	7位			
イギリス	8位	✓	✓	
フランス	9位			
オランダ	10位			
ポルトガル	11位			
フィンランド	12位			
アイルランド	13位	✓		
ニュージーランド	14位		✓	
台湾	15位			✓
シンガポール	16位			✓
ルーマニア	17位			
韓国	18位			✓
中国	19位			✓

出所：クレディ・スイス社『Global Wealth Databook 2014』などより作成

における金融セクターのシェアを巡る論点」(野村資本市場研究所『野村資本市場クォータリー 2013年冬』所収)に掲載されたグラフを使った。

OECD(経済協力開発機構)加盟34カ国のうち、28ヵ国の金融業が当該国のGDPに占めるシェアでランク付けされたデータから、アメリカは2009年の時点で金融業のシェアが8%を若干上回っていたことが確認でき、他の3ヵ国はシェアが8%超だったと推定することができる。

それにしてもルクセンブルクでは、金融業のGDPに占めるシェアが25%を超えている。こういう国はいったどういう社会になっているのだろうか。興味が湧いてくる。

アメリカとスイスの場合は、非常に分かりやすい。資産が資産を生むかたちで貧富の格差が拡大するのを助けるのが金融業だから、金融業のシェアが上がるにつれて貧富の格差も拡大していたはずだ。またスイスが伝統的に銀行業界の非常に強い国だったのに比べ、アメリカの金融業の肥大化は最近のことだった。そのへんの事情は、図表6-9の上段から明瞭に読み取ることができる。

アメリカ金融業界が生み出した付加価値の対GDPシェアは1930年代大不況の初期に6%弱で一度ピークアウトし、その後1980年代末までなかなかこの水準を超えられなかった。おそらく80年代末には、当時急成長していた日本の金融業の対GDPシェアは、アメリカとほ

図表6-9　米国金融業のGDPに占めるシェア（1850〜2010年）

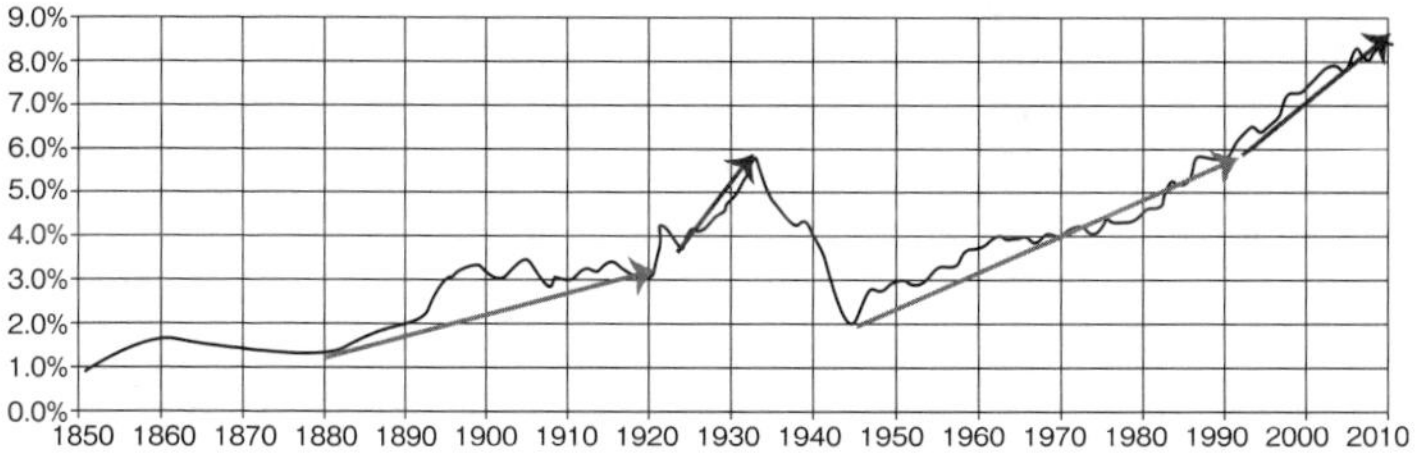

原資料：全米経済研究所『アメリカ金融業の進化、1860〜2007年――理論と実証』をアップデート

アメリカとスイスの1人当たりGDP推移（1980〜2007年）

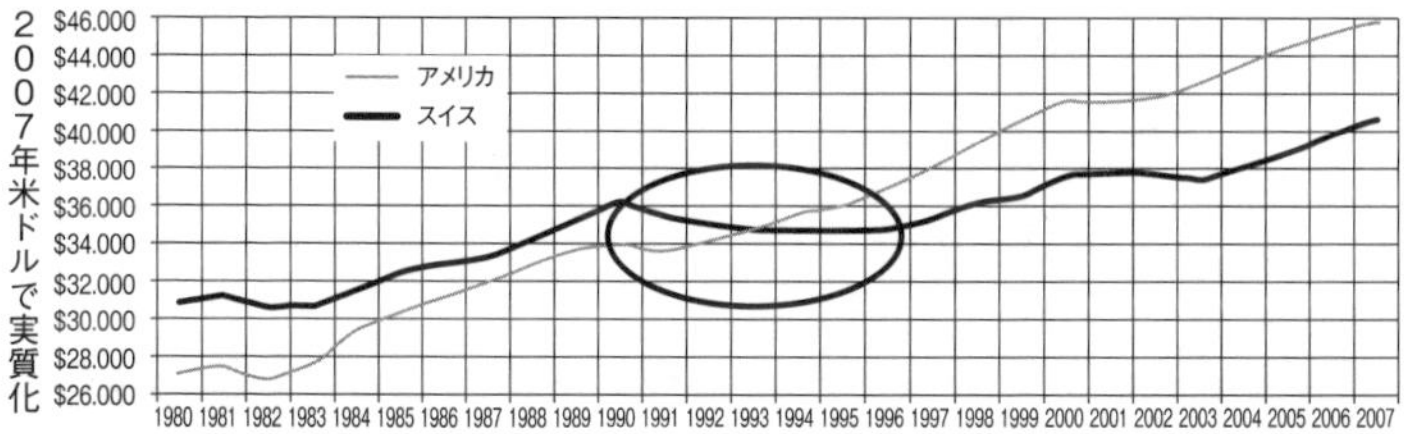

原資料：両国の政府公式統計およびOECDデータ

出所：（上）ウェブサイト『Tech Crunch.com』、2011年3月26日、（下）ウェブサイト『Wikimedia Commons』、「GDP Per Capita：Switzerland, USA」のエントリーより引用

ぼ同水準か、アメリカより若干高かったはずだ。ちょうど日本の金融業が1989年末をピークにバブル崩壊に直面していたのに対して、アメリカの金融業界は90年代初めに、1930年代初期からなかなか突破できなかった大天井を突き抜けた。そして、その後は目覚ましいスピードで8%超えに突き進んだ。

　1930年代のピークに向かうときも、アメリカ金融業界の対GDPシェアは1880〜1920年のゆるやかな成長から、同年以降の急成長へと加速していた。そのあとには30年代大不況が待ち受けていたわけだ。第二次世界大戦直後に始まった第二波でも最初の30年間はゆるやかな成長だったが、その後の15〜20年は急成長となっている。

さらに下段を見ると、金融業の隆盛はたしかに1人当たりGDPを高めることが分かる。スイスの金融業シェアがアメリカとの比較で突出して高かった1980年代までは、スイスの1人当たりGDPが安定してアメリカのそれを上回っていた。だがアメリカの金融業シェアがキャッチアップに転じた90年代半ばからは、アメリカの1人当たりGDPのほうがスイスの1人当たりGDPより大きくなっている。

金融業の肥大化がもたらす1人当たりGDPの上昇が、同時に貧富の格差を拡大することも明白だ。金融業界の肥大化は所得でも資産でも、下から8～9割の人々にとって恩恵はほとんどなく、上から1割、中でもトップ1％に非常に顕著な所得水準の上昇や資産規模の拡大を引き起こすのだ。

金融と不動産を同一視してはいけない

なお金融業界の動向を見るとき、金融業だけではなく同じように金利に業績が左右されることの多い金融（Finance）、保険（Insurance）、不動産（Real Estate）をまとめて、頭文字を取ってFIREと呼ぶ3業種を同時にとらえようとすることが多い。だが金融・保険と不動産は、やはりかなり違う経路で成長するもののようだ。

２００８年に勃発した国債金融危機までの動向をＦＩＲＥ全体で見ると、意外にもフランスが非常に高い水準からさらにＧＤＰに対するシェアを上げ、ドイツも経済のＦＩＲＥ依存度をかなり高めていた。だが、どちらも金融業の対ＧＤＰシェアは５％前後にとどまり、この間のＦＩＲＥ依存度の高まりはほぼ全面的に不動産業界の拡大によるものだった。

一方、イギリスやアメリカではこの間に金融業界のシェアも高まり、不動産業界のシェアも高まっていた。この大陸型とアングロサクソン型のＦＩＲＥ成長の中身の差は現在までのところでは不動産１本かぶりだったドイツ・フランスにきびしく、不動産も金融も同時に成長してきたイギリス・アメリカ型に有利な展開となっている。

アメリカでは２００５年のサブプライムローンの成長率ピークアウトと、２００７～08年の住宅産業の破綻急増によって、ＦＩＲＥの対ＧＤＰシェアは激減した。だが、このシェア激減はほとんど不動産・住宅業界の収縮だけで吸収できた。金融業は２００８～09年の一過性の落ちこみのあと、深刻な住宅不況をものともせず伸びつづけた。フランス・ドイツの場合、２００８～09年の国際金融危機以降、不動産の停滞とともに金融業も横ばいから下落に転じつつある。

ここで懸念要因として浮かび上がってくることがある。アメリカの隣国ながら、ＧＤＰのわずか4～6％が金融業で、不動産だけでGDPの20％超に育ってしまったヨーロッパ大陸型のFIRE構成となっているカナダだ。しかもその住宅市況は2008～09年にも一過性の下落さえせず高止まりしているという事実だ。カナダの住宅市況が下落に転ずると、日本の1980年代末型か、それを上回るような長期大型不況になる可能性が高い。

ほかにも深刻な不安がある。現在までのところはアメリカ・イギリスに代表されるアングロサクソン型の経済圏では、不動産は脱落しても金融だけが成長を維持することによって好況の持続に貢献しているように見える。だが、ここにふたつ大問題がある。

アメリカは製造業が人減らし合理化に全面依存した生産性向上でかろうじて成長を保っている状態だし、イギリスにいたっては完全に製造業に見切りをつけてしまった。この製造業が日増しにやせ細る状態で、金融業だけの順調な業績拡大がどこまで続くかということがひとつ目の問題だ。

すでに詳述したように、過去10数年間続いたエネルギー・金属資源業界の好況が今まさにナベ底型の不況に突入しようとしている。これがふたつ目の問題だ。ふたつとも一朝一夕で「解決策」が案出できるような問題ではないことを考えれば、懸念もひとしおだ。

金融業の肥大化にもかかわらず、イギリスは比較的貧富の格差の小さい9ヵ国の一角を形成している。同じく金融業界の肥大化が顕著なアイルランドも、中間的な18ヵ国の中では比較的格差の小さいほうにランクされている。これは、なぜだろうか。

まずアイルランドについて言えば、自国民の稼ぎを示すGNPが国籍を問わずアイルランドで働いた人の稼ぎを示すGDPより25～30%も低いという特徴がある。しかも急激に成長した金融業界の雇用者も、アイルランド政府に大きな税収を落としてくれる海外企業のアイルランド支社や支店で働いている幹部クラスの従業員も、アイルランドに派遣された外国人であることが多い。

したがって収益増加がもたらしているはずの貧富の格差拡大は、アイルランド国民の大半にとって自分たちのはるか頭上で所得を稼ぎ、資産を持つ外国人一時居住者たちのあいだでの問題である可能性が高い。つまり「国内」経済としてはあい変わらず所得や資産のピラミッドの下のほうに固まっているアイルランド国民からなる世帯同士の貧富の格差は、「国民」経済の中であまり広がっていないわけだ。

一方、イギリスのみならず、カナダもオーストラリアも資産格差の小さな9ヵ国に属しているし、ニュージーランドも中間的な諸国の中で資産格差の小さな部類に入る。こうして見てくると、「アングロサクソン文明には平等性を重視する遺伝子のようなものが組みこまれている」といったアングロサクソン崇拝者の説にも一理あるように思える。だが旧大英帝国の植民地群の中でも有数の広さを持ち、先住民をほぼ一掃して北米最強の経済・軍事大国に育ったアメリカの極端な貧富の格差を見れば、それがまったくの幻想だと分かる。

資源リッチな国々の資産格差は、今までは小さかったが……

なぜ旧大英帝国植民地中で先住民をほぼ一掃して「白人国家」に変えてしまった諸国は、アメリカをのぞけば比較的資産分布の平等性が高いのだろうか。答えはアングロサクソンの遺伝子ではなく、これら旧大英帝国植民地が共通して非常に資源リッチな先進国であることだ。旧宗主国のイギリス自身も、ノルウェーと北海油田を分けあうヨーロッパ有数の資源国だ。アメリカも資源リッチな先進国なのだが、金融業や利権産業の産軍官複合体の大きさと強さに比べれば、それほど大きなシェアを経済に占めているわけではない。

思うに資源リッチな国はその資源の採掘権を持つ一握りの企業や個人に富を集中させるのではないかという気がする。だが資産が資産を生む金融業界と違って、資源は探査し、採掘し、精製し、販売しないと収益にならない。そして鉱業は製造業や建設業と並んで、比較的低学歴でも高い所得を得られる仕事が多いという意味で、9割対1割という貧富の対立の構図で言えば、圧倒的に9割側の所得向上に役立つ産業なのだ。よって資源リッチな先進国の資産分布は、意外に平等性の高いものとなる。

ただ、ここにも深刻な問題がひそんでいる。この資源リッチな諸国の資産格差の小ささは、おそらくかなり賞味期限の切迫した現象だろうということだ。1970～90年代まで長期不況をかこっていた鉱業全般が、2000年前後から突如急成長に転じた理由は明白だ。投資と輸出の2分野に頼る高度経済成長に行き詰まった中国が、資源浪費による投資拡大にほぼ全面依存する成長路線に切り替えたからだった。だが中国は今、資源浪費による成長維持のための資金が、どうやりくりしても循環しない状態に陥りつつある。原油、鉄鉱石、銅といったエネルギー資源、金属資源が軒並み底の見えない長期低落傾向にあるのがその証拠だ。

だとすればカナダ、オーストラリア、イギリス、ニュージーランドといった国々の資源関連分野も、深刻な不況に見舞われるのはまちがいない。鉱山業やエネルギー・金属資源の精製業で雇われていた比較的所得の高い就業者が激減すると、製造業がぜい弱で金融と不動産以外に頼るべきものがなくなってしまった経済は、たんに収縮するだけではなく、貧富の格差の急拡大を示すことになる。

イギリスはほぼ完全に製造業を見限ってしまったし、オーストラリアとニュージーランドは、もともと製造業不毛の地だ。カナダだけは南の隣国アメリカに付き従う小判ザメ型製造業が存在しているが、不動産業界に比べればはるかに小さく、ぜい弱だ。**中国の資源浪費バブル崩壊は、アングロサクソン＝平等性神話を無残に打ち砕くだろう。**

開発独裁をしていた国の資産格差も大きい傾向がある

最後の定性的な要因である開発独裁に議論を進めよう。まず開発独裁とは何かを説明する必要があるだろう。この概念を最初に実用化したのは、フランス第二帝政のルイ・ボナパルト（皇帝としてはナポレオン三世）だと言われている。それまでの国王や皇帝は君主の絶対的な権力は自明のこととして、それが血筋に由来するのか、神から与えられた特権なのかといった議論をしていた。

だがルイ・ボナパルトはしっかりした政治基盤を持たないまま、ナポレオン・ボナパルトの甥《おい》という価値のあやふやな「遺産」を頼りに皇帝の位に登りつめた。そして皇帝として持つべき権力について、議論の方向を完全にひっくり返してしまった。「自分には新興プロイセン帝国に備える軍備の拡大や、パリ市の大改造といった大プロジェクトを実施するという崇高な使命がある。だから、もっと自分に権限を集中する必要がある」と国民に訴えたのだ。

それ以来、非常に多くの独裁者や独裁を志向する権力者たちがこの「開発プロジェクトのために権力集中を」という発想を利用して自分の地位の安定を図った。それが開発独裁だ。225ページに掲載した貧富の格差に関する定性的な要因を列挙した図表6-8でも、約4分の1に当たる9ヵ国が、開発独裁の影響の大きかった国々となっている。ロシア、インドネシア、ブラジル、タイ、チリ、台湾、シンガポール、韓国、中国だ。

開発独裁を支えたイデオロギーは右から左まで多種多様だが、共通点は貧富の格差を拡大させることだ。インドネシアのスカルノ大統領のように、独裁者が比較的左寄りの「人民主権」的な考え方を持っていた時代もそうだったし、その後継者となったスハルトが親欧米に転じてからは、もっと露骨にそうなっていった。

イデオロギーにかかわらず権限が集中すれば利権が生じ、その利権は独裁者と人的なコネを持っている連中のあいだで分け取りされる。この構造が貧富の格差を拡大させるわけだ。なお中国、韓国、台湾、シンガポールは比較的資産格差の小さなほうの19ヵ国にすべりこんでいるではないかと批判される方もいらっしゃるだろう。

たしかに定点観測ではそうなのだが、この4ヵ国のうちシンガポールをのぞく3ヵ国は資産格差の拡大・縮小という動きで見れば、非常に大きく拡大している国々なのだ。2000〜14年、つまり20世紀最後の1年から21世紀最初の14年という15年間の変化で見ると、中国は上から1割の世帯の資産シェアが15・4ポイントも上昇している。また韓国が9・6ポイント、台湾が7・7ポイントの上昇だ。このほかにもともと開発独裁によって貧富の格差が大きかったインドネシアも、上から1割の保有資産のシェアがさらに6ポイント上がってしまった。

38ヵ国のサンプルユニバースに入っていない国々でも、ナセルからサダトへの反米的な開発独裁からムバラク以降の親米軍部の開発独裁に変わったエジプトでは、上から1割の資産シェアが12・3ポイント上昇していた。ペロンの反米から親米軍部による開発独裁へと揺れたアルゼンチンでも、上から1割の資産シェアが8・7ポイント上昇していた。

こうして見てくると、リー・クァンユーによる典型的な開発独裁政権が長期にわたって維持されてきたシンガポールで、上から1割の資産シェアが6・4ポイントも下がったのは非常に珍しい例だと分かる。「開発独裁による成長加速が続くうちに、いつか規制もゆるやかでしかも豊かな社会に平和裏に移行することができる」という開発独裁の「教義」がほんとうに実現した地球上で唯一の実例かもしれない。

モノづくり産業は格差拡大に対する防波堤になる

貧富の格差を広げないためには製造業、建設業、鉱業といった分野があまり小さくならないことが重要だという議論もできそうだ。実際に現代の先進諸国では、製造業の就業者数は軒並み減少している。中でも比較的経済運営がうまくいっているアメリカや日本で減少率が高く、あまりうまくいっていないヨーロッパ諸国で減少率が低い。つまり自然体で成長重視の経済運営をしていくと、比較的均等に中級の収入を得ている人が多い製造業の雇用人口が減少し、金融業や法人サービス業のような高給取りの多い分野と、飲食店・小売店のように薄給の雇用者の多い分野にはっきり分かれる第三次産業の雇用が増えてしまう傾向があるのだ。

ユーロ圏が誕生したころに、「ユーロ圏はきっとアメリカより活気のある経済圏になる」と予測していた人たちの多くがユーロ圏のほうがアメリカより貿易依存度の高い経済を営んでいることを根拠に挙げていた。じつはこれは周回遅れのトップランナーであることを自慢していただけなのかもしれない。

ユーロ圏では製造業のGDPに占めるシェアが、比較的長期にわたって高止まりしていた。製造業の製品は、サービスに比べてはるかに貿易ルートに乗せやすいものばかりだ。つまりユーロ圏の貿易依存度の高さは、第二次産業（製造・建設・鉱業）から第三次産業（金融・不動産・小売卸売・サービス業など）への転換が遅れていただけだった可能性があるのだ。

多くの点で今もなお先進諸国のお手本と見なされることの多いアメリカでの製造業の「衰退」ぶりを再確認しておこう。1950年代半ばには雇用者全体の27~28％を占めていた製造業雇用者数は、直近では12％前後にまで縮小している。逆に金融・保険・不動産業界の雇用者数は10％強から22％くらいまで拡大している。

アメリカ経済で重要なポイントは、この製造業就業者数の減少が決して製造業で生み出される付加価値の減少をともなうものではなかったことだ。製造業雇用者数の全雇用者に対する比率は50年代半ばに、そして絶対数でも70年代末にピークアウトし、その後約35年間にわたって減少が続いている。だが、製造業付加価値のほうは少なくともハイテク・バブルのピークだった2000年までは明瞭な上昇基調を維持していた。しかし同年以降、就業者の減少率が一段と加速してからは、一定のサイクルを描きながらも製造業付加価値は減少傾向にあるようだ。

経営者の視点で眺めているかぎり就業者数が減って付加価値が増えるというのは、理想的な状態だ。賃金・給与と利益のあいだで付加価値を分け合う際に、労賃部分を低めに抑えることができるからだ。ただあまりにも労働力の投入量をケチりすぎて、付加価値自体が減少に転じてしまったのでは元も子もない。どうも2000年以降のアメリカの製造業経営者たちは、その方向に傾いてしまったような気がする。

この雇用者数と付加価値額あるいは生産高の動向を国際比較したのが、次にご紹介する図表6-10だ。

左側はアメリカの製造業雇用者数と生産高の推移を、スウェーデン・日本の2ヵ国で比較している。右側では同じアメリカの実績を、ドイツ・韓国・南アフリカ・トルコの4ヵ国と比較している。

左側で一目瞭然なのは、80年代末までの日本の製造業がいかに強かったかということだ。ま

図表6-10　米国製造業の雇用と生産高、先進国・新興国との比較

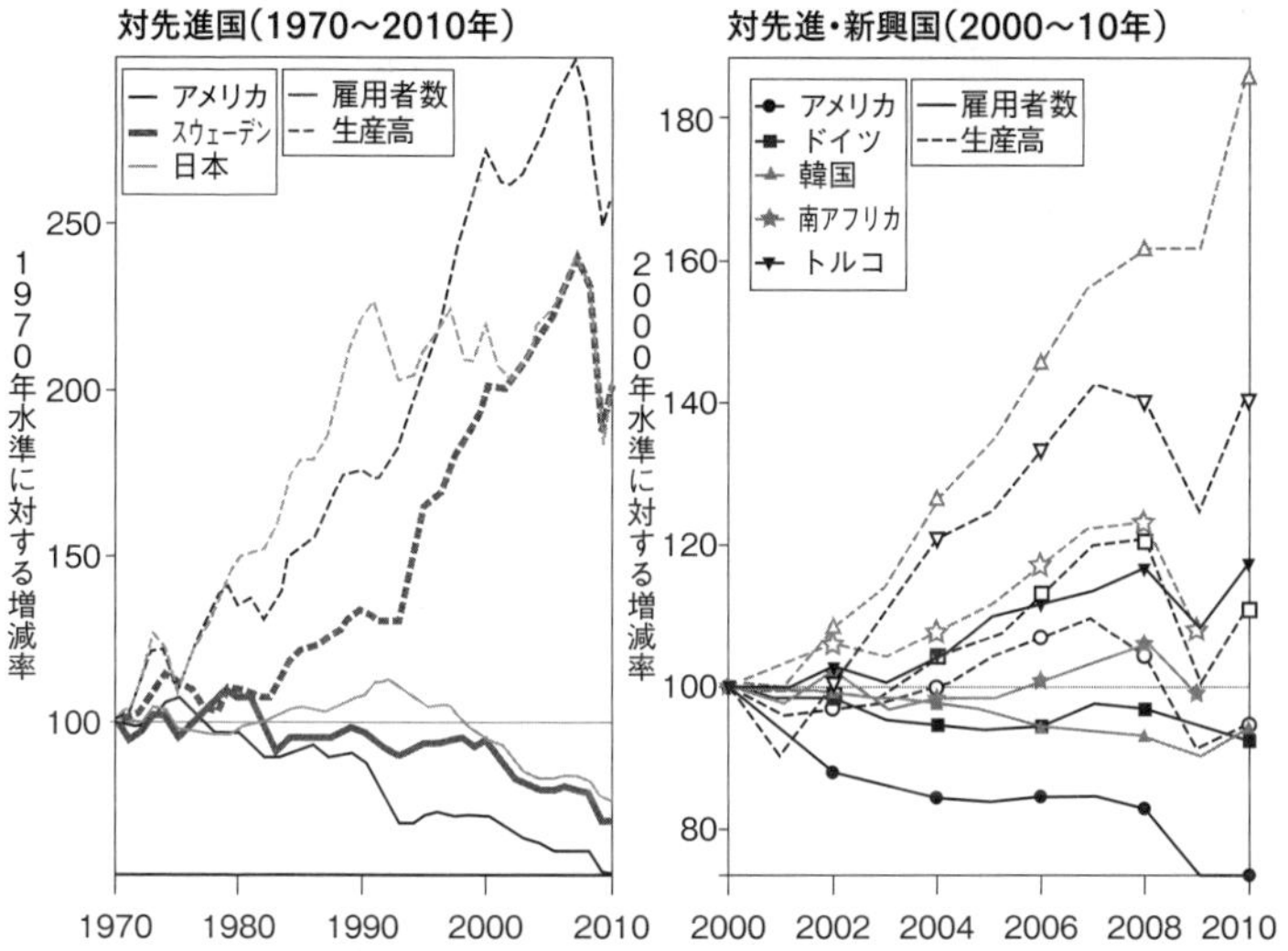

出所：ウェブサイト『Peter Frase』、2011年4月14日のエントリーより引用

ったく人減らしをせず、それどころか人員を拡大しながらこの期間のほとんどでアメリカより高い生産高増加率を確保していた。バブル崩壊によって足を引っ張られたという要因はあるにせよ、90年代初頭に人員を削減しはじめてからは、サイクルを描きながらも生産高の水準は横ばいとなってしまった。

スウェーデンでは、雇用減少率が低かった80年代末までは、生産高の低成長が続いていた。だが90年代初めにドラスティックに雇用を削減するようになってからは、生産高増加率が急加速していた。スウェーデンと言うと福祉国家の印象が強いが、生活保障が行き届いているだけに、いったん企業が人員削減に踏み切るとばっさり大ナタを振るうらしい。アメリカの製造業生産高は、雇用の削減が比較的小幅だった90年代に最大の伸びを示した。

また右のグラフでアメリカとの比較対象になっている4ヵ国中では、まだ製造業雇用を伸ばしつづけていた韓国やトルコの生産高増加率が高く、雇用者数の減少を小さめに抑えたドイツもそこそこの生産高増加を確保した。ハイテク・バブル崩壊からサブプライムローン・バブル崩壊に苦しんだアメリカは雇用者数も減少し、生産高もマイナス成長だったことが分かる。

大局としては製造業雇用者数の趨勢的な低下は仕方のないところだとしても、実際に雇用者の減少する中で付加価値や生産高を伸ばすのは大変だということが分かる。ところが、実際の生産高としてはあまりパッとしないこの2000年代のアメリカの製造業のパフォーマンスは、労働1時間当たりの生産高としては驚異的な好成績だった。

製造業の時間当たり生産高もかなり長期にわたって日本がリードしていたのだが、90年代末にアメリカがトップになり、その後急激にアメリカと日本以下との差が広がる。この逆転に大きな貢献をしたのが、雇用政策の転換だった。じつは90年代末までのアメリカは日本より製造業の雇用を守ることに熱心だった。だが2001年ごろからドラスティックな人員削減を始めた。この雇用政策の変更と連動して時間当たり生産高も急上昇に転ずる。

イギリスは1998年ごろからかなり大幅に雇用者を削減しているが、それとともに製造業全体の国民経済に占める比率も減少している。ようするに製造業切捨て型の経済運営をしているわけだ。

逆にユーロ圏は2001年までほとんど雇用削減をせず、2002年以降の削減幅も小さい。余剰人員を温存したまま、生産性が低下するのを放置していたと考えるべきだろう。このへんに現在のユーロ圏危機がたんなる金融危機ではなく、経済全般のパフォーマンスの悪さによってじりじり経済規模が縮小して深刻化している理由がありそうだ。

ユーロ圏の若年層失業率は異常に高い

ユーロ圏諸国の若年層失業率は、異常な高水準にとどまっている。若年層失業率が20代前半で50%超、同後半で30%超のスペインや、20代前半で30%台、同後半で20%超のイタリアばかりか、フランスまで若年層失業率はかなり高い。これまで雇用を守りつづけてきたために若い人たちが就職できなくなっていることが、若年層失業率のすさまじい高さにはっきり表れている。ただユーロ圏諸国に比べれば雇用環境がはるかにマシな日本とアメリカを比べると、ほんとうに強いのは日本だけ。アメリカでさえ雇用問題はかなり深刻であることが分かる。

日本の場合、たんに若年層でも失業率が低いだけではなく、失業率を算出するときに分母となる労働参加者数が増加している中で失業率が低下している。一方、アメリカは水準としても日本ほど低くはないだけではなく、労働参加人口が減少している、つまり分母が縮小しているのに、失業率のほうは上昇しているのだ。

結局、日本経済は製造業雇用人口の縮小を比較的小幅にとどめながら、生産性はかなりの高水準を維持している。その秘密は何かというと、図表6-5、6-6の最後の項目「国内市場の競争環境のきびしさ」と、そのきびしさを克服するための積極的な企業投資と研究開発支出なのだ。

そもそも日本経済の国内競争環境のきびしさは突出している。第1章でも引用したが、144ヵ国を対象とするWEFの『国際競争力レポート2014～15年版』に掲載されている地元市場の競争性がはっきりそれを示している。この項目では日本だけが6・4というスコアを出したが、同率2位4ヵ国に入ったイギリスと台湾は6・1、同率6位4ヵ国に入ったベルギーとオーストラリアは6・0となっていた。つまり上位グループの中でも1位日本だけが突出しているのだ。そして第10位のアメリカの5・9から第75位ブルガリアの5・0まで、調査対象の約半数のスコアが5台にひしめき合っている。

とにかく日本について悲観的なことさえ言っていれば商売になる経済コメンテーターは、日本の企業投資がやせ細っているというような議論を延々と展開している。だが少なくともアベノミクスが推進される前までは、日本が企業投資でも研究開発支出でも先進諸国でトップの実績を維持していたのだ。

2010～11年の企業投資実績を見ると、GDPの13％台半ばを維持していた日本は2012年前半にやっと10％台を回復した2位のアメリカに3ポイント以上の差を付けている。EU諸国の8％や、イギリスの5％とは比較にならないほどの高水準だった。

さらに研究開発支出の対GDP比率については、日本の場合とくに軍需産業に取られる分がなかったので非常に効率の高い研究開発に集中できていた。軍需産業をふくむ研究開発費の対GDP比率では、韓国はほぼ完全に日本にキャッチアップしている。ところが国防関連をのぞく研究開発支出では、まだ日本が顕著なリードを保っている。日本とアメリカの差も、軍需産業をのぞくベースでは大きく広がる。

少なくとも公式には軍需産業・兵器産業を持っていないことになっている日本は、研究開発支出のほぼ全額を貧富の格差拡大を抑制する傾向の強い製造業その他の平和産業に使えているのだ。これに対して堂々と軍需産業・兵器産業の存在を許している諸国では、研究開発支出のかなりの部分が貧富の格差を拡大する軍需産業に使われている。なぜ強大な軍需産業の存在する国では貧富の格差が大きいかと言うと、兵器生産は機密保持を理由とした独占契約が多く、そもそも単価が高いうえにインフレ率も高い。そういう理由で兵器生産そのものが高収益である上にロビイスト活動も盛んで、政治家や国防総省高級官僚のあいだにも大富豪を量産しているからだ。

しかも航空機が発明され、航空機による空からの爆撃という戦闘手段が実用化されて以来、敵機襲来と言われても基本的に逃げることも隠れることもできない大都市では、効果的な防衛手段はない。その意味では、核兵器や細菌兵器や化学兵器などのいかにも恐ろしげな特殊兵器を持ち出すまでもなく、「平凡」な爆撃機による安上がりの焼夷弾投下だけでも過剰殺戮は達成できるのだ。

だから現代における軍事技術の研究開発は、十分すぎるほどの過剰殺戮の度合いをさらに強めるだけという、じつに退嬰《たいえい》的な目的に浪費されている。こんな浪費が堂々とまかり通るのは軍需産業・兵器産業の収益拡大に貢献するためだけと言ってもいい。

最近の研究開発支出では国民経済の規模が小さいので総額では目立たないが、平和志向の強い国ほど1990年代から2000年代にかけて研究開発支出の伸び率が高くなってきたという傾向が顕在化している。

研究開発（R&D）支出の対GDP比率が大幅に上昇しているのは、世界平和指数のランキングの高い国ばかりだ。2007年時点ですでに日本を抜いて1・8％から2・6％強へとR&D比率を上げていたスウェーデンが平和指数ランキング11位、2・1％から2・6％に上げた日本が同8位、1・2%弱から2・5%まで急上昇させたフィンランドが同6位、0・9%弱から1・6%に上げたデンマークが同2位、0・5%から1・2%に上げたオーストラリアが同15位、0・5%から0・9%に上げたアイルランドが同13位といったぐあいで、すべて20位以内に入っている。

おそらく軍需産業・兵器産業の研究開発が身内を潤すことはあっても、あまりその他の産業に対する波及効果を持たないのに対して、平和産業での研究開発は広い分野に波及効果が出て投資効率がいいのだろう。だから平和志向が強く、研究開発支出を軍事用にムダ遣いしないで済む国ほど、研究開発支出を積極的に拡大するのだ。

やっぱり大きな国家は貧富の格差を広げる

こうして見てくると、戦争、軍需産業、福祉国家、金融肥大化、そして開発独裁は貧富の格差を広げ、こういった分野を縮小する努力は貧富の格差を縮めるということが分かる。もう一段進んでまとめると、国の経済に対する介入が強まると貧富の格差が広がり、国の介入が弱まれば格差も縮小するということだ。

「金融肥大化は私企業の論理丸出しで、国の介入とは正反対ではないか」というご意見もあるだろう。だがわたしは現代先進国の金融業界こそ、最悪の国有産業だと思っている。ふだんは国は後景に退いていて、私企業としての創意工夫を求めることもなく、あくなき致富衝動に駆られた経営を放任している。だが大手金融業者が破綻に直面すると、いくらでも費用を遣って損失の穴埋めをして存続させてやる。リスクを取って儲かった分は金融業界経営者のもの、損失は国が負担するという、とんでもない「国有産業」なのだ。

もちろん国家官僚や大企業経営陣に共感し、同情するピケティはそう考えない。どんなに深刻な金融危機が起きても地球は残るだろうし、人間の日常活動は続くはずだ。だが、次のような議論を使って「もしこの世に中央銀行がなかったら、人類文明は消滅するかもしれない」という脅しをかける。

完全な金融パニックの状況では、中央銀行は最後の貸し手としての不可欠の役割を果たす——緊急事態で経済と社会の完全崩壊を避けられる公共機関は、中央銀行だけなのだ。

『21世紀の資本』、491ページ

だが「経済と社会の完全崩壊」って、いったい何だろう。たとえ金融機関の大半が機能停止に陥ったとしても、それで人間がふつうに消費しているモノやサービスの流通が途絶えてしまうなんてことがあるんだろうか。

そんなことがありえないのは、ちょっと想像力を働かすだけですぐに分かるだろう。人間の日常活動を支える産業の大部分は金融業界からの資金が突然途絶したからと言って、消えてなくなるわけではない。ピケティが完全崩壊と呼ぶものは、そんな文明そのものが消滅するような大げさな話ではないのだ。

それでは、いったいどんなことを完全崩壊と呼ぶのか。

> おもしろいのはあらゆる経済学者――マネタリスト、ケインズ派、新古典派――は、他のあらゆる観察者同様に、政治的な色合いによらず、中央銀行が最後にすがれる貸し手として活動すべきで、金融崩壊とデフレ・スパイラルを避けるために必要なあらゆることをすべきだ、と合意している点だ。
>
> 『21世紀の資本』、577ページ

もちろん「借りれば借りるほど不労所得を得られるインフレと、マネーストックの無節操な増加によってこのインフレ状態をつくり出してしまう不換紙幣制度こそ諸悪の根源だ」と糾弾する経済学者たち、たとえばオーストリア学派と呼ばれる人たちはピテケィの言う「あらゆる経済学者」から自動的に排除されている。インフレによって国家債務の実質返済負担をどんどん目減りさせることは財政を預かる官僚の当然の権利だと確信しているピケティにしてみれば、そんな主張は銀行預金以外には金融資産を思い浮かべることさえできないような、自分の愚鈍さによって貧困を招いている連中の味方をする暴挙とも思えるのだろう。

そしてピケティが経済と社会の完全崩壊と表現するのは、じつは「金融崩壊とデフレ・スパイラル」のことだとも分かってきた。デフレ・スパイラルという「経済現象」がじつはまったく存在しない幻だということは1870～1913年の長期デフレ期が欧米産業社会、とくにアメリカとドイツの工業生産の発展にとって画期的な加速期だったことを紹介する過程で論証できたと思う。

「金融崩壊はやっぱり困るのではないか」という疑問にもお答えしておこう。一国の大手金融機関の大半が破綻するような事態が起きたとしても、それでも「文明消滅」のような話にはならない。ただ現実問題として大手銀行に集中している個人世帯の零細な銀行預金が一斉に消えてしまったら、非常に困る人が出てくるのも事実だ。

それについては非常に有効でかんたんな対策があって、30年代大不況まっただ中の1933年からハイテク・バブルが深刻化する直前の1999年まで問題なく施行されていたのだ。グラス・スティーガル法といって、銀行とその他の金融業務の兼営を禁止するというだけの法律だ。

そもそも金融業界の業務は小口預金を集めて大口で貸し付ける「信用媒介」、各種の「保険」、そして株式仲介やら資産運用やらの「その他」の3つに分類できる。雇用規模では全体の約9割を占める信用媒介と保険の2部門はいいときもべら棒な高給を出せるほど儲からないが、悪いときもあまりへこまない堅実な商売なのだ。

問題は金融業界雇用者のたった1割しか雇っていない「その他」部門だ。こっちはいいときはとんでもない高給を出すし、悪いときは極端に給与水準も下げる浮沈の激しい部門だ。この辺りの事情は全米経済研究所（NBER）のT. Philippon とA. Reshefの共著になる『アメリカ金融産業における賃金と人的資本、1909～2006年』という論文にくわしく書かれている。

グラス・スティーガル法が廃止されてからどんなことが起きたかというと、世界中でフルラインの金融サービスをしている大手各社が、小口預金を守るために「大きすぎて潰せない」という「理論」の恩恵に浴しつづけることになった。大きなバクチを打ちつづけながら、「勝ったら儲けは自分のもの、負けたら損は国に負担してもらう」というルールでやっていけたのだ。これでは儲かって儲かって笑いが止まらないいい商売になり、運用のスタープレイヤーが天井知らずの高給取りになるのは当たり前だ。

この状態を改善するには、1999年以前の状態に戻すだけでいい。ほんとうに零細な預金者の資産を守る社会的に好ましい銀行は潰さない。だが儲けは私企業、損失は国有企業というつごうの良すぎる制度で、切った張ったのバクチをやっている連中は完全に自己責任で損が大きくなったらどんどん潰す。それで社会的に何ひとつ問題はない。

大手金融機関が打ったバクチの損の尻拭いまで国や中央銀行がやるなどという、大きな国家、重い国家を引きずっていかなければならない理由はまったく存在しないのだ。問題なのは中央銀行の幹部職員、高級官僚、大手金融機関の経営者、そしてそこで働くスタープレイヤーまで、同じような教育を受け、同じような文化的、社会的背景を持ち、お互いに困ったときには親身になって助け合う強固な階級あるいは身分を形成してしまっていることだ。

ピケティがまさにこの現代の特権階級の一員であることは、本文半ばで「さて置いた」っきりそのままだった「最も恵まれない人々の利益」に言及した最後の3ページの主張によく表れている。まず計量的な歴史家の先駆者のひとり、フランソワ・フュレが『読み書き』（ジャック・オゾフとの共著）で「カルヴァンからジュール・フェリーまでのフランスにおける識字率」の変遷を継続的な計量データで論ずる姿勢を称賛する。そして、こう議論を進める。

経済と政治、社会と文化と同時に、賃金や富を扱うアプローチを持つのは、可能なばかりか不可欠ですらある。……

たしかに、専門特化の原理は健全なものだし、一部の学者が統計的な時系列データに依存しない研究をやるのもそれで正当化される。社会科学のやり方は無数にあるし、データを積み上げるのは必ずしも不可欠ではないし、ことさら想像力豊かとさえ言えない（これは認めよう）。でも私は、あらゆる社会科学者、あらゆるジャーナリストや評論家、労働組合や各種傾向の政治に参加する活動家たち、そして特にあらゆる市民たちは、お金やその計測、それを取り巻く事実とその歴史に、真剣な興味を抱くべきだと思うのだ。お金を大量に持つ人々は、必ず自分の利益をしっかり守ろうとする。数字との取り組みを拒絶したところで、それが最も恵まれない人の利益にかなうことなど、まずあり得ないのだ。

『21世紀の資本』、607～608ページ

驚くべきことにこれが全巻の結語だ。集中治療室にかつぎこまれた重病人を前にして、顔色を見るでもなく、脈を取るでもなく、「医者は医学部の教室で習ったことばかりに拘泥せず、目の前の病人の容体にも注目すべきだ」とお説教を垂れるようなものではないか。これが「格差を論ずる」と称しながら、下から半分は早々と切り捨てて、全精力を上から半分の中での格差の是正、解消に傾けた**ピケティの偽らざる本音なのだ**。

興味がないとか関心がないというのは、まだ視界の中に捉えている人たちに対する心的態度だ。ピケティの場合には下から半分はまさに眼中にない。視界の中に入っていないのだ。だからこそピケティが無知と貧困の一色でしか理解できない下から半分の人間たちに言及するときの、不思議なほど抽象的なことばの羅列が最後まで貫かれてしまうのだ。

ただ、これだけ雄弁に人口の下から半分を切り捨てることができたピケティだからこそ、これまでの格差論には見向きもしなかった世界中の知的エリートたちの関心を呼び覚ませたのだろうという気もする。そういう意味では「ほんとうの格差は、自分の能力で稼ぐ優秀な人間と、遺産で食っている不労所得生活者のあいだにある」というピケティの主張は税収拡大のために174年間も開催されずにいた三部会を再開することによって、フランス革命のきっかけをつくってしまったブルボン王朝末期の優秀な官僚たちと同じような役割を果たすかもしれない。

付章

21世紀の日本はどうなる？

知的エリートがあくなき金銭欲を満足させるために一般大衆を食いものにしているアメリカのような国や、グランゼコール出の知的エリートが社会的プレステージを独占しているフランスのような国と比べて、日本は資産分布でも知的能力の分布でも非常に平等性の高い国だ。まず、この事実を日本国民がしっかり認識しておく必要がある。

日本は、資産格差も知的能力格差も世界一小さな国だ

第6章でもデータを活用させていただいたクレディ・スイス社の『世界の富　データブック2014年版』にも、はっきり日本の平等性の高さが出ている。ロシアのように資産分布でトップ10%の人たちが個人世帯資産総額の85%を占めるというすさまじい格差大国は論外としても、アメリカやスイスでもトップ10%の資産保有シェアは70%台に達している。またスウェーデン、ノルウェー、デンマークを理想の福祉国家と見る人もいるが、この北欧3ヵ国でもトップ10%の資産保有シェアが60%台後半なのだ。

この調査の対象となった38ヵ国の中で、トップ10%の保有資産シェアが40%台にとどまったのは、47・2%のベルギーと48・5%の日本のたった2ヵ国だった。これは日本が大いに誇っていい数値だ。しかも第6章でデンマークに関連してちょっと触れたが、ヨーロッパの比較的

人口規模の小さな国では、どこの国でも低賃金にしかならないような仕事を移民や滞在中の外国人労働者に丸投げしているケースが多い。デンマークだけではなく、オランダやベルギーにもその傾向が見られる。そういう意味では、日常生活に必要な仕事のほとんどを自国民のあいだでこなしながら、しかも貧富の格差をこれだけ小さくとどめることに成功したのは世界中で日本だけなのだ。

また日本では知的能力の分布についても、とても平等性が高い。社会全体に「はじめから他人を指導するために生まれてきたようなエリートが命令し、その他大勢の下々のものはその命令に服従する」という構図を拒否する健全な平民主義がみなぎっている。しかもそれは、日常生活の隅々に浸透している。

たとえば日本ではヒラの社員、工員が自分たちの仕事のやり方を改善する方法を提案することができるし、上司が実際にその方法をやってみることを許可するケースも多い。これはもう、欧米式の位階秩序が厳格な上意下達の職場ではまったく認められないことだ。ひるがえって欧米のヒラの社員、工員として働いている人たちは長年の愚民化の中で飼いならされてしまっている。自分の仕事はやり方を変えたら、ずっと効率を上げることができるという話にはまったく興味を持たず、同じことを決められたとおりにやるだけの人が多い。

そして、この比較的均一性の高い知的能力分布の利点はすでに実を結び始めている。ポストンにある国際事業開発研究所が毎年発表している、世界のトップ・イノベーター100社の国籍別内訳で2014年、ついに日本社が39社で、2位アメリカ社の35社を抜いて首位に躍り出た。もちろん日米両国だけで100社中の74社を占めてしまうのだから、3位フランスの7社以下は、はるかに少ない。

アメリカはご承知のとおり、潤沢な予算を持った私立大学や国の機関がカネにあかして世界中から優秀な人財をかき集めている国だ。それに対して日本は、国も民間の企業や機関もお世辞にも優秀な人財を呼び集めるような才覚を持ち合わせているとは言えない。それでいて、これだけ大勢の革新的な知的能力を発揮する人たちが、ほとんど何ひとつ優遇措置など存在しないと言っていい日本から出ているのだ。これはもう快挙という以外に表現のしようがない。

こういう事実を、どれだけの日本人が知っているだろうか。日本国民はつねに「日本はダメだ」というマスメディアの洗脳にさらされていて、日本人が達成してきた素晴らしい実績を知る機会をほとんど与えられていない。そして「日本もほんとうに優秀な人財を集めようとしたら、大金が必要だ」などというかにもアメリカの一流大学の大学院で教えられたことをオウム返しにくり返しているだけの経済学者たちの口車に乗せられる危険が迫っている。

だが、幸い洗脳の技術があまりにも拙劣なので、ひっかかって「そうだ、そうだ。日本も欧米型の能力主義に変えたほうがいい」などと言うのは、自国をあしざまに言うことが自分の知的能力の高さを証明すると思いこんでいるエリートだけだ。大衆はこの手の洗脳に引っかかるほど愚民化していない。今までどおりの日本的な平均的な知的能力分布や低い所得・資産格差のほうが、絶対に経済全体としての効率はいいのだ。これは、大規模製造業全盛時代もそうだったが、あとで説明するようにサービス業主導の経済になればますます顕著になるはずだ。

アメリカに留学していたころ、「日本人は愛国者が多いな」と言われて仰天したことがある。何を指して愛国者と言っていたかというと、アメリカに留学した中国人はほとんど例外なく1年でも長くアメリカで生活し、できればアメリカに帰化して永住しようとする。ところが日本からの留学生の大部分が、自分の学びたいことさえ学び終えるとそそくさと日本に帰ってしまう。わたしが留学していた当時、つまり1970年代末から80年代初めは、日米の生活水準一般にかなり開きがあるうえに、大学教師の報酬となるともっと大きな差があった。「この差を分かっていながらそれでも日本に帰るとは、よっぽど愛国心があるに違いない」というわけだ。たしかにわたし個人としても、日本人一般が「愛国心」と呼ぶべきものをまったく持っていないと主張するつもりはない。だがアメリカに留学した日本人の大半が学ぶべきことを学び終えた段階で日本に帰っていたのは、愛国心の発露とはほとんど関係がない。

アメリカでは製造業の空洞化した大都市中心部は見る影もなく荒廃し、レジの置いてある場所はすべて防弾ガラスと鉄格子で囲ってあるような店ばかりで、落ち着いて街をぶらつく楽しみさえない。そして白人と黒人やヒスパニックのあいだには絶対に個人の能力差ではありえないような所得・資産格差がついているのに、「上品な人たち」のあいだではそれを公然とは話題にしないという偽善がまかりとおっている国だ。あんな国に定住したいと思うのは、もっと不幸な国に生まれ育った人だけだろう。わたしに言わせれば、留学や長期滞在で日本に住んだことのあるアメリカ人がアメリカに帰ることのほうが、よっぽど愛国心を発揮しなければできない人生の選択だ。

知的エリート層の愚鈍さこそ、日本国民が命がけで守るべき宝だ

こうして日本には帰ってきたもののアメリカの大学院で教えられたことをくり返すだけで、まったく日本の現実に応用することができない経済学者の大半に象徴される**日本の「知的エリート」の知的能力の低さは日本国民全体が命をかけてでも守るべき宝物だ。**日本でもエリートたちは欧米の支配的風潮に付和雷同して、同じような貧富の格差拡大策を懸命にまねしている。良い例が所得税の累進性を低めるための最高限界税率の引き下げだろう。

1960～64年というまだ第二次世界大戦後の理想主義が生きていたころと、2005～09年の欧米に拝金主義が蔓延した時期とを比べると、世界中の主要国の所得税の最高限界税率

が大幅に引き下げられている。たとえばイギリスは半分程度になったし、アメリカの最高限界税率も45％以上引き下げられた。アメリカでもイギリスでも富豪層はこの税制上の優遇措置をフル活用して、ますます資産を拡大している。最高限界税率の引き下げ率で首位のイギリスの資産規模でトップ1％の人たちは、世帯資産総額に占めるシェアを6ポイント拡大した。2位のアメリカのトップ1％はシェアを9ポイント強拡大した。また引き下げ率が40％弱で3位のポルトガルでも、トップ1％の資産の資産総額に占めるシェアは4ポイント弱上がっていた。

日本のエリートたちも「バスに乗り遅れるな」とばかり所得税の最高限界税率は約32％も引き下げた。この引き下げ率は、イギリス、アメリカ、ポルトガルに次ぐ世界第4位という大幅なものだった。ところでその結果、日本のトップ1％の保有資産のシェアはどのくらい増えたとお考えだろうか。1ポイントにさえ届いていない。0・3ポイントか0・4ポイントしか増えていないのだ。せっかく貧富の格差を拡大するための政策を実施してやっても、それを利用してうまく資産を拡大することができないほど愚鈍な人たちばかりがトップ1％の資産家層を占めているわけだ。

ふつう、てっぺんからの見晴らしは視界も良好だろう。下のほうにいて自分のすぐ周辺しか見えないところであくせく暮らしている連中より、ずっといい知恵が出てきそうなものだ。それがまったくダメなのだから、日本の大金持ちのみなさんは一般大衆より愚鈍なのではないだろうか。そして、この「上に立つ」人たちの愚鈍さこそ、日本の格差拡大を防ぐ何よりの無形資産だと思う。

まちがっても、もっと高い能力を持った人たちに上に立っていただいて、彼らの優れた政策で社会を改善しようなどという他力本願の妄想を持ってはいけない。だれだって自分がいちばんかわいい。優秀な人間が上に立ったら、自分たち優秀な人間にとって都合がよく、大衆にとっては不利な政策を推進するに決まっているのだ。どちらもほんとうに頭のいい知的エリートが率いているアメリカのむき出しの貧富の格差や、フランスの高級官僚のプレステージを維持する以外には何の実際的意味も持たない鈍重な官僚制社会主義経済の効率の悪さが、如実にこの真理を証明している。

日本でもっとも深刻な格差は男女間の雇用条件格差だ

もちろん「日本には何の問題もない」などというバカげた主張をしているわけではない。日本が抱えている最大の格差は男女間に厳然として存在する雇用条件格差だろう。そもそも日本では男女間の就業率があまりにも違いすぎる。２０１３年にＯＥＣＤが発表した就業率調査では、男性は加盟34ヵ国中スイスの92・7％に次いで2位の91・5％という堂々たる実績だったが、女性は69・2％の24位と極端に低かった。

日本でも女性就業率自体は１９９０年代初めの60％台半ばに比べれば上がっているのだが、その中身が問題だ。とくに女性のあいだで不定期・非正規雇用が多い。男性の場合は16〜25歳の年齢層のときには多かった非正規雇用者が、26〜35歳になった時点では正規雇用に変わっている率がかなり高い。これは先進諸国のあいだでも高いほうだ。ところが女性の場合は、むしろ16〜25歳のときより26〜35歳のときのほうが非正規雇用比率は上昇してしまう。

これは非正規で働いているうちに子どもを持つと、その時点で正規社員への道が閉ざされることが多い証拠だろう。さらに正規社員として採用されていた女性でも、産児・育児のためにちょっと長めの休暇を取ったりすると、その時点で非正規にされてしまう職場慣行もいまだに存在しているようだ。

２０１４年10月に日本最大の労働組合組織である連合が行なったアンケート調査によると、非正規雇用の女性が世帯主の家庭のうち、じつに51・6％が赤字。非正規雇用の男性世帯主の家庭の36・2％よりはるかに赤字世帯率が高いという数字が出ていた。今、日本で女性の能力を活用したかったら、最優先で取り組まなければいけないのは、同じ非正規雇用間での男女賃金格差を是正することであり、非正規から正規への転換が男女同じようにできる雇用慣行をつくることだ。

逆にそういう雇用慣行をつくることができれば、日本にはまだ成人女性のうち3割の労働力が使われることなく眠っているという、大きな潜在資源があるわけだ。移民や外国人の労働を安く使おうという方針より、休眠中の女性の労働力をしかるべき給与を払って活用する方針のほうが絶対に日本経済全体を活性化させる。そのほうが消費拡大効果が大きいからだ。サービス業主導の先進国経済では、まん中から下半分の所得水準で消費性向がもともと高い人たちの消費を刺激するのが、いちばん確実な景気浮揚策なのだ。

2013年に安倍政権が民間企業でも正規社員については、3年間の育児休暇の権利を保障しようと提唱して話題となった。現在の日本の職場慣行を考えると、企業に正規雇用社員の3年育休を義務付けるのは、女性を正社員として採用することに大きなハードルを持ちこむようなものだ。育休自体は1年というような現実的な期間にする。しかし育児休暇を取ったことによってその後の処遇面でマイナスが生じたりしたら、きびしい罰則を設けるという方向を取るべきだろう。

また女性の社会進出については、企業の管理職や役員中の何割が女性か、国会議員や県会議員、市会議員の何割が女性かといった数字が、あたかも男女の平等性を示す指標であるかのように主張する人たちがいる。だが重要なのは、それぞれの分野でトップに到達する人の何割が女性かというような話ではない。

高校や大学を卒業して就職するときに、女性が男性と同じ条件で就職ができるか、会社に入って同じ条件で仕事をしたときに男性と同じ給与をもらえるか、最初は非正規で雇われた場合でも同じように正規雇用に変われるチャンスがあるかといったことこそ、男女平等な社会を実現するためのカギなのだ。就職時でも会社に入ってからの待遇でも、日本の女性はいまだにあまりにも不利な立場に置かれている。日本での女性の社会進出に関する最大の問題は、ここにある。

それに比べれば、企業役員の何割が女性か、国会や都道府県議会議員の何割が女性かなどということは、まったく個人の資質、能力、意欲次第の問題だ。欧米で「人為的に企業役員や議員に占める女性の比率について目標を設定しなければ、男女平等とは言えない」というのはエリートしか人間として数えていないことを示しているだけのことだ。そもそも「エリートにあらざれば、人にあらず」という発想をしない日本では、目標とする必要などまったくない。

サービス業主導の経済で日本を導く指針は日本の中にしかない

日本をもっと良くするための指針は、欧米にはない。日本で独自に育ってきた、一応形式的には上に立っていることになっているが、実態は無為、無能、無策で部下のやりたいことをやらせるだけのマネジメントを守りつづけることが、ますます都市化し、ますます高齢化し、ますますサービス業化する経済・社会の中では今後の最善の成長促進策なのだ。

残念ながらこれからの先進国経済では、大規模重化学工業、製鋼業、電気・電子機器製造業全盛時代のような高度成長はできない。もっと地味な1％台後半から2％台前半の成長率の中での争いということになる。それはもう分かりきった話だ。

製造業全盛時代の日本では海外から輸入した資源を加工して、付加価値を付けて売る必要があった。サービス業の原材料は気配りや心遣いだ。この100％国産の気配りや心遣い自体を付加価値として売ることができるのだから、こんなに日本人に向いている商売はない。

そこで案外理解されていないのは、サービス業主導経済での勝負はなるべく均質の優秀な製品を大量生産することではなく、なるべくいろいろな趣味や嗜好を持った人たちのためにほとんど同じようなサービスをそれぞれの顧客に合わせてどう提供できるかという間口の広さであり、多様性だという事実だ。

ここでは人口規模の大きな都市圏に大勢の人が平和に共存していて、自分の趣味に合う店、自分の嗜好《しこう》を満たしてくれる店を探し出すことができる環境があるかないかが決定的に重要だ。この大勢の人が仲良く平和に暮らしていける都市環境こそが、最大の「生産装置」となっているとさえ言える。

もうひとつ重要なのが、国民のなるべく広範な層にわたって、ちょっと気の利いたサービスに、少し上乗せした料金を払うだけの金銭的な余裕があることだ。欧米の所得や資産で下から半分の人たちは、残念ながらそういう余裕を持てない生活をしている。日本では第2分位、つまり所得や資産で上から60%目から80%目までの人たちは、まだそういう余裕を持っている。

この比較的平等性の高い所得・資産分布を守っていき、第1分位つまり上から80%目から下に位置する人たちの底上げをすれば、日本のサービス業や小売業は順調に育つはずだ。そして、海外から日本に来た観光客が「ふつうの店に入ったつもりなのに、まるで高級店のようなもてなしをしてくれる」という事実に感激することも、どんどん増えていく。その結果として、海外との旅行収支も改善していくだろう。

日本語の利点も大きい

さらに日本には国民のほぼ全員が日本語という、まるでサービス業のためにあるようなことばを遣っている。日本語には議論をするより、折り合いをつけるのに適しているという強みがある。今後の世界経済は確実に資源依存度が低く、サービス業主導型の成長に転換するのだ。そしてサービス業で大切なのは、趣味や気分で客と売り手が共有できる基盤をなるべく広く持つことだ。日本語というのはまさにそういう目的のために発達した言語であって、論理的に白黒をはっきりさせるには不向きだが、気分を共有するには最適の構造になっている。

これは和辻哲郎が最初に指摘し、現代の心理学者榎本博明も『ディベートが苦手、だから日本人はすごい』（２０１４年、朝日新書）で力説していることだが、人間ということば自体が日本人の「関係性」を重視する姿勢をよく示している。ヒトという生物種の名称として「人間」という呼び方をするのは、日本独特の用語法らしい。もともとの中国語としては、人間というのは文字どおりヒトとヒトとが取り結ぶ関係としての世間という意味だったようだ。

だが日本では個体としてのヒトはそれ自体で充足した存在ではなく、ヒトとヒトとが取り結ぶ関係があってこそ、「人間」なのだという認識に変わっていった。たしかに人間だけが持っていて、ほかの生物種は持たないものを考えると、ことば、思想、文化、どれをとっても人間同士の関係なしには意味がないものばかりだ。結局のところ、日本経済の全要素生産性の高さを生み出しているのも、さまざまな生産要素の投入量より、生産要素同士の関係性が大事だという心なのだ。

日本で折衷案が好まれるのも、それによってだれも傷つけずにすむからに他ならない。どちらの方が優れているかといった視点は取らずに、どちらにも優れた点はあるはずといった視点を取る。

そこにあるのは相反するものの両立を許容する心である。一見矛盾する意見の中にも共通点を探り出そうとする。対立点よりも融合点を見つけようとする。……

論点を曖昧にぼかしながら、やんわりと決定に至るやり方が好まれるのであるから、鋭い論理能力はかえって邪魔になる。むしろ必要とされるのは共感能力と矛盾を許容する心である。


『ディベートが苦手、だから日本人はすごい』、130～131ページ

「共感能力と矛盾を許容する心」という表現は、サービス業における接客の極意と言っても通用するのではないだろうか。まるでサービス業で接客をするために生まれてきたような人材を自然に育てているのが、日本社会という環境であり、日本語という言語なのだ。

日本でサービス業の店に入ったときの心の安らぎは、決して自分の母国語が日本語だからという理由だけで生まれる感情ではない。欧米では店で客を論破した店員が得意そうな顔をしているのを、けっこうひんぱんに見かける。日本では、最近までついぞ見かけなかった光景だ。

それぐらい日本語と日本的なあいまい思考をマスターした人間は、客と快適な気分を共有することを重視してきたのだ。この点について「目の前にいる客に迎合しているだけじゃないか」

と考える人もいるだろうが、それはたぶんまちがっている。迎合というのはしっかりと確立された自分があって、それとは別に客の意を察し、それに合わせるということだ。

ところが日本の接客のプロの中には、顔かたちの識別できる客の数だけ、その客との関係で自分の人格を持っているという人がいるらしい。そういう人にとっては、新しい客との巡り合いは新しい自分を開発することになるわけだ。これはもう一人称わたし、二人称あなた、三人称彼・彼女という区別が確立されなければ文章が成立しない言語環境で生まれ育った人たちには、およそありえないような人格形成だろう。

この日本語と日本社会の特徴をすなおに生かしていけば、サービス業主導の僅差の時代、微差の時代をリードするのは日本人であり、日本経済であり、日本文明だということは明白ではないだろうか。

おわりに

『21世紀の資本』には、さまざまな意味でフランス的な思考様式のエッセンスが詰まっている。そしてフランスの知的エリートの世界観も非常によく出ている。ふつうの経済史の本にはまず出てこないであろう英仏文学の読書ガイドは、非常におもしろい発見の連続だった。

それにしても、「大金持ちがぜいたく三昧をしなければ、豊かな文化的伝統を守り育てることはできないのだから、貧乏人は金持ちによる大散財に感謝すべきだ」という発想には、ほんとうに驚かされた。これはフランスでとくに根強いが、じつは欧米の知的エリートが共有している発想らしい。何となく戦争において強者が弱者から略奪するのは正当な権利とされていたヨーロッパ法制史の長い伝統とも共通する心理だという気がする。

ちょっと最後の追い込みで苦戦して、ビジネス社の唐津隆社長にはご迷惑をかけてしまった。深くお詫びする。

また、ピケティのこの大著に「幽霊の正体見たり、枯れ尾花」と感じただけではないことをここで力説しておきたい。

たとえば、ピケティはこの『21世紀の資本』専用のウェブサイトを開設していて、そこには本文の中に組みこまれた図表すべてと、入りきらなかった補足図表の数々、そして必要と思われる場合には数量データも収録されている。今後、数量データの多い経済史の本を書く人は、全員が見習うべき模範的な姿勢だと思う。

1615年の三部会の閉鎖から400年、
1635年のフランス学士院（アカデミー・フランセーズ）創立から380年、
1715年の太陽王、ルイ十四世の崩御から300年の
2015年2月下旬の吉き日に

増田悦佐

●著者略歴
増田悦佐 （ますだ・えつすけ）
1949年東京都生まれ。一橋大学大学院経済学研究科修了後、ジョンズ・ホプキンス大学大学院で歴史学・経済学の博士課程修了。ニューヨーク州立大学助教授を経て帰国、HSBC証券、JPモルガン等の外資系証券会社で建設・住宅・不動産担当アナリストを務める。現在、株式会社ジパング経営戦略本部シニアアナリスト。『やはり、日本経済の未来は世界一明るい！』『戦争とインフレが終わり激変する世界経済と日本』『そして2014年、日本経済が甦る』『城壁なき都市文明 日本の世紀が始まる』ほか著書多数。

ピケティ『21世紀の資本』を日本は突破する

2015年4月10日　　第1刷発行

著　者　増田　悦佐
発行者　唐津　隆
発行所　株式会社ビジネス社
〒162-0805 東京都新宿区矢来町114番地
神楽坂高橋ビル5階
電話 03(5227)1602　FAX 03(5227)1603
http://www.business-sha.co.jp

カバー印刷・本文印刷・製本/半七写真印刷工業株式会社
〈カバーデザイン〉大谷昌稔　〈本文DTP〉茂呂田剛(エムアンドケイ)
〈編集担当〉本田朋子　〈営業担当〉山口健志

ISBN978-4-8284-1809-4